Kosaka Yousuke
小坂洋右

アイヌの時空を旅する

奪われぬ魂

藤原書店

アイヌの時空を旅する　目次

第二章

物語世界で暴れまくる　89

――「敵地」アムールランド滞在記――

第三章　人にも鮭にも川は「道」ではなくなった　123
——太平洋から日本海へ漕ぎ通す——

第四章　奪われることのなかった「心の中の聖域」　187

――羆《ひぐま》吼《ほ》ゆる山と熊戻渓谷――

第五章 「理不尽から逃げる」という生き方 ——大雪山雪中行—— 243

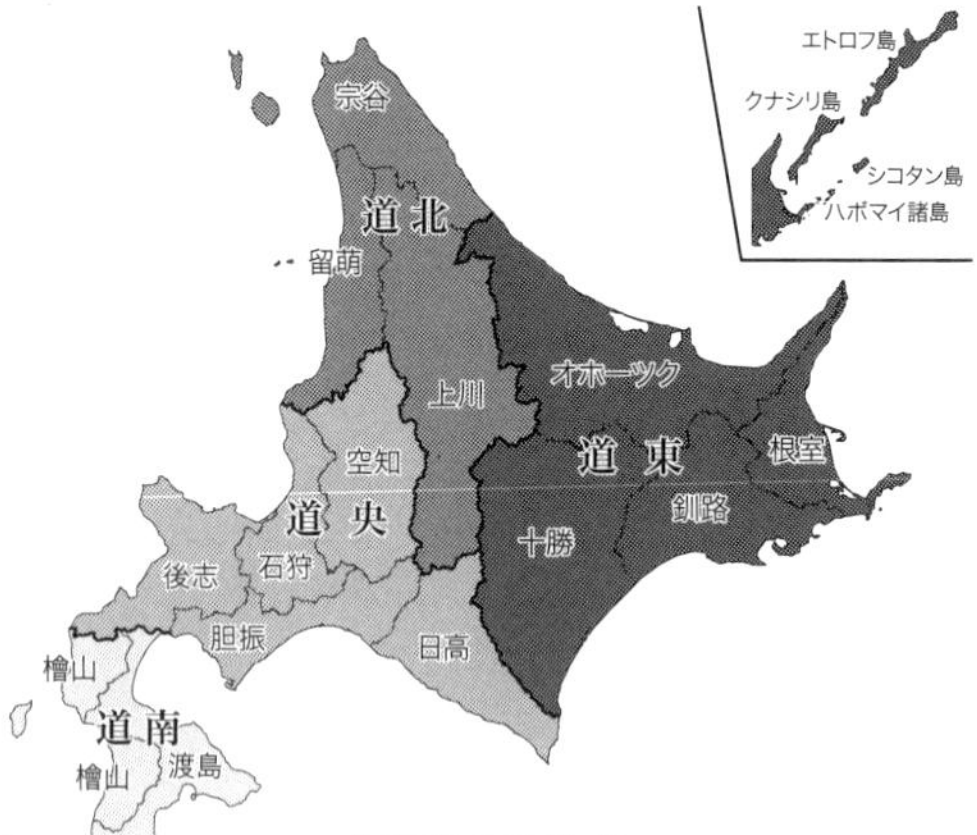

北海道の各地方

凡　例

一、アイヌ語には日本語にない発音があるため、伝承者や言語学者が表記を工夫してきた。本書では普及しているカタカナ小文字表記（アコロイタク方式）を使っている。実際の発音は『北海道新聞』のインターネットサイト「アイヌ語発音講座紹介：どうしん電子版（『北海道新聞』）」で視聴、習得できる。

一、引用文ないし引用に準じた文中の（　）内は原文に元々あったもの、〔　〕内は本書の筆者（小坂洋右）が新たに加えた補足説明である。

一、引用文の一部は、本書の筆者（小坂洋右）が現代文に直したりして、読みやすさを優先した。伝承されてきた物語は紙幅の関係で要約している。

一、北海道は広域なため、北海道南部を「道南《どうなん》（地方）」、中央部を「道央《どうおう》（地方）」、北部を「道北《どうほく》（地方）」、東部を「道《どう》東《とう》（地方）」と呼び習わしている。

一、撮影者名ないし提供者名が記載されていない写真は、すべて筆者による撮影である。

一、所属、肩書きは取材当時のものである。

アイヌの時空を旅する

奪われぬ魂

筆者が足を運んだ北海道内外の各地域、ならびに主要関係地域

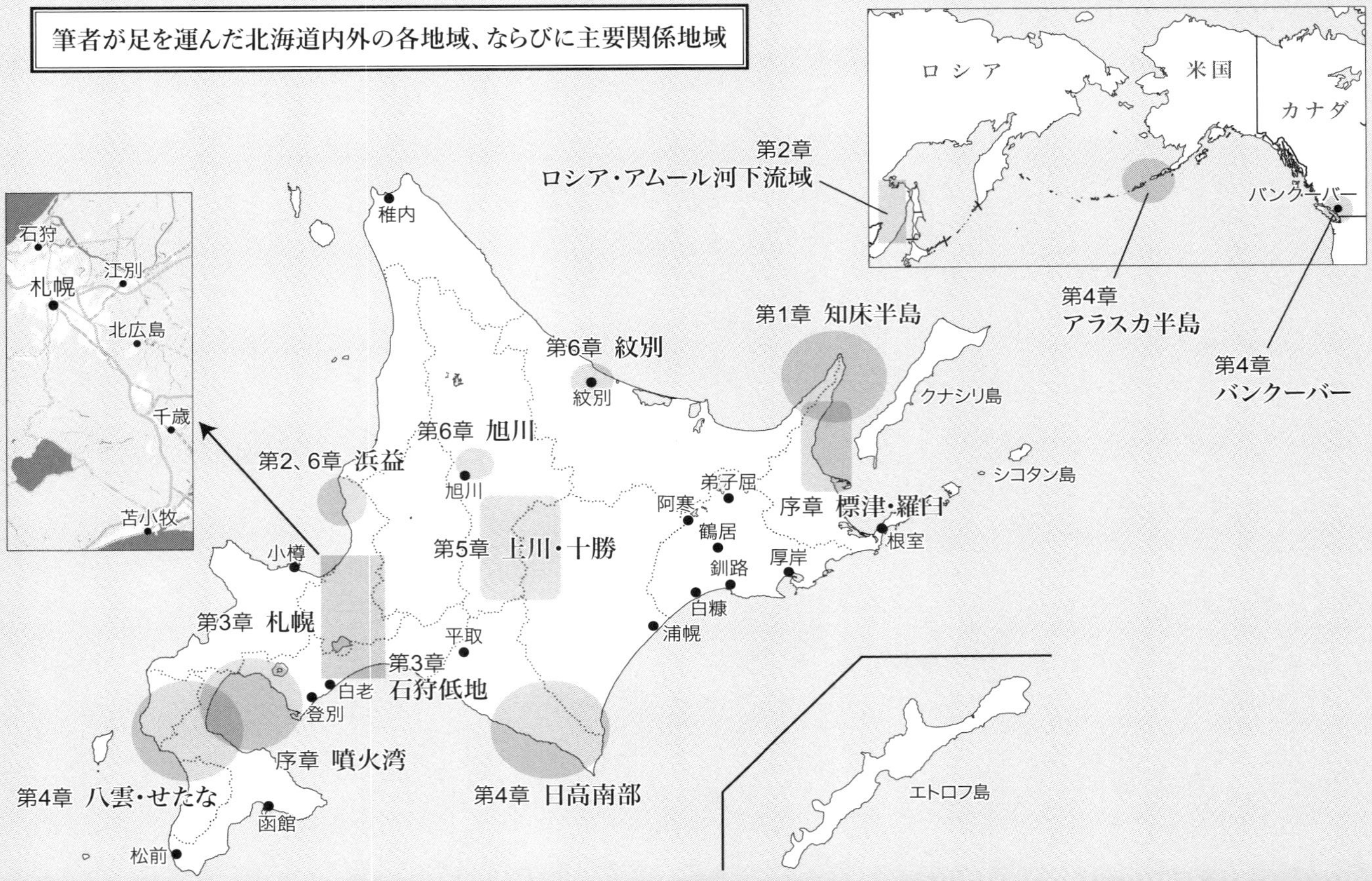

序章

クナシリ・メナシの戦いが「最後の抵抗」だったのか

土人は海漁に行くには舟にて行くが其舟は和人と異り往古より
種々の道具等は無き故舟を造るに工夫の上板の剥ぎ目は釘など
勿論無き為め「シナ」の木皮にて縄を綯ひそれにて板の剥ぎ目を縫
ひ檜皮の代りに苔を詰め水の浸入を止めて造り其舟にて漁に出るの
である

［章扉］**板つづり舟で海漁に漕ぎ出すアイヌ**（西川北洋筆「明治初期アイヌ風俗図巻」より。函館市中央図書館蔵）

鯨を前に祈るアイヌ

生き物の死というものに日常的に向き合わなくなった現代人にとっては、かなり衝撃的な写真だ。

死んだ鯨を前に、一人の男性が厳粛な面持ちでたたずんでいる。鯨の口には、アイヌ民族が儀式で用いる木幣《イナウ》が一本、まるでそれをくわえて成仏したかのように立てられている。イナウは神さまへの贈り物であると同時に、人間《アイヌ》の祈りを神々に届けてくれる祭具であり、見る人が見れば、アイヌの風習を写し撮った一枚だと分かる。

アイヌの伝統的な祭具で鯨を祀る椎久年蔵（椎久健夫さん提供）

さらに子細に見れば、鯨の胴には、アイヌの儀式に欠かせないトゥキ（受け台の付いた杯《さかずき》）が祭具のイクパスイ（捧酒べら）とともに置かれている。椀に酒を注ぎ、イクパスイの先端を酒に浸して、祈りとともに神々に捧げるのがアイヌ式で、まさに信仰のありようが見て取れる。

トゥキの横側に渡している長い棒。これだけ

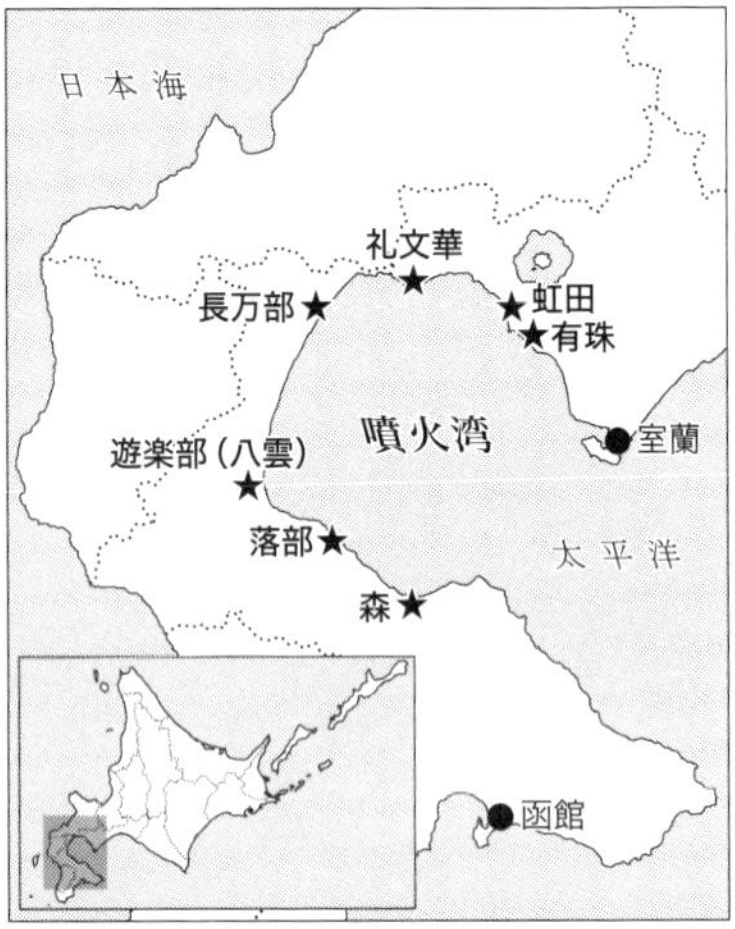

噴火湾沿岸にあった主なアイヌ集落（★印）

は祭具ではない。海獣や魚を突く銛《もり》であろう。浜辺を雪が覆っているので、季節は冬か春先だろうが、男は着物一枚で海を背に身じろぎもしないで立っている。

写真の人物は北海道南部（道南地方）八雲町《やくもちょう》遊楽部《ゆうらっぷ》のアイヌ指導者、椎久年蔵《しいくとしぞう》（一八八四—一九五八）である。アイヌ名トイタレキ。親しみを込めて仲間内では「トヨ」と呼ばれた。横たわっている鯨はアカボウクジラの仲間で、おとなの体長は六～七メートルになる。

年蔵は昭和の半ばに亡くなっているから、それくらい近年まで、伝統的なやり方で鯨の恵みに感謝するアイヌはいたということになる。

八雲の前浜に広がる噴火湾《ふんかわん》（内浦湾）を回遊する鯨は主にミンククジラだが、このアカボウクジラや時にナガスクジラも姿を見せる。漁のさなか、偶然、鯨を見つけた時のために、アイヌはかつて、竿《さお》の銛先に植物のトリカブトから得た毒を仕込み、その銛先を紐で結わえた「ハナレ」を何本か舟に積んで海に出た。刺さると銛先が相手の胴に食い込んで外れなくなる一方、竿だけが取れ、銛先を紐でたぐる格好になる。紐はものすごく長いから、たとえ相手が水中に潜っても逃がすことはない。相手が鯨であれば、人の力で引き寄せることはできない。舟ごとぐいぐい引っ張られるに任せることになるが、それはそれで、舟をひっくり返されないように注意を払いながら、とにかく、とことん相手が弱るのを待つのである。

とはいえ、鯨を獲ることは非常に稀だったことが、八雲の隣、長万部《おしゃまんべ》の三荊翁《さんばらエカシ》の体験談から分かる。聞き取りは昭和十年代に行われ、浜きっての勇者であったこのエカシ（長老）は、生涯に二頭の鯨を獲ったと語っている。噴火湾をぐるりと巡る一四〇キロの海岸線には森、落部《おとしべ》、遊楽部、礼文華《れぶんげ》、虻田《あぶた》、有珠《うす》などの大コタン（アイヌ集落）が栄え、互いに相知る間柄であり、五月の温暖な季節になると、稀ながらも壮烈な捕鯨が行われたのだという。以下、当時八十四歳だった三荊エカシの談である。

一晩がかりの死闘

鯨を突くのは、沖漁の初め五月頃だが、最初から鯨を目当てに出るわけではない。ほかの魚や海獣を突いていて、鯨が近いところに浮かび出ると、毒の付いたハナレを投げるのだ。十間《けん》〔一八メートル〕から十五間〔約三〇メートル〕は楽に投げる。

川の舟は独木舟《まるきぶね》であるが、海の舟は底が独木舟で、縁に板を接ぎ合わせた一間半〔約三メートル〕ぐらいの磯舟だ。各戸に川舟と海舟と一艘宛《そうずつ》は必ず持っていた。一艘の舟に二人あるいは三人乗って、二人で車櫂《くるまがい》を漕いで出る。ハナレを投げるのはヘサキの人だ。ハナレは少なくとも三、四本は用意して出る。山猟とちがって沖漁は必ず日帰りだから、皆その日の食べ物を用意して出たが、今では鯨もオットセイも、どこへ行ってしまったものか見えなくなった。

わしが鯨を捕らえたのは、長万部の沖でハナレを付けて、虻田の浜へ揚げたのが三十年前のことだ。今一つは、長万部の沖から礼文華の浜へ揚げた。これが五十年前のことだ。三十年前のはノコルフンベという鯨で、十三尋《ひろ》あった。

長万部の沖に出て、魚を突いていると、午前九時頃であろうか、鯨が現れた。十間〔一八メートル〕ぐらいも離れていた。年長者のエカシクチャが、第一番のハナレを打ち込んだ。さおの柄の重みが力になって深く刺さった。鯨は抜き躍《は》ねして海底深く沈んだ。廻《まわ》っている。約一時間もたった頃、再び浮かび上がった。潮を吹く。この時わしが第二番のハナレを付けた。また水底深く沈んで行った。約一時間半も経ってから再び浮かび上がって潮を吹く。シロマレが第三のハナレを打ち込んだ。長万部の浜から東北方へ約一里半〔六キロ〕、静狩《しずかり》の沖まで、素晴らしい勢いで移動した。途中十数本のハナレを打ち込んだので、三艘の舟が、十数本の手繰《たぐ》り紐《ひも》で矢のように引かれて行った。舟が波を切る音、風が耳を切る音、お互いの声も聞こえない。静狩の沖で一廻りして、二、三時間も深く沈んだ。そして浜の近くに降ろされていた鰊《にしん》網の、沖の方を通って約二里〔八キロ〕、東の方へすごい勢いでブッ飛んだ。深く沈んで廻っている。そうこうしているうちに、礼文華の沖で日が暮れてきた。鯨は廻っている。海はだんだん暗くなった。

長万部村から礼文華の村へ飛脚《ひきゃく》が飛んで「この沖で長万部の人達が鯨にハナレを打ち込んで引き廻っている。村中の毒を持って舟を出してくれ」と注進をしたのだそうだ。

礼文華の海岸から噴火湾を望む。三荊翁が「50年前に鯨を揚げた」とする場所。「30年前」の虻田は奥にかすんで見えている

浜の方から、礼文華村の屈強の男達が、十数艘の舟を漕ぎ出して応援に来た。わしらも涙が出るほどうれしかった。男達は神祈りをしたり、ハナレを打ち込んだり、真っ暗闇の海面で潮光りを頼りに、冒険極まる壮烈な活動が続いた。「頸筋《くびすじ》の柔らかいところを狙え」とエカシクチャの声が、幾度も聞こえた。夜が更けてくると寒い。鯨に引き廻されているので格別寒い。体中、潮をかぶってずぶ濡れである。五、六十本の手繰り紐は、

鯨に引き廻されている間に、絡み合って一束になっている。こういうことがあるので、手繰り紐は必ず右縄《なわ》に作ることになっている。その中一本でも左縄があったら、撚《よ》りが戻って切れてしまう。

夜中と思われる頃、鯨は浮き上がって真っ直ぐに東へ五、六里ブッ飛んだ。波を切る鯨も、船縁も、一束になった手繰り紐も、潮光りして真っ青だ。皆死にものぐるいで、神々の名を呼び続けていたが、全くすごい気持ちだった。鯨の止まったのは虻田の沖らしい。そこでまた廻っている。時々浮き上がっては潮を吹く。だんだん東の空が白んできた。晴天だ。

暫《しばらく》して鯨は海底で動かなくなった。朝の八時頃であったろうか。突然グンと引いた。手繰り紐の束はプツンと切れた。鯨は抜き躍して、ものすごい勢いで浜に向かって突進した。虻田の街の真ん中の、マキロ車の側の砂の中に頭部を打ち込んで往生した。

（『噴火湾アイヌの捕鯨』）

熊まつり（熊の霊送り儀礼）同様、獲れた鯨を前に、噴火湾のアイヌはみなで鯨まつりを執り行った。ただ、熊の霊を神々の世界に送り返す時には熊の神さま本人（の霊）に直接、「のちに人間界に戻ってきてほしい」と願うのに対して、この時の鯨まつりで拝んだ神は沖の神《レプンカムイ》、シャチ神で、三荊翁によると「老人たちは『沖の神さま、鯨をお授けくださってありがとう。肉と油〔脂〕をいただいて、その代わり、このように幣《イナウ》とお酒をお土産に供えて、鯨の魂を送って差し上げますから、またどうぞ鯨を授けてくださるように』と神祈り《カムイノミ》をして大変に喜んだ」という。

鯨を一頭仕留めるために、二つの集落が総掛かりで午前九時から翌朝の八時まで二十四時間近くを費やした。鯨のパワーはものすごく、舟という舟が引っ張り廻され、人々はなす術《すべ》もなくただただ紐の束をちぎられないように歯を食いしばってついていく。そのうち波をもろにかぶり、体が冷え切り、おそらく手の感覚もなくなっているに違いない。それでも諦めることなく、かといって、何かできることがあるわけでもなく、引き廻されるに任せ続けるほかない。たとえ、幸運にも最後は獲ることができたとしても、鯨は本来、人間が束になっても敵《かな》う相手ではないことが実感として分かる。それは、誰より獲った当事者たちが格闘の間、始終、ひしひしと感じ、体得したことであろう。それでも最後の最後に、その鯨が自分たちに授かった。その時の高揚感、達成感はいかばかりだったか[1]。

ただし、これだけの長い格闘をみると、ヒグマでさえわずかな時間で斃《たお》れるというトリカブトの毒といえども、鯨にはゆっくりとしか効かないことが分かる。

英雄神に見捨てられた人間

アイヌは、創世時代に人間界に降り、魔神たちを蹴散《けち》らし、人間にさまざまな知恵を授けてくれた英雄神の功績をさまざまな口承で伝えてきた。英雄神は地域によってアイヌラックル、オキクルミ、オキキリムイ、オイナカムイなどと称され、英雄神から教わって初めて、人間《アイヌ》は衣食住や舟の造り方、毒の製法から仕掛け弓の作り方まで覚え、イナウ（木幣）を削り、酒を捧げて神々に祈るようになったとされている。つまり、猟に使う毒は、自分たちで編み出したわけではなく、英雄神から教えられたものなのだ。

ただ、この創世の時代、人間は最初こそ謙虚に学んだものの、だんだんと狡猾《こうかつ》になってきて、英雄神の神慮《しんりょ》に背《そむ》き、神徳《しんとく》を冒涜《ぼうとく》するようになったと伝えられている。そして、それがもとで、せっかく授けられたありがたいものが次々効力を失い、人間は授けられた力を失うことになった。

例えば、穀物を知らなかった人間のために、英雄神は天界から稗《ひえ》を盗み出して人間界にもたらしたのだが、かつては、わずか親指の背のところの小さいくぼみにたまるぐらいの少量炊いても鍋いっぱいの飯になったのが、人間が下卑《げび》てきて、親指の背にたまる稗粒はいったい何粒であろうなどと不敬にも数えた後には、稗はもはや鍋いっぱいの飯にはならなくなった。

また、英雄神が人間のために作ってくれた毒矢も、その昔は射たのち、空しく地に落ちるということは決してなく、見失った獣でも矢の方で追いかけて行ってどこかの谷、どこかの岩陰で獣に追いついているという次第だったので、一日前に見たものを翌日射ても間に合ったものだった。ところが、後の世のアイヌは毒矢の神の力を乱用し、三日も四日も前に見た鹿にまで試みたものだから、神の力が弱って、ついにはひょろひょろと野の草に上に力なく落ちた。それ以後、毒矢の威力は今の程度に衰えてしまった。

だから、熊に対しても、鯨に対しても、アイヌは「人並み」の力しか持たない毒矢や銛を用い、人間として出し得る最大限の力を振り絞って挑まざるを得なくなったのだ。

それ以上にショックだったのは、こうした人間の奢《おご》り、冒涜が英雄神を怒らせてしまったことだ。人間に愛想を尽かした英雄神はついには人間たちを見捨て、この大地を去って、いずこへと消えてしまった。

こうしたいきさつを言語学者の金田一京助《きんだいちきょうすけ》（一八八二―一九七一）は「アイヌはオキクルミ在世の世を以《もっ》て、蝦夷島《アイヌモシリ》の黄金時代と思っている。そして一つの人類堕落《だらく》説を採っていて、世が澆季《ぎょうき》になったと考えている」と書いている。

「澆季」とは「道徳が衰え、世の乱れた時代」、ないしは「滅亡に近い世」「末の世」を表す。

金田一がこうした伝承を古老から聞いて書き残したのは大正から昭和十年代にかけてだから、そのころは人々の意識の中に「英雄神の時代がかつてあった」という言い伝えが息づいていたのだろう。つまり、国造りの神が人間界を造るところから英雄神が人間界を去るまでの「創世・黄金時代」と、英雄神なきあとの「いまの世」の二つに分けて、世界の成り立ちをみていたということだ。見方を変えれば、万能を失った人間の弱さが、「いま」を生きるアイヌの出発点にあるとも言える。

三荊翁の後半生は、金田一の古老たちからの聞き取り時期と重なるから、翁もまた英雄神なき時代を、心の中のどこかで感じつつ生きていたかもしれない。鯨に引きずられて行く合間合間に、毒矢の威力が今よりはるかに強かった時代を羨《うらや》み、その効力を失ってしまった「いま」を恨み嘆く気持ちが、ふっとわいたとしても不思議ではないということだ。

人間の力の限界、つまり「無力感」と、何かを成し遂げた時の「高揚感・達成感」は、ふつうに考えれば同居しない。相矛盾すると言っていいかもしれない。けれども、何人ものアイヌの人たちと知り合い、古老への聞き書きにも目を通すうち、いつしか僕は、こと狩猟民にあっては、この無力感と達成感は両立するのではないかと思い始めてきた。というよりも、陸での熊猟、海での鯨漁に限って見れば、狩猟そのものが、「無力であることを思い知らされながらも、成し遂げられなくはない行為」と言えるような気がするのだ。そのように見なし始めると、狩猟民が「自分が獲物を授かることができたのは、神々の見守りや助けがあってのことだ」と発想するその核心部分が、すとんと腑《ふ》に落ちる。アイヌの場合は猟の成功を、「神さま（動物）が自分の矢や弾を受け取ってくれたから」と見なす。だから、「自分が獲ってきた」わけではなく、「相手の方が客人としてわが家、わが村に来てくれた」と喜ぶのである。

それにしてもだ。自分たちが見捨てられたところから、今を生きる人間のありようを語り始めるアイヌの人たちは、何と謙虚に身の回りを見つめてきたのだろうか。多くの民族、地域で、英雄物語や創世物語が、自分たちがこの世でいかに特別な恩寵《おんちょう》を受け、優れた能力と強い力を発揮してその座を射止めたのか、ということを言葉を弄《ろう》して語るのとは対照的に、後ろ盾を失い、与えられた霊力が失効してしまったところから始まる「人類史」を、アイヌはわが世界として受け入れつつ、生きてきたのである。

三度にわたる大規模決起

考古学は、また別の人間史を語る。今から二三〇〇年ほど前、日本列島全体を文化的にほぼ均一に染め上げていた縄文時代が稲作農耕の伝来で終わりを告げ、それが奇《く》しくも北方世界の独自性を鮮明にしていく。稲作農耕は、津軽《つがる》海峡を越えることなく、北海道側では狩猟採集に基づく「続縄文《ぞくじょうもん》」と呼ばれる時代が続いたのだ。

とはいっても、守旧的な生き方ばかりではなかった。むしろ、農耕文化には見られない熊やシャチといった畏怖《いふ》すべき野生動物への崇拝を強めると同時に、ヒラメやメカジキなどの海漁、鮭《さけ》の川漁の比重が増していく。出土品からは、どれだけ大物のヒラメが捕れるかを競ったり、メカジキのようなファイター（強者）に挑んだりする続縄文人の生きざまがうかがえ、漁撈《ぎょろう》の技に長けた人物が尊敬や評価を得る社会だったことが透けて見える。(2) 社会が停滞したわけでも、暮らしがマンネリ化したわけでもなく、形は違えども北海道でも何かが変わり、人々は独自の道を選び取ったと言えそうなのだ。

自分たちの獲ったものが、よそでは希少品扱いされていることを知ると、交易が始まる。自分たちが欲するものと、相手が欲しがるものを交換し合うことで、互いに潤うという、ウィン・ウィンの関係が成立する。百年単位でどんどん時間の駒を進めると、鮭や鹿のほか、北海道内の山野で獲れる熊の毛皮や鷲の尾羽、樺太《からふと》（サハリン）からもたらされるテンの毛皮、北海道東部（道東地方）や千島《ちしま》列島の海に生息するラッコの毛皮が本州以南で、さらに遠くは中国で珍重されるようになり、交易がますます重要性を増してくる。交易の活発化は、樺太のアイヌ、そして飛び石の千島列島を遙か一〇〇〇キロ伝《つた》って東端に至った北千島アイヌの暮らしをも活気づけた。

ところが、様相はさらに変転する。交易が生み出す豊かさは、和人（日本人）の権力者や大商人の目の付けるところとなり、南側から北の大地に乗り込んで来る。一方の千島列島には東方からロシアの支配が拡大し、税として毛皮を取り立てられるようになる。在地の人々は次第に、自由で主体的な交易の担い手という地位を失い、鮭鱒《さけます》、ニシンの漁場で働くことを強いられ、酷使《こくし》・支配は時代を追うにつれて強まっていく。アイヌの人々は、現実の歴史においても「弱くなった自分たち」を意識せざるを得ない立場に追い込まれていったのだ。

とはいえ、人々は、そうした境遇を無抵抗で受け入れたわけではなかった。規模の大きなものに限っても、三度にわたってアイヌは決起した。一つは十五世紀、道南地方で起きたコシャマインの戦い。そして江戸前期、一六六九年に多地域のアイヌが連帯したシャクシャインの戦い。さらに江戸中期、一七八九年五月にクナシリ島に端を発し、今の根室《ねむろ》地方標津町《しべつちょう》と羅臼町《らうすちょう》に波及したクナシリ・メナシの戦いである。

二百三十年たっても続く慰霊

おおざっぱに言えば、コシャマインの戦いは道南地方に館《たて》を次々築いて足場を固める和人への危機感から、シャクシャインの戦いは交易拠点の松前《まつまえ》に出向くことを禁じられ、不当な交換レートを強いられたうえに、北海道の奥地に和人の砂金掘りや鷹師《たかし》、猟師が野放図《のほうず》に入り込んで来たことへの反発から起きた。そしてクナシリ・メナシの戦いは、松前藩御用商人《ごようしょうにん》の飛騨《ひだ》屋《や》から、自身の食糧を確保する時間的余力もなく漁場で働かされ、女性たちは番人らの現地妻にされたことへの怒りと、殺され、滅ぼされることへの恐怖心が導火線になったとみられている。この戦いで、松前藩の役人一人、番人や船員（水主《かこ》）七十人の計七十一もの和人が殺され、襲撃にかかわった三十七人のアイヌが松前藩によって処刑された。まことに凄惨《せいさん》としかいいようがない。

ただし、アッケシ（釧路《くしろ》地方厚岸）の有力アイヌ、イコトイの拠点、厚岸場所からクナシリ島に出張していた伝七、吉兵衛兄弟は無傷で送り戻されたほか、メナシ側では船への襲撃で大けがを負いながらも「自分は松前箱館の者である」と答えた船員、庄蔵が介抱されて生き延びている。松前藩の軍勢が到着した時には、イコトイをはじめ、クナシリのツキノエと息子のイコリカヤニ、メナシ地方も含むノッカマップのションコら指導者層の呼びかけで鎮静化しており、先のシャクシャインの戦いのような藩との武力衝突には至らなかった。

「アイヌ民族最後の大規模決起」と称されるこの戦いからすでに二百三十年が過ぎた。それでも、蜂起の現場となった標津町と、アイヌが処刑された根室市ノッカマップでは、近年の「歴史の見つめ直し」を機に慰霊がそれぞれの地で始まり、今日《こんにち》に至っている。

札幌から夜行バスと路線バスを乗り継ぐこと十時間、僕が標津町を目指したのは、そうした「歴史の見つめ直し」にかかわっている当事者に会い、現場の「今」を見てみたいと思い立ったからだ。そうしてお会いすることができた標津アイヌ協会の小川悠治会長（一九四七年生まれ）の口からは、驚くべき証言が飛び出した。

「子どものころ、ひいばあさんから『昔、ここで大きな戦いがあったんだ』と聞いて不思議に思っていたんですよ。成長して、自分が生まれ育った（標津町）忠類《ちゅうるい》の集落では太平洋戦争中、戦闘がなかったことを知ると、ますます不思議に思えてきましたね。そうなると、ひいばあさんが言っていたのはクナシリ・メナシの戦いのことだったんじゃないか――。そう思って調べてみると、忠類では（停泊していた）大通丸《だいつうまる》船頭らへの襲撃があったわけです……」

クナシリ・メナシの戦いは、当事者の世代からその子へ、さらにその孫へと伝えられ続けた結果、二百三十年たった今でも、地域で伝承されていたのである。

当時、どこに番屋が置かれていて、アイヌの集落（コタン）がどこにあり、それぞれの場所でどのような惨劇があったか――。その詳細を記した文献[3]を手に、僕は標津町市街地を起点に、最北の蜂起集落チカフコイキウシ（羅臼町海岸町）を目指して歩き出した。海岸町は知床半島の真ん中にあたり、襲撃があった最も南のシヘツ（標津川河口）との間には五〇キロもの距離が横たわっている。

濁った激流が海に注ぐ忠類川河口。ここで230年前、25人が蜂起して、10人の和人が殺害された

当時は沿岸、河口での鱒漁が主だったから、コタンも番屋も多くが河口の近傍にあった。最初の番屋跡、標津川河口に立つと、海の向こうにもう一つの戦いの現場、クナシリ島がくっきりと見えた。手元のメモを確認すると「シヘツでは二十三人が蜂起して五人の番人が殺された。アイヌは七人が処刑された……」とある。十二人がここを現場に命を落としたということだ。川は昨日も、おとといも、百年前も、戦いの当時も、今と同じくとうとうと流れていたに違いない。戦いで、ある日を境に断たれた命のはかなさを感じずにはいられなくなる。

四キロほど歩いた先のチシネでは「十七人が蜂起して三人が処刑された……」。さらに二・五キロ歩くと小川会長の出身地、チウルイ（忠類）に着く。「ここでは二十五人が蜂起して十人が殺された。処刑者も四人出した」とある。『ああ、十四人もの血が流されたのか……』。生き延びた庄蔵が地域の指導者ホロエメキの息子セントキから介抱されたのもこの忠類で、彼は大通丸の船員であった。ただし、ホロエメキは蜂起の先頭に立っており、メナシ地方のアイヌとしては一等最初に松前藩に処刑された。『自分は和人の命を救いながら、父親は和人を殺す先頭に立ったとして、和人に処刑された……。セントキは、果たしてどんな思いを抱えながらその後の人生を生きたのだろうか――』。茶色く濁り、激しい勢いで海に注いでいく忠類川の流れが、心なしかおどろおどろしく感じられた。

次のコタヌカ（古多糠）では番人五人が、クンネヘツ（薫別《くんべつ》）でも同数の番人が殺されている。手を合わせ合わせしながら歩みを進めると、二百三十年も前のことながら、戦いの重みと痛みがずっしりとのしかかってきた。途中の寄り道も含めて歩き続けること二九キロ、七人が蜂起して番人五人が殺され、四人の処刑者を出したサキムイ（元崎無異《もとさきむい》）で日が落ちた。数百メートル手前のムイ（崎無異）でも五人が蜂起して二人が処刑されている。ここまででも、ものすごい数の人の命が失われたことが分かる。それでも、これだけ歩いて、まだ羅臼町との境界までも来ていない。チカフコイキウシまではこの先さらに三〇キロもあると知ると、クナシリ・メナシの戦いの地理的な規模がどれほど大きなものだったかが実感されてくる。そう、歩かなくては分からな

夕暮れが迫る崎無異の集落。奥にクナシリ島が見える

いことがあるのだ。
『これほどたくさんの集落が蜂起に加わったということは、よほどの決意があったに違いない。裏を返せば、酷使のひどさ、その恨みつらみは爆発寸前まで高まっていたということだ……』『武力対決を避けるよう長老に説得され、武器を捨てた時、どんな思いで自分自身を納得させたのか……』『同胞が処刑されることを、果たしてどれだけの人が予見していたか……』『「武器を捨てよ」と説得した指導者たちは、処刑されていく同胞をどのような目で見つめ、その後の人生をどう生きたのか……』。さまざまな思いが頭の中をよぎる。

夜の闇を突いて集落から集落へとひた走るアイヌの姿。惨劇、そして静まりかえる番屋……。自分の身体《からだ》を包み込む闇が深まるにつれて、僕の想像もまた膨らんでいった。『もちろん、アイヌの一人一人にそれぞれの人生、それぞれの暮らしがあったように、殺された番人一人一人にもそれぞれに人生があったろう。二百年を超える歳月を経ても、供養を続ける人々の胸の内には、地元だからこそ実感できる現場感があるにちがいない……』。

百十年ぶりの鮭漁復活

一方、この地では、現代のいくつかの重要な動きもあったことが、あらためて確認できた。

例えば、昭和という時代の終わり、一九八八年に起きた水産資源をめぐる出来事だ。この年、標津市街地のお隣《となり》、伊茶仁《いちゃに》のウタリ漁業生産組合がクナシリ島で、ソ連（現ロシア連邦）との合弁事業に乗り出そうとした。「ウタリ」はアイヌ語で「同胞」を意味し、アイヌが自分たちの暮らしを支えるために作った組織だった。

クナシリ島は当時も今もロシアの実効支配下にある。不法占領されているとして返還運動に取り組む日本政府にとっては最も苦慮させられる構図だった。だが、この時、合弁事業の受け皿となるウタリ共同株式会社を設立して社長に就いた椎久忠市組合長（故人）は、別の論理で動いていた。胸の内には『かつてクナシリ島と標津（メナシ地方）は地域的に一体であり、アイヌがロシアにも日本にも属していなかった時代があった』という意識があったはずである。忠市さんは冒頭で紹介した八雲町遊楽部の指導者、椎久年蔵（アイヌ名トイタレキ）の孫に当たる。父祖の地から直線でも四三〇キロ離れた忠市さんの自宅を訪ね、年蔵の肖像写真が掲げられているのを目にした時、僕は不思議な因縁を感じずにいられなかった。

クナシリ・メナシの戦いで惨劇をみた薫別川では、日ソ合弁事業構想の前年に当たる一九八七年、アイヌ民族による川での伝統的鮭漁が、およそ百十年ぶりに「公認」という形で復活した。川での鮭漁は明治以来、知事から特別採捕《さいほ》許可を得た増殖事業などを除いて、アイヌ、和人にかかわらず北海道全域で禁じられてきたが、この年、「あくまでアイヌの伝統行事、鮭を

クナシリ・メナシの戦い当時、メナシ地方にあったアイヌ集落と番屋（榅田光明「寛政元（1789）年メナシのアイヌ集落と番屋そしてチャシ」を基に作成）

迎える儀式（アシリチェプノミ）のための特別採捕枠として」五匹の捕獲許可が北海道知事から札幌アイヌ文化協会の豊川重雄《とよかわしげお》会長らに下りたのだった。豊川さんは竿の先にカギ状の金具が付いた伝統漁具「マレク（マレプとも言う）」で五匹を捕り、三〇〇キロ以上離れた札幌に運んで豊平川《とよひらがわ》河川敷で儀式を行った。「当時、（地元の）石狩川やその支流の豊平川は、マレプで捕ることができる状況にはなかったから」と、豊川さんは生前、薫別川までわざわざ足を運んだ理由を語っていた。

クナシリ・メナシの戦いの跡地を訪ね歩いた二日目は、北千島アイヌの末裔《まつえい》が戦後、シコタン島からひっそりと移り住んだ羅臼町内の集落を通った。十八世紀以来、ロシアの支配を受け、一八七五（明治八）年の樺太千島交換条約後、日本政府の手で北千島からシコタン島に移住させられた百人ほどの人々の子孫だ。資源が乏しいシコタン島で人口激減の辛酸をなめさせられたうえに、一九四五年、ソ連軍が侵攻して来ると親類も縁者もない北海道への逃避を余儀なくされた。旧ロシア姓が「ストローゾップ」だった一族は釧路地方に、「チェールヌイ」だった一族は道南地方に、「プレチン」だった一族は根室地方へと散り散りになる中、唯一の絆《きずな》はロシア正教の信仰で、標津町の隣、中標津町《なかしべつちょう》の上武佐《かみむさ》ハリストス正教会だけが葬祭のよりどころとなった。残酷な時代を衰退しつつ生き延びた人々は、自分たち自身の同胞組織を作ることもなく、歴史の証言者として表に出ることもないまま現在に至っている。数年前、墓参りに連れて行っていただいたご家族とは今回もお会いでき、ほかの一族の動静も聞くことができた。

感無量になったのは夕暮れの野付《のつけ》半島にテンキグサ（イネ科、和名ハマニンニク）の群落を見た時だった。植物相がそれほど多様ではない千島列島北部で北千島アイヌが器《うつわ》などを作っていたのがこのテンキグサで、暮らしには欠かせない素材だった。ここからクナシリ島に渡り、エトロフ島、ウルップ島と島づたいに一〇〇〇キロ海を渡って行けば、彼らの本来の郷里である北千島の東端、シュムシュ島やパラムシル島に行ける……。叶《かな》うことならば、この光景を末裔のご家族と分かち合いたかった。

「最後の戦い」は本当か？

先にも述べたように、クナシリ・メナシの戦いは「アイヌ民族最後の大規模決起」と言われて久しい。この年を境に何かが確かに終わったのだ。標津アイヌ協会の小川会長は「戦いのあとは、言葉も文化も根こそぎ奪われ、儀式さえもこの地域には残らなかった」と口にした。とはいえ、クナシリ・メナシの戦いを「最後の決起だった」と位置づけることで、『アイヌの抵抗はこの戦いを期に止《や》み、和人に帰服した』というイメージが植えつけられてきた側面は否めない。その言いようで、何か大事なことが見えなくさせられてきたのではなかろうか。そう考え始めると、僕にはこれまでとは違った北方史が次第に輪郭《りんかく》を現してきた。

二百三十年後でもけっして遅すぎることはなかった。戦いの現場をなぞって歩くだけでも、クナシリ・メナシの戦いで終わることのなかったものが見えてきた。この地でもアイヌの現代史を語れることが、その何よりの証拠だ。しかも、日ソ関係の間隙《かんげき》を突いての漁業や、川鮭漁の禁止に風穴を開ける行動には、強靭《きょうじん》な意志に加えて、ある種のしたたかさ、しぶとさも垣間《かいま》見える。

現場に立つか立たないかで、「現実感」にどれほどの違いがあるのか――。そこに気づかされたばかりでない。この旅で、過去が「距離」を縮め、時間がぐっと凝縮されてくるのもまた感じ取れた。ほかの地域でも、歩けばその地域なりに見えてくるものがきっとあるはずだ。だって、二百三十年前の出来事であっても、探せば語り継ぐ生き証人が見つかるのだから……。だから、それを書き継いでいけば、これまで和人の立場から描かれた歴史とは違う物語が紡ぎ出されてくるにちがいない。

本書は、その主旨で北海道の各地を訪ね、川をカヌーで、海をカヤックで、冬の山岳地帯を山スキーでたどり、歴史を掘り起こし、アイヌ民族の世界観や自然観に迫ろうとしたルポルタージュである。ロシア・アムール河流域やアラスカ、カナダ北西海岸での滞在体験も、合間にちりばめていこうと思っている。

第一章

モンゴル帝国を恐れさせた強者《つわもの》たち

——カヤック知床一周——

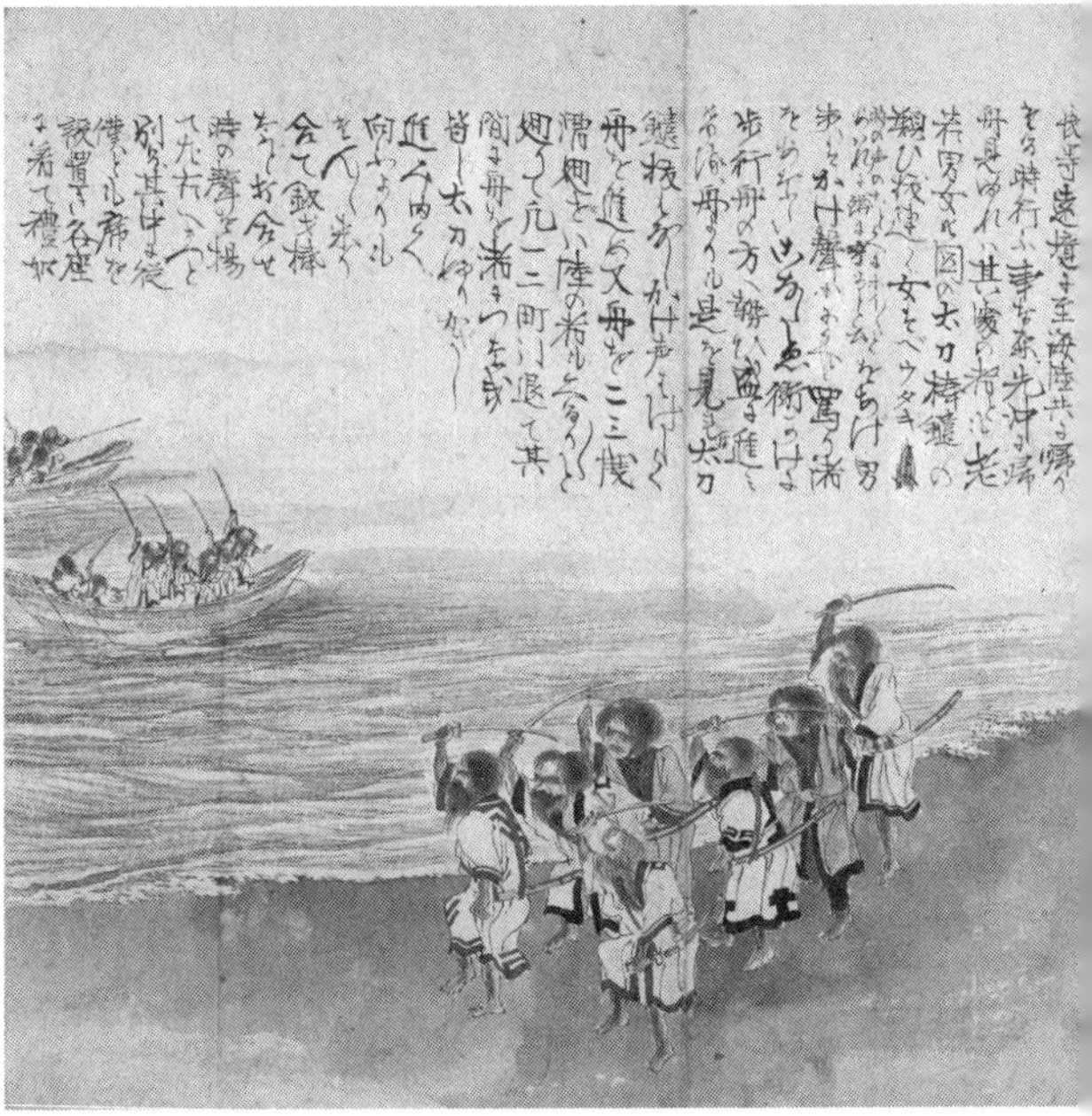

［章扉］**帰還する舟とそれを出迎える側が互いに交わすアイヌの儀礼「ニヨエン」を描いた絵図**（「蝦夷島奇観〈地〉」村上島之允、成立年 1800 年、北海道大学附属図書館蔵。この写本は、箱館の絵師平沢屏山によるものといわれている）

真夏でも体に震え

オホーツク海に面したウトロから車を連ねて知床峠《しれとこ とうげ》を越え、根室海峡側に入った途端、空が黒くかき曇り、霧が立ちこめ、雨が落ちてきた。二〇一九年七月十四日。知床半島一周七〇キロのカヤックツアーは、不穏な雲行きの下《もと》での出発になった。ガイドは、知床で百回を優に超えるツアーを催行してきた新谷暁生《しんやあきお》さん。そのベテランガイドが、天気がまずまずのウトロからではなく、あえて天気が悪い羅臼側から出発するのは、経験に根ざした何かの理由があるに違いない。

羅臼側の最も奥にある漁港、相泊《あいどまり》でカヤックを車から下ろす。参加者十三人の一週間分の食料や食器類、Sサイズ一人二個までと定められた防水バッグを九艇に積み分け、次々海に押し出した。素足に履いたカヌーシューズが海水を吸い込むと、冷たさがつーんと体の芯を突き抜ける。

七月半ばというのに海水温は一二度しかない。「五月の初回ツアーの時は零度近かったからな」。新谷さんは「これでも温かくなった方だ」と言いたげな口ぶりだ。僕の脳裏には「サウナの水風呂で一六、七度ぐらい。それより四、五度も低いのか」という連想がよぎった。とう

知床カヤックツアー２日目の朝、塩ラーメンで冷えた体を温める。中央手前の新谷さんが着ている上下が漁師ガッパ

とう来るところまで来てしまった。このカヤックで漕ぎ出した以上、この艇で帰ってこなければならない。新谷さんの言葉を借りれば「いったんツアーに出ると、途中で中止することはできない。半島には道がなく、逃げ帰る方法がない」からだ。

北海道では夏場でも山で疲労凍死が起きる。知床の海も同様に侮れない。木綿は濡れると体温を奪うから、上下の下着はモンベルのスーパーメリノウール。上のミドルレイヤー（中間着）は、冬山にも通じる暖かさながら、汗を素早く放出してくれるパタゴニアのナノエアフーディー。その上に「これが一番雨に強いし、あったかい」と新谷さんご推奨《すいしょう》の漁師ガッパ上下を借りて着込んでいる。

寒さには万全盤石の備え――と自信があった。それでも羅臼側を漕ぎ進んだ二日目は体が芯から冷えた。ペキンノ鼻《はな》に野営して迎えたその朝は四時に起床。その時点で一三度だった気温は、六時半に漕ぎ出すと、どういうわけか下がり始め、一二度になった。やや強い風にさらされ、雨にたたられながら漕ぎ続けること二時間。知床岬にあと一歩という赤岩の手前でいったん上陸すると、足が再び海水に浸かったことで、体温がさらに奪われた。

陸《おか》に上がって最初に手分けして行うのが流木拾いだ。おのおの、たき火に手頃な木を探し回る。その間、どしゃぶりだろうと吹雪に巻かれようと、あらゆる条件で、たき火を起こしてきた新谷さんは、火床づくりと点火作業に余念がない。気がつくと、起きた火から半径一メートルぐらいにみな、身を寄せ合うようにして体をあぶっていた。さっきから足踏みを絶やさない参加者もいる。大鍋の水が煮立ち、朝メシの塩ラーメンがゆであがるまでの時間さえ待ち遠しく感じた。

台風の中の決行

ラーメンの汁を最後まですすって人心地《ひとごこち》ついた後も、風は強く、波も高いままだ。先を目指して出発できるか、それともここにしばらくとどまって状況の回復を待つか、新谷さんはしばし悩んだ。

今回同様、羅臼の相泊からスタートした二週間前の前回ツアーは、ここで足止めを食らい、結局、知床岬の一歩手前まで来ながら引き返していた。

新谷さんが慎重なのはわけがある。無理をして遭難寸前に参加者を追い込んでしまった苦い

知床半島

経験があるのだ。それは二〇〇五年九月の七三回目のツアー。その時と比べると、眼前の状況は遥かにましだとは思うが、「無理をしてはならない」という教訓を、新谷さんはそのツアーで徹底的に頭に叩き込まれていた。

新谷さんが自ら記したこの時の記録を出発前に読んで、僕は正直、血の気が引いた。その直後ばかりは、エントリーしたことを後悔したと言ってもうそではない。想像を絶する過酷さだったからだ。それは台風一四号の接近、通過をくぐり抜ける形での生還劇だった。

僕は台風が近づく中でウトロを出発した。まだ台風は本州の南にあった。波と風が強まる前に安全な浜に上がり、そこで台風をやりすごすというのが僕の計画だった。九月六日、オホーツク海は西風が吹き、波立っていた。いつも上陸する浜は、波の方向が悪く上がれそうにない。僕はルシャを越え、鮹岩《タコイワ》を目指すことにした。

六時間あまりも連続して漕ぎ続けたことで、チームはそろそろへばり始めていた。僕たちはなんとか艄岩に上がることができた。やがて風が更《さら》に強まり、海上に水煙が走り始めた。

この頃から僕は真剣に天気図を取り始めた。知床で携帯電話はつながらない。知床では観天望気の他に、天候の変化を知るためには天気図しか方法がない。艄岩で夜九時過ぎにとった天気図を見て、僕は愕然《がくぜん》とした。この台風をここでやり過ごすことはできない。浜には大波が上がる。何よりも台風が予想針路をとり、風だけではなく集中豪雨を伴えば、高い崖が続く知床の海岸では、背後から山津波〔土石流〕が起こる。僕は無理をしても、あす朝早くにこの場を離れることを決めた。

九月七日、僕たちは朝飯も食べずに出発した。すでに海上は旋風《せんぷう》が吹き荒れ、竜巻が走っていた。強い追い風と波でカヤックの針路を保つのが困難だ。こんな時には岸にへばりついて漕ぐことが重要だ。たとえ転覆してもなんとかなる。僕は絶対に沖に舳先《へさき》を向けないよう怒鳴り続けた。

オキッチウシ川近くの入り江の、廃屋の番屋がある浜に上がることにした。ここなら台風をやり過ごせる。僕たちは近づいてくる嵐に備え準備を始めた。先ず遅い朝飯を食べた。僕たちは水際から離れた小屋の近くにテントを建てた。小屋は最悪の場合、避難所として使える。

天気図によれば台風は明日、網走《あばしり》付近を通過し、オホーツク海へと抜ける。僕たちの目の前を通ることになる。風は更に強まり、海は時化《しけ》てきた。すでに水平線はなく、黒い縞《しま》模様の筋が鋸《のこぎり》の歯のように大きく上下していた。まだ陸上の風はそう強くはない。強い南東風が知床山脈に遮《さえぎ》られているためだ。羅臼側ではもう高波が上がり始めているだろう。

海は大時化になった。天気は暴風の様相を呈してきた。食事を済ませたあと、僕は皆にテントに入るよう、そして装備をなくさないように注意した。また風がこれ以上強まればテントがつぶされる危険があるので、その時はテントポールを外すことを告げた。僕は避難所として片付けた小屋に入り待機した。雨が強まり、時々風が小屋を揺らし始めた。知床は暴風圏に入った。

夜中二時、一瞬の静寂の後に凶暴な風が来た。外で叫び声が聞こえた。テントが破壊されたのだ。闇の中でヘッドランプの灯りが交錯している。僕は急いで準備し、小屋に避難するよう伝えた。続いてもうひとつのテントが破られた。破壊されたテントの四人は荷物を抱えて小屋に避難した。風速は恐らく五〇メートルを越えている。石が飛んで来る。僕はまだ生きているテントを破壊されないよう、ポールを外すことに決めた。皆、恐怖に震えていた。僕は朝までテントを被《かぶ》って辛抱するよう怒鳴った。（『73回目の知床』）

天気読み違え、次々転覆

豪雨は変わらず続いたものの、やがて風は少しずつ落ち着いてきた。だが、翌八日朝、天気図を書いた新谷さんは、この日ばかりか翌九日も海へはこぎ出せないことを悟った。そうなると、行動日はあと一日を残すだけだ。九日の午後、前線が通過し、ようやく波が落ち着き始めると、新谷さんはこのまま羅臼側に進むか、ウトロに引き返すかで悩んだが、迷った末に、「明日、夜明けとともに出発する。一気に岬を回り、ツアーを終わらせる」と前進の指示を下した。

九月十日早朝、出発時は先の嵐が嘘《うそ》のように海は静かだった。が、羅臼側に回り込むにつれて南東からの向かい風が次第に強まった――。

僕は判断を誤った。僕は知床で北東風がもたらす影響を軽視していた。ここでの北東風は悪天候を長引かせる。この風を生んだ台風は、低気圧となって再び千島で発達していた。羅臼側には千島列島からの波が国後島《くなしりとう》に反射して押し寄せていた。上陸点として予定していた赤岩海岸には巨大な波が岩礁の浅瀬を洗い、近づくことができなかった。

励まして漕ぎ続けるしかない。この海で安全に上陸できるところなどない。念仏岩《ねんぶついわ》から二本滝だけだ。そこも危ういが、その前にカブト岩を越えなければならない。いつも通るカブト岩の狭い水路には大きな波が入り、通過は不可能だ。僕は強い風の中で舳先を沖に向け、怒鳴りながらカブト岩を沖からかわした。外側の岩礁帯がうねりの中で大きく姿を現し、滝のように水が流れ落ちている。そして次の瞬間、うねりは大きく覆いかぶさり、岩場を水中深く隠す。漕ぐ手を少しでも休めたらカヤックはそこに吸い込まれて行き、巻き始める波に飲み込まれる。僕たちは危険の只中《ただなか》にいた。僕自身の恐怖を悟られたらチームはバラバラになる。僕は声を出し続けた。波に食われないようパドルを外側に押し出してバランスを保ち、そして漕ぎ続けるよう怒鳴り続けた。

知床では確かにこれは良くあることだ。大抵の場合、頑張ってそれを乗り越えることが出来る。しかし今回は違う。僕はこの危険な海に大勢を踏み込ませたことを後悔した。そしてガイドとして初めて、自分が失敗したことを悟った。今は生きるために漕がなければならない。

念仏岩の前浜は浅い岩盤だ。その前の岩礁帯をうまく越えることが出来れば安全に上陸できるはずだ。僕は沖に皆を待たせて偵察に近づいた。大きなうねりが繰り返し入ってくる。無理だと引き返そうとしたときシングル〔一人〕艇のひとつがバランスを失い転覆した。もう限界だったのだろう。それをレスキューして再上艇させた直後、水路に迷い込んだダブル〔二人〕艇が波に吸いこまれていった。

その波はカヤックを空中高く跳ね上げ、乗っていた二人を水中に巻き込んでいった。僕は次々に来るうねりの高みからそれを見て覚悟した。この波に巻かれて岩盤に叩きつけられたなら助からない。その直後、彼らが白い渦の中に浮かび、もがいているのが見えた。僕は逃げろと絶叫した。満ち潮が幸いした。岩盤の上の水が厚く、彼らは波に巻かれながらも水が緩衝材となって致命傷は負っていなかった。やがて次の波が彼らを陸へと運んで行った。命は助かる。僕はそれを確信してグループの残りをまとめ、隣の二本滝の水路を目指した。

とにかく他のメンバーを安全に誘導しなければならない。二本滝の前浜には狭いが安全な水路がある。しかしその前に再び岩礁を沖から回りこまなければならない。僕は再びチームをまとめ、漕ぎ始めた。僕にも限界が迫っていた。そしてグループは崩壊し始めた。

ついて来いと叫び振り返ったとき、僕は波の上に浮かんでいる二艇のシングル艇を見た。次の瞬間、二艇はなす術《すべ》もなく波に巻かれていった。事故の連鎖が始まった。

僕はかろうじて浮かんでいるメンバーに上陸地点を指示し、二艇が巻かれた岩礁へと急いだ。二人は必死で陸に向かおうともがいていた。ダメージは大きそうだ。その時、僕の背後にも波が迫ってきた。僕は必死で逃げ、巻かれる瞬間に波の背中に飛び出した。そこはまるで激流のような急斜面だった。僕は艇の後ろに固定した鍋が吹き飛ばされたのも知らずに狂ったように漕ぎ続けた。繰り返し立ち上がる波の間を、彼らの様子を見るために再び岸に近づいた。二人が肩を組みながら陸に上がっていくのが見えた。無事だった。チームの残りも、ダメージを受けながらなんとか上陸していた。僕は浜に上がりしばし放心した。

（『73回目の知床』）

先住民の舟旅を追体験したい

知床の海はこうまで過酷で、カヤックはこれほどまでに脆《もろ》いものなのだ。このツアー記を新谷さんは「僕は幸運の意味を考えた。今全員無事なのは、ただ運が良かったからだ」と締めくくっている。

自分の失敗をここまで潔《いさぎよ》く認め、本に書き起こしたのは、のちの人に同じ過ちを犯してほしくないという強い念からだろう。自宅のあるニセコでは、ゲレンデ外を滑走するスキーヤーの命を無為に失わせたくない、と雪崩《なだれ》事故防止の警報発令に取り組んでいる。そんな人なのだ。

波と風と雨のなか、羅臼側をゆく

南米大陸最南端のパタゴニアから北米大陸、シベリアをへてアフリカを目指した関野吉晴《せきのよしはる》さんのグレート・ジャーニーで、出だしのマゼラン海峡カヤック横断のガイドを務めたのもこの新谷さんだった。経験豊富で信頼に足る人物であることは間違いない。

かつて北海道、樺太、千島列島から、オホーツク海、太平洋、日本海へと舟を繰り出し、縦横無尽《むじん》に海を行き来してきた先住民族アイヌの探究心と苦闘を追体験したい——。そんな思いを抱いていた僕がこの知床一周カヤックツアーに応募したのは、ガイドが旧知の新谷さんだったからでもあった。

海岸線約七〇キロをテントで寝泊まりしながらぐるりと巡る。水道も電気もない。キャンプ場があるわけでもない。流木で火を起こして煮炊きをし、海岸のゴロタ石の上に寝袋で寝る覚悟はもとよりあったし、むしろ心弾むものがあった。ただし、それも、この九死に一生を得たツアーの記録に目を通すまでだった。だが、それはそれ。今年、僕は五十八歳、新谷さんは七十二歳で、もしかしたら「来年のツアー」はないかもしれない。そう思うと、「今回を逃すことはできない」という前向きな気持ちの方が勝《まさ》った。過去の過酷なツアーに怖《お》じ気《け》づいてキャンセルすることは選択肢になかった。

参加するなら、とにかく装備を防水、防寒、耐風の面から徹底的に見直し、個人としてできる範囲でリスクをつぶしていくしかない。ただし持って行けるのはSサイズの防水バッグ二個という制約付きだ。そうなると、軽量・コンパクト化も必須となる。アリューシャン列島に近いアラスカ半島の無人地帯で五週間お世話になったアライのドーム型テントは重くてかさばるので諦め、同じアライの軽量一人用エアライズ1を新調した。地面はこぶし大以上の石ころだらけだからペグ（杭）は打てないと踏んで、テントの四方や前後に長めの張り綱を付け足して、エバンス・ノットで大きめの石に結べるようにした。ヘッドライトは水没に耐えるブラックダイヤモンドのストームに換え、寿命の長さを比較検討したうえで、入れる電池を決めた。エアマットも必携だ。軽さとコンパクトさと寝心地を重視して、多少時間がかかるとしても空気を吹き込んで膨らませるタイプを持参することにした。毎日の行動食はゼリー飲料、ビスケット、飴《あめ》、チョコレートなどを一日分ずつフリーザーバッグに詰めて防水ボトルに入れ、漕ぎながら補給でき、たとえ転覆しても流れていかないよう、ワイヤーで艇とつなぐようにした。そうした装備を整えて、三日前の深夜、札幌発ウトロ行きの夜行バスに乗り込んだのだった。

波にかき消された「指示」

さて、ツアー二日目の赤岩手前。知床岬まであとひと息なのに、目の前の海は波立ち、風も強い。新谷さんは海を凝視して、行くか、行くまいか、考え込んでいる。

「これから出発する。よく聞いてくれ」。ややしばらくして、決断が下った。「まず、やや右手方向に針路を取って少し沖に出て、そこから左に向きを変えて赤岩を巻いていく。最初は向かい風だけど、針路を変えてからは追い風になる。追い風の方が進みやすいように思うかもしれないけど、実はそっちの方が向かい風より怖いんだ」。噛《か》んで含むように参加者に説明する。

リバーカヌーは自分で持っていても、シーカヤックは経験が浅い僕は、出発の日から二人艇の前の座席をあてがわれ、小樽でカヤックガイドを務めている尾形信さんが後ろで舵《かじ》も取ってくれている。尾形さんが知床にも通じていることから、僕たちの艇が先頭を行くことになった。新谷さんは側面から万一の際のレスキューに当たるということなのだろう。

海岸を離れるにつれて、波が高くなり、持ち上げられてはへさきからがくんと落ちる繰り返しになった。波を直角に切り込んで進む方がバランスを崩されにくいから、へさきの向きには常に注意を払う。ほかにあれこれ考える余裕はないが、後ろには熟練がいるので、不思議と恐怖は覚えない。と、振り返ると、ついてきているはずの後続が一艇もない。

「あれ、沖に出すぎたか」と、ターンを試み、今度は背中側から波に突き上げられることになった。「うわっ、きた！」。波の動きが見えないだけに、こっちの方が断然、危なっかしい。やや戻ってから他の艇の姿を認めて追いかけた。

「『戻れ！』って声掛けたんだけど、聞こえなかったみたいだな。でもまあ、みんな乗り切れてよかった」。それほど沖まで出なくても、難所は避けられるとの判断で、新谷さんは途中、僕たちに声を掛けたというが、風と波にかき消されて二人とも聞き取れなかったのだ。

「山脈」が生み出す暴風

知床半島は、中央を背骨のように山岳地帯が貫いている。西側から羅臼岳（一六六一メートル）、硫黄山《いおうざん》（一五六二メートル）、知床岳（一二五四メートル）と一〇〇〇メートル級が並び、先端の知床岬の崖上にやや開けた平原がある。

新谷さんは知床を「でっかい山脈」と表現する。並の山脈ではないことに気づいたのは、クナシリ島の東岸をカヤックで漕いでいた時のことだったという。それほど高くはないクナシリ島の山越しに高い山並みが見えた。あれは何だ、とちょっと考えて知床半島と分かった。

山脈級の高い壁によって、風は行く手を阻まれ、パワーが壁の手前にためこまれる。さらに強い風に押され、ひとたび壁を越えると、爆発的に一気に吹き下ろす。

「あれは五月だった。キャンプしていて、なんか妙にざわついてきたと思ったら、風がどわっと来て、いっぺんにタープ（風雨よけの天幕）がばらばらにされて、鍋釜《なべかま》も吹っ飛んで行ったのさ。鍋ぶたなんかフリスビーのように飛んでって……。『逃げろ』って言っても立って歩けない。這《は》いながら背後の森に逃げ込んだ。ちっちゃい石がびゅんびゅん飛んできて生きた心地がしなかった。風速四〇メートルぐらいはあったかな。森の中で低地を見つけてようやくしのいだよ」

知床半島の先端、知床岬まで来ると、ようやく緩やかな平原が広がる

知床の「山脈」が西風を遮っている時、羅臼側の海が不気味なほど静まり返る時がある。ところが、堰《せき》が切れた瞬間、突風が海に吹き出す。新谷さんによれば、十五隻もの漁船を沈没・転覆させ、八十五人の漁師の命を奪った一九五九年四月の大量遭難も、このパターンの突風が原因だ。風速は四五メートルに達したとみられている。

「知床山脈」にも、やや低く、風を集めて通過させる「風の道」がある。ウトロ側のルシャがそれだ。ルシャ川は、

ルシャを過ぎた途端、追い風に変わる。新谷さんは傘を前に突き出し、帆の代わりにして進んで見せた

夏から秋にかけておびただしい数のカラフトマスや鮭が上ってくることから、魚を食べにヒグマが集まる場所として有名だが、カヤッカーには、たとえ天気が穏やかでも、風が山側から海側に向かって垂直に吹き出していることの多い難所として恐れられている。つまり、知床半島では、天候にずっと恵まれたとしても、「難なく」一周できることは、ほとんど稀なのだ。

　僕らが通過した時は、ルシャにしてはとても穏やかな方だったが、それでも突入する手前数百メートルから凪《な》いでいた海がざわざわと波立ち始め、向かい風が押し寄せては弱まり、再び押し寄せるようになった。進むのに難儀させられたあとは、ルシャ川を横目に見ながら真横から風を受け、沖に流されないように懸命に漕いだ。ルシャを過ぎると、今度は追い風だ。新谷さんは傘を広げ、まるで帆のように風を受けて進んでいく。僕らも負けじとパドルを高く突き上げて、ブレードに受ける風だけで進んでみる。それでも艇を動かせるほどの風は、こういうタイミングならありがたいが、時によっては恐怖にもなる。

それでも先人たちは暮らしてきた

自然条件がこれほど過酷な知床半島の突端近くにも、先人たちが残した遺跡がある。僕が北海道大学の加藤博文先生（考古学）の調査に同行して、漁船で知床岬近くの文吉《ぶんきち》湾に降り立ったのは十一年前、二〇〇八年の八月だった。下船すると、すぐにヒグマが現れた。僕たちは周囲に目を配りながら、かつてアイヌの暮らしがあった隣の啓吉《けいきち》湾に歩いて向かった。

狩猟採集漁撈と交易に生きてきたアイヌは、ヒグマなどの野生動物を神さま（カムイ）と見なして崇拝するだけでなく、自分たちが日常で使っている道具にも魂が宿っていると考えてきた。それで、使い古したり、壊れた道具の魂は、儀式を通じて神々の世界に送る習わし（イワクテ）も続けてきた。その送り場の遺構を探すのがこの時の目的だった。果たして啓吉湾で見つかった遺構には、破損した鉄鍋や鉄おの、砥石《といし》などが狭い範囲に露出していた。

五世紀から十世紀頃にかけて北から海を渡って渡来したオホーツク文化人（オホーツク人）の土器のかけらも出てきた。縄文系の在来人が造った土器とは質感も文様も異なるから一見してそれと分かる。海獣猟に長けたこの海洋民族も、そして、アイヌ民族も、ともに知床に根づいてきたのだ。先人たちはさらに舟を駆使して、ここから北東方向、約一〇〇〇キロにわたって二〇以上の島が点在する千島列島にも進出した。

僕が今、着ている軽くて暖かい先端繊維の防寒着を持っていたわけでもない。水は弾くけれども中の湿気は外に出し、何時間でも雨の中で快適に過ごせるゴアテックスのレインコートがあったわけでもない。暴風や豪雨に耐えるよう設計力を駆使したテントもなければ、樹脂製で水漏れ知らずのシーカヤックを操っていたわけでもない。それでも先住の人々はりっぱに生き延び、海岸伝《づた》い、島伝いに交易に繰り出し、海や陸の野生動物を狩って糧《かて》としていたのである。

いったいどこに、この知床半島の暴風、荒波を乗り切る秘訣《ひけつ》があったのか。知床で時間を過ごすうちに、大事なことが分かりかけてきた。その一つは「停滞できる」こと、つまり滞在をいくらでも延ばせて、時間をその場でつぶせることである。

先述のように二〇〇五年、台風下でメンバーを危険にさらした新谷さんの一番の失敗は、参加者の帰りの飛行機に間に合わせようと、無理して先を急いだところにあった。おそらくあと一日か二日待つことができれば、波も風も弱まり、なんてことのない無難なツアーになっていたはずなのだ。

エントリー前、僕自身、驚いたことでもあったが、新谷さんのツアーは到着日と帰る日を入れると計九日間取ってある。ちなみに僕が参加したツアーは七月十三日から二十一日までの予定で組まれていた。日程に余裕があればあるほど、無理せず安全な旅が保証されるが、日本の社会では連続九日間の休みが取れる人はそうそういない。だとすれば、安全を重視すればするほど参加者が減り、採算も取れなくなるというジレンマが生まれる。そんなこんなで今、恒常的に知床半島一周のカヤックツアーを催行しているのは新谷さん一人になってしまった。

僕が「今年しかない」と、現役サラリーマンでありながら参加を決意したのも、新谷さんが辞めてしまえば、もう機会は永久に失われるかもしれないと考えたからだ。

「そう悲観しなくても、これからだって経験を積んだカヤッカーがガイドに手を挙げるのでは？」と、切り返してくる人も当然いるだろう。しかし、『この場所で天気が急変したらあそこに逃げ込めばいい』といった危急の際の判断は、地理や地形、天候に精通していなければ下せない。しかも、もしも避難が長びきそうなら、野営場所や水の確保も条件になる。そうとうの準備と経験の蓄積を経なくては始められない。聡《さと》いカヤッカーならば、常にそこここに存在するリスクを勘案して、知床一周ツアーに簡単に手を出すことはないだろうし、十分な蓄積なしに敢行するガイドが仮に出てくれれば、事故が起きる蓋然《がいぜん》性は増すと考えた方がいい。

時間をつぶせるのも生き延びるワザ

アイヌも含めて、かつて、この地を行き来していた先住の民は、時には流木や獣骨、海獣の皮といったあり合わせの材料で舟や装備を直すことを余儀なくされた一方、何日の何時までにどこに着くという時間の縛りからは自由だったはずである。素朴といえば素朴だが、「何日でも待てて、荒天をやりすごせること」こそが、この過酷な自然条件を生き延びる術《すべ》だとすれば、第一条件は満たしていた。ただし、長居をするにはその場でかなりの程度、自給しなくてはならない。流木は大抵、たっぷりあるから、暖は取れ、調理もできる。水場も点在している。問題は食糧だ。が、春はギョウジャニンニクやフキが採れるし、夏から秋にかけてはガンコウランやコケモモ、クルミ、コクワ（サルナシ）などが実をつける。加えて、夏から秋にかけてはカラフトマスや鮭が川に押し寄せる。海には魚類が豊富だし、ウニや海藻もふんだんにある。陸では熊や鹿、キツネ、冬から春にかけての海辺ではアザラシを獲り、時に弱って岸に打ち上げられた「寄りクジラ」の肉にありつけられれば、その日その日の食料は何とかなるだろう。

もちろん保存食を持参して出立することも忘れなかったはずだ。例えば、幕末期に北海道を探検した松浦武四郎《たけしろう》（一八一八―一八八八）は、行く先々で道案内役のアイヌから宿や食料の提供を受け、エゾエンゴサクの根（塊茎《かいけい》）やクロユリの根（鱗茎《りんけい》）を干した携行食を持たされている。もう一つ、アイヌにとって大事な保存食は夏に採るオオウバユリの根（鱗茎）で、そのデンプンを発酵・乾燥させて団子にする。

安全に航海を続けるためには停滞できることが重要で、それには「時間に追われていないこと」と「自給・自活のノウハウがあること」の二つが重要だと言える。あとは、余白の時間をひたすら何かでつぶせばいいのである。とはいえ、それもまた、なかなか、口で言うほどたやすいことではない。

新谷さんのツアーは、基本的に時間に余裕を持たせてある。早朝、条件がいいうちに素早く荷物を積み込んで出発し、数時間漕いだあと、午後以降は自由時間ということもあった。僕が参加したツアーは丸一日、動けないという日はなかったものの、七月の長い日中や寝袋に入る前の数時間を、参加者は特段することもなく過ごすことになる。知床半島では携帯・スマートフォンは通じないし、羅臼側ではラジオの電波も届かない。持ち込める物には制限があるから、ゲーム機を持ってこられるわけもない。僕はかさばるので本も持ってこなかった。となると、ひたすら互いに話をしながら時間をやり過ごすということになる。

テレビもスマホもゲームもない。本も漫画もない。そんな状況下で一週間、二週間、時に一カ月過ごす自分を想像してみてほしい。多くの人はそのあまりの所在なさに耐えられないのではないか。しかも少人数の濃くて狭いコミュニティーでは、滞在が長引けば長引くほど人間関係にひびが入りやすく、挙げ句の果てにけんかだって起きかねない。

この章の冒頭で、僕がアラスカで五週間をテントで過ごしたと書いたのは、北海道大学の岡田宏明教授（文化人類学）をリーダーとする考古学調査で、僕たち日本人六人以外、見渡す限り誰一人いないツンドラ地帯のど真ん中での滞在だった。二十三歳で参加した僕がこの時、学んだのは、少人数、閉じられた場での長丁場《ながちょうば》を乗り切るカギは、各自の体力や忍耐力よりも、不満を互いにどれだけ吸収し、不和を回避できるかにあるということだった。

膨大な物語を記憶

ゲームもスマホも本もなかった代わりに、アイヌの人たちには物語を語り、聞くという日常があった。それはこういう場面でいっそう活きる伝統だったと思われる。いったいどれくらいの数の物語が一人の人間の頭の中に記憶されているのか。分かりやすい一例は、登別《のぼりべつ》出身の語り部《べ》、金成《かんなり》マツ（一八七五―一九六一）が残したノート百二十四冊分に及ぶ伝承記録だろう。函館で教育を受け、ローマ字を覚えたマツは、生涯をかけて約九十編の長大な物語を自らローマ字で書き留めた。アイヌ語に精通した金田一京助博士でもその一部しか訳しきれず、北海道教育委員会が専門家に委託する形で一九七九年から日本語に訳し続けているが、まだ道半ばというほどの膨大さである。

かつて先住の人々は舟で漕ぎ進んでは泊まり、流木や薪《たきぎ》を集め、火を起こし、食べ物を採取し、語り合い、物語を演じながら海が穏やかになるまで時機を待ち、再び海に漕ぎ出して行ったに違いない。語るべき口承を持っていないことを除けば、今、現代の僕たちが知床でやっていることも、基本的には同じである。ただ、参加者の一部はカヤックが趣味であり、一部は旅や自然が何より好きであり、僕のようにいにしえの時代に思いを馳せたいというやや特殊な志向の人間も混じっているのに対し、先人たちは必要に迫られ、生きんがために移動を繰り返してきたところに大きな違いがある。狩りや食料探しもさることながら、交易が、ある時期から人々の暮らしを支えてきたのである。

アイヌが北海道の各地に、柵を巡らしたチャシを盛《と》んに造《りで》るのが十六世紀から十八世紀にかけてである。このことは、この時代、交易が繁栄をもたらすと同時に、格差や富の偏りが次第に拡大し、蓄財への欲求や争奪戦に駆り立てられる人が出てきたことを推測させる。

そこに至るまでには数百年に及ぶ前史がある。津軽海峡の両側には縄文時代から濃厚な文化交流があったが、北海道の在来人が津軽海峡を越えた交易を活発化させたのは擦文《さつもん》期（七―十三世紀）の九世紀以降とされ、平安京や中国の毛皮需要を受ける形で交易を担った。その毛皮とは、ヒグマであったりクロテンであったり、海獣であったりしたであろう。

十四世紀ごろには安藤氏が支配する十三湊《とさみなと》（青森県五所川原市《ごしょがわらし》）が本州側の出入り口の役割を担い、北海道側では日本海沿岸のヨイチ（余市）が相方になっていた。アイヌの交易船は、津軽海峡を渡って本州の北部まで出張《でば》って行っていたのである。この時期になると、毛皮に加え

谷元旦「蝦夷紀行附図」より「蝦夷船ニテ渡海之図」（函館市中央図書館蔵）

て、干鮭《からさけ》も北海道から本州への重要な交易品になった。反対に本州からは鉄鍋や小刀といった鉄製品に加え、酒や米、たばこや漆器《しっき》が流入した(1)。

一七九九年に幕府の命で蝦夷地《えぞち》（道南の和人地を除く北海道）を巡った谷元旦《げんたん》が描いたアイヌの渡海船は九人が乗る板つづり船で、この時代の外洋船は四〜九人乗り、沿岸の漁撈用が二〜三人乗りだったと見られている(2)。先立つ時代はここまでりっぱではなかったにしても、外洋の航海に耐えるだけの構造の船が造られ、波立つ海を盛んに行き来していたのである。

ちなみに谷元旦は、野宿の絵図も残している。これが、知床カヤックツアーに参加した者にはたまらないほど雰囲気が似通っている。火を起こし、アイヌも食したであろう海浜植物を僕らも炒めて食べたし、僕らがコーヒーやワインを飲んで語らったように、彼らもナギナタコウジュやヒトリシズカを煎じて飲んだり、ヒエやアワ、米に麹《こうじ》を混ぜた酒に酔いしれたことだろう。野宿の基本は、いくら時を経《ふ》ろうが変わらないということだ。

話をかつての交易に戻そう。十五世紀の前半、勢力を増した南部《なんぶ》氏によって安藤氏が十三湊を追われ、松前に移ると、交易拠点もまた松前に移った。と、やや時を置いて一四五七年、和人対アイヌの最初の大規模な対決「コシャマインの戦い」が起きる。アイヌ側は和人が築いた十二の館《たて》を次々落として和人を追い詰めたが、形勢を逆転され、最後は敗北を喫する。

とはいえ、その後、百年にわたってアイヌと和人の小競り合いは続くから、決してアイヌの勢力は屈したわけではなかった。アイヌが勢力を維持し続けることができた背景には、交易による力の蓄積があったと思われる。和人がアイヌと講和を結んだのは一五五一年で、その時点

知床カヤックツアーでのキャンプ風景

谷元旦「蝦夷紀行附図」より「廻島ノミキリマルコヤニテ野宿之図」（函館市中央図書館蔵）

でシリウチ（知内）にはチコモタイン、上ノ国《かみのくに》の天《あま》の川《がわ》にセタナイのハシタインが長《おさ》（指導者）として陣取っており、和人はむしろ圏域をかつてより狭められていた。(3)

モンゴル・元軍を苦しめた樺太のアイヌ

交易価値の高かったクロテンは北海道には生息せず、樺太から毛皮がもたらされたために、在来の人々は次第に北海道北部に定住するようになった。さらには宗谷《そうや》海峡を北に四〇キロ余り漕いだ先の巨大な島、樺太（サハリン）に進出して行く。のちの山丹《サンタン》交易、すなわち大陸側のアムール河下流域に暮らす諸民族とアイヌの交易はここに萌芽がある。だが、それは樺太在来の人々とあつれきも起こした。

中国の史書には十三世紀、樺太の民族「吉里迷《ギレミ》」がアイヌに圧迫され、モンゴル帝国に救援を求めたとの記録がある。モンゴル帝国・元朝は、要請に応えて大陸から間宮海峡（タタール海峡）を渡って樺太に侵攻し、アイヌと戦端を開いた。吉里迷は現在の樺太先住民族ニブフの祖先ではないかと考えられている。

「モンゴルの兵一万人に対して、アイヌの勢力が同じ一万人必要だったかっていうと、きっとそうじゃないだろうね。アイヌの方はゲリラ戦だから千人ぐらいでも互角に戦えたんじゃないかな。森の中からいきなり毒矢が飛んでくるわけだから、ほんと怖かったと思うよ。足を踏み込んだ途端に宙づりになるような罠《わな》が仕掛けられていたかもしれない。モンゴル軍は見晴らしのいい乾燥したところの人たちだから、樺太で戦争やるったら大変だったと思うね、勝手が全然違うから」

知床カヤックツアーの途上、何かの拍子に話が十三世紀から十四世紀にかけてのアイヌ対モンゴルの戦いに及ぶと、新谷さんは自身のイメージをそう語った。カヤッカーにして冒険家だが、物書きでもあり、先住民族の歴史にも詳しい。とりわけ、かつてアリューシャン列島の極限の海をカヤックで自在に行き交っていた海洋民族アリュートに深い敬愛の情を寄せている。新谷さんには、山丹人からのアイヌの呼び名「骨鬼《クイ》（骨嵬）」をタイトルにつけた『骨鬼《クイ》の末裔』という著書もあるのだ。

出発前、僕はこの本にも目を通していた。

「骨の鬼」と呼ばれたこの人たちは、いったいどのような人たちだったのだろうか。元軍の兵士はクイを恐れた。骨鬼は突然川べりの森から姿を現し、トリカブトの毒矢を射て兵士を恐怖に陥れた。そしてかき消すように森の中に姿を消した。彼らは元にとって忌まわしい、死の匂いのする存在だった。

元は一万の兵をアムール川に送り、クイと戦った。しかし撃退できなかった。戦いは半世紀に及んだ。元は勇猛で疫病神《やくびょうがみ》のようなクイに「骨鬼」という字を宛てて呼び、恐れた。一三〇八年、元と骨鬼は和睦した。クイは自由な交易の権利を得た。そのかわりに毎年、珍奇な毛皮を献納することを、元に約束した。

私はエゾ〔アイヌ〕の軍勢が宗谷海峡を渡り、サハリンからアムール川にまで攻め入る光景を想像する。アイヌは船を漕ぎ、帆をあげて、エゾ地北端のソウヤからサハリンのシラヌシを目指した。イタオマチプと呼ばれるアイヌの舟は、手漕ぎと帆走が共にできる機動力にすぐれた船だ。この舟の起源は太平洋のカヌー文化につながると言われている。イタオマチプまたはポロチップは丸木舟だ。それに縄でつづった板で舷側《げんそく》を覆っていた。これによって外洋での性能を高めた。甲板《かんぱん》はない。アイヌはこの舟でソウヤ海峡を渡り、大陸に攻め入ったのだ。

（『骨鬼の末裔』）

古い記録に「〔クイは〕毒を鏃《やじり》に塗り、中《あた》れば必ず死ぬ（『遼東志（巻九）(4)』）」とあるから、新谷さんが言うように、アイヌは熊など大型獣の猟で使ってきたトリカブトの毒矢で応戦したのだろう。トリカブトは神経毒なので、ヒグマでも数十メートル歩いて斃《たお》れたほどで、狩猟にはほかに毒性の強いアカエイの尾も使われた。

樺太に進出したアイヌとモンゴル帝国の戦いは一二六四年に始まり、元朝成立後の一三〇八年まで断続的に四十年以上にわたって続いている。モンゴル軍は、アイヌの進出を食い止めるための追い返し戦術を採ったわけだが、(5)アイヌが強大なモンゴルの軍勢と一定程度、渡り合えるほどの「力」を持っていたということは言えるだろう。

一方で、樺太最南端のクリリオン岬（西能登呂岬《にしのとろみさき》）に構えられた白主土城《しらぬしどじょう》跡は、大陸の建造技術が用いられていることなどから、モンゴル帝国・元朝が最前線基地として使い、一時的ではあってもアイヌの勢力を北海道に押し戻した可能性が指摘されている。(6)この見立て通りであれば、宗谷海峡がアイヌと大陸勢力のにらみ合う最前線だったことになり、西はヨーロッパまで版図を広げた巨大モンゴル帝国の東の端が宗谷地方の目と鼻の先にあったと言ってもけっして大げさではない。モンゴル帝国としては、吉里迷《ギレミ》を見捨てることになれば、従えていた諸民族の信頼を失いかねない危機感があって、粘り強く撃退戦を続けざるを得なかったのではなかろうか。(7)

交易は力の源泉なり

そのアイヌの力の源泉は何だったか。それもまた、本州—北海道から樺太—大陸へ、逆に大陸から樺太―北海道、そして本州へというスケールの大きな交易がもたらす益だったに違いない。

アイヌの交易圏は、和人を相方とする南への本州ルート、山丹交易につながる北への樺太・大陸ルートだけでなく、東の千島列島方面へも拡大した。

羅臼側で天気に恵まれなかった今回のカヤックツアーでは目にすることはできなかったが、晴れた日は知床の羅臼側や根室から巨大なクナシリ島がまるで「早く渡って来いよ」と言わんばかりに間近に見える。北海道東部（道東地方）と千島列島（北千島、中部千島）の間に位置するクナシリ島とエトロフ島は、必然的に橋渡し交易の拠点になっていった。

松前藩が国後《くなしり》場所を創設して漁場支配に乗り出したのは江戸中期の一七五四年。だが、エトロフのアイヌたちはすでに、シュムシュ島やパラムシル島など千島列島の中・北部を拠点とする北千島アイヌとの中継貿易を担っており、クナシリ島に行っては絹や木綿の織物、漆器、鉄鍋といった日本の品々を入手し、北千島アイヌにもたらしては鷲《わし》の羽やラッコの毛皮を手に入れていた。その交易には道東地方の交易拠点だったアッケシ（厚岸）のアイヌも影響力を持っており、道東から千島列島、果てはカムチャツカ半島までも含めた巨大な交易圏ができあがっていた。(8)

南への「松前ルート」と、元朝との戦争が終結した一三〇八年以来の「樺太ルート」。それにカムチャツカ半島とつながった「千島ルート」が加わり、本州以南が戦国の乱世を極めた十六世紀後半にあっても、アイヌは障壁をさほど感じることなく、交易の民としての繁栄を享受していたようである。

指導者の謀殺とロシアの侵入

一六〇三年、江戸に幕府を開いた徳川家康は、松前藩主にアイヌとの交易独占権を与えた。その黒印状《こくいんじょう》で家康は「アイヌはどこに行こうとも自由である」と認めている。家康にとって、アイヌは臣民としての義務や制約を課す対象から外れた人々、つまり「日本の外に暮らす人たち」との認識であったことが分かる。だから、松前が交易の拠点になったと言っても、一六〇〇年代に入ってなお、アイヌは下北《しもきた》半島の田名部《たなぶ》に交易の足跡を残したりしている。依然、何のおとがめも受けずに東北地方で交易ができたのだ。

この時期、ロシアはまだカムチャツカ半島も千島列島も押さえてはおらず、樺太でもアイヌが大陸のアムール河流域まで出かけていって取り引きする山丹交易が活発に行われていた。だから、南方、北方、東方への三つのルートは、江戸初期においても健在だった。

一六六九年六月、衝撃的な知らせが松前に届く。和人の鷹船《たかぶね》がアイヌに襲われ、鷹待《たかまち》（鷹狩り用の鷹を生け捕りにする人）四人、船頭・水主八人が殺されたという。続いて金掘りも殺害されたとの報が入ってくる。

アイヌの大規模決起として歴史に残る「シャクシャインの戦い」の勃発である。シャクシャインは日高《ひだか》地方静内《しずない》（現・新ひだか町）のリーダーで、移入してくる和人の阻止、自由交易の復活、交換の適正化を掲げて立ち上がったのだった。

和人との交換レートは干鮭一〇〇匹で米一俵（約三〇キロ）と決められていたのが、いつしか二〇〇匹で一俵、そのうち三〇〇匹でないとアイヌには米一俵が手に入らなくなった。そればかりでない。これまで松前などにアイヌの方から自由に出向いていた交易のスタイルが、一六三〇年ごろからは松前藩の家臣やその代行商人がアイヌの土地土地に出張って来るように変更され、和人の金掘りや鷹待が無秩序に内陸に入り込むようにもなった。

「われわれは松前に出かけて行くことを堅く禁じられ、これでは暮らしが立ちゆかない」と、ヨイチ（余市）の有力者チクラケはあえて松前に出向いて訴えたが、藩は「松前に来ること自体が御法度《ごはっと》である」と態度を変えず、「首を切るぞ、髭《ひげ》を落とすぞ」と責め立ててチクラケを追い返したと『津軽一統志《つがるいっとうし》』に書かれている。シャクシャインの要求に各地のアイヌが共鳴したのは、こうした不満を地域集団が共通して持っていた現れであろう。

強大なアイヌ連合軍は松前藩を脅かした。ところが、シャクシャインは、松前藩から持ちかけられた和睦の場で謀殺され、アイヌの軍勢は瓦解《がかい》し、敗北に至る。以後、和人の野放図な流入は治まったが、アイヌの側から松前や東北地方に出向いて行く交易スタイルの復活は断ち切られた。

南ルートは自由がきかなくなったが、この時期においても北の樺太ルート、東の千島ルートのパイプは依然太かった。樺太はテン、千島列島はラッコと、「高価」な毛皮獣が豊富に産出する土地柄だったがゆえに、北海道は交易路が交差する結節点を成していたと言って何ら大げさではない。

だが、富には人が群がる。日本（和人）の勢力も、ロシアの勢力も、じきに交易の主導権を手中に収めようと圧迫を強めてきた。

ロシアの先兵コサックの部隊が千島列島の東の端シュムシュ島に侵入したのは一七一一年だった。ロシアは島々のアイヌに毛皮税を課すとともに、列島を奥へ奥へと逃げるアイヌを追い詰めつつ制圧域を拡大していった。中にはあまりの残虐さに、同行した通訳から告発され、帰路の途上、自身の国から死刑判決を受けたイヴァン・チョルヌイのようなコサック百人隊長もいたほどだ。

ラッコが美術品に化けた

「ロシア人はシベリア、沿海州でクロテンを獲り尽くして、代わる新しいものが何かないかってラッコに目を付けたんだよね」。知床カヤックツアーのある朝、たき火を囲んであったかいコーヒーを胃に注ぎ込みながら、新谷さんがそう切り出した。僕は一九八六年に訪れたロシアの旧首都サンクトペテルブルクのエルミタージュ美術館を思い出してこう答えた。

「まだソ連だった時代にサンクトペテルブルクのエルミタージュ美術館に行ったことがあるんですよ。当時はロシア革命を指導したレーニンの名前を取ってレニングラードって呼ばれていましたけどね。何たってコレクションの数がものすごい。展示されているのはごくごく一部で、収蔵作品は毎日、朝から晩まで見続けても一人の人間の一生では見切れないっていうくらい膨大なんです。では、それだけの財がどうやって築けたのか。その一部は、女帝エカチェリーナ二世をはじめとする歴代皇帝がシベリアなどで先住民族を駆り立てて集めさせた毛皮ですよね。毛皮が名画や宝石に化けたっていうことですよ」

上質のラッコの毛皮が二〇ルーブルで取り引きされていたという記録がカムチャツカに残る。当時、二〇ルーブルで上肉が約四三キロも買えたから、その値《あたい》が推し量れるというものだ(9)。新谷さんも想像をたくましくしたようで、話が、井上靖《やすし》や吉村昭《あきら》が小説にした大黒屋光太夫《だいこくやこうだゆう》に飛んだ。「大黒屋光太夫はあそこまで行ったんでしょ。サンクトペテルブルクでエカチェリーナ二世に会っている」。

「そうです。日本人の漂流民を返すという理由づけなら、日本も拒絶はするまい、そこを足がかりに対日交渉に踏み込もうと、エカチェリーナは遣日《けんにち》使節のラクスマンに光太夫を送り届けさせた。したたかな戦略ですよね。彼女の時代には、ロシア人の横暴に堪忍袋《かんにんぶくろ》の緒が切れたエトロフ島やラショワ島のアイヌが、ロシアの商人や船員を殺す事件も起きているんです。でも、彼女はアイヌに報復したり、処罰したりはしなかった。むしろ毛皮税をやめさせて、アイヌをわがロシアに心服させるよう努めよという勅令を出しているんです。これだけをみると、慈悲深い、懐《ふところ》の深い人だなって思っちゃいますが、エカチェリーナはもっと先を読んでいた。それはやっぱり日本との交易です。中間にいるアイヌを敵対勢力にしては日本との関係づくりに支障が出かねない、だからアイヌを自分たちの方に引き寄せよと。まさに計算づくというか、打算あってのことだったんです」

僕がそう言うと、新谷さんもさらに話にのめり込んできた。

「ロシアはクロテンを取り尽くしたあと、今度はラッコも獲ってしまって、ラッコを獲らせたアリュートも滅ぼしちゃった。わずかに残ったアリュートもアメリカにやられちまった。彼らは皮舟を操る高度な技術と海獣猟の腕を持っていた。なまじっか技術があったがゆえにロシア人にラッコ猟に駆り出され、人口を減らしたようなものさ。アラスカからカリフォルニアのサンフランシスコ湾までも、アリュートたちはどんどん片っ端からラッコを獲らせられて進んで行ったんだからね。最後、それ以上進めなくなったっていうのは、なぜだと思う？　水が染み込んでこないように目止めに使っていた海獣の脂《あぶら》が暑さで溶けて、舟が沈み始めたからなんだ」

ロシア帝国は資源収奪型の国家だった。クロテン主体の毛皮交易が極まった十七世紀中盤、シベリア産の毛皮が生み出す富は国家歳入の一割を超えていたとされる(10)。エカチェリーナ二世が君臨した十八世紀には枯渇したクロテンに代わってラッコが首座を占め、中国で高値が付いた。毛皮集めを担ったのは現地の先住民族で、報酬や食料がほとんど与えられることなく徹底的に使役された。

アリュートに限っても、ロシア帝国が進出した一七五〇年からわずか半世紀の間に人口が一万五千人から二千人以下に激減したと言われている。大黒屋光太夫の一行が漂着先のアリューシャン列島アムチトカ島で目にした悲惨な状況からも、この数字が決して誇張ではないと思えてくる。「ロシア人がこのアミシイツカ（アムチトカ島）に来るのは交易ではなく、島の人々（アリュート）にラッコや魚を獲らせるためで、何事によらず非道に島人を使い、紙一枚にても値を取らせず（対価を払わず）、人の婦女を犯す。島人、常々その無道を悪《に》くみ恨みを含むといえども、その勢いに恐れてこれに順《したが》う（『魯西亜国《ろしあこく》漂船聞書巻之三』）(11)」。光太夫の一行がロシア人の保護下で島にいた間にも、「恐れ従っている」ように見えたアリュートが不穏な動きを見せ、ロシア人が銃で片っ端から射殺して恭順させる場面があった。(12)

毛皮猟を巡る酷使はアリュートに対してばかりでない。北千島アイヌに対してもしかりだ。帝国の繁栄のその裏側で、苦しめられ、衰退させられた民族が果たしてどれだけいただろうか。

力の逆転から「戦い」へ

民族集団は、酷使による人口の減少ばかりでなく、クロテンやラッコといった貴重な交易品が姿を消したり、交易路が断たれたりすると相乗的に衰退が進んでいくのではないか。この間の歴史的経過をたどるうちに、僕はそう考え始めた。裏を返せば、交易を通じて富を蓄積することは、侵略や抑圧に対する一定程度の抵抗力になってきたということでもある。

そのことを如実に示すのが、東の隣人集団、北千島アイヌと交易を行ってきたクナシリ、エトロフや道東地方のアイヌの命運だった。ロシアの先兵コサックが侵攻した一七一一年以降、北千島アイヌがまず、カムチャツカ半島と北海道をつなぐ「交易の担い手」から、毛皮を税としてロシアに差し出す「帝国の臣民」へと身をやつす。一七七九年、エカチェリーナ二世の毛皮税廃止で、彼らは税だけは免《まぬが》れることになるが、ラッコの一大生息地であることが知れたウルップ島にはロシア人が直接入り込むようになり、ウルップからエトロフ、クナシリを経てノッカマップ（根室）、アッケシと交易のパイプを築いていたアイヌとのあつれき、衝突も繰り返されるようになっていく。クナシリ・メナシの戦いの元凶となった御用商人飛驒屋が、国後《くなしり》場所、厚岸場所、キイタップ（根室）場所などの漁場《ぎょば》経営を松前藩から請け負って乗り込んできたのは、彼らがロシアの進出に脅かされ、交易に先細りの兆しが見えてきたそんなタイミングだったのだ。

それでも総首長のツキノエは飛驒屋の船が初めて来航した一七七四年当初、飛驒屋の積み荷を奪うなどしてクナシリ島への着船を妨害し、ついには撤退させる。強大な御用商人をすごごと退散させるだけの実力が、まだまだこの時期のツキノエにはあったのである。

ツキノエはその後、ロシアに接近し、一七七八年にはロシア商人シャバーリンをノッカマップまで連れて来る。直接交易が御法度だった日本側とロシアの間を取り持つことで、自身は仲介交易の利にあずかれるとの目論見《もくろみ》があったのであろう。根室にいた松前藩の役人は当初、ロシア側に期待を持たせるような態度を取り、翌年もツキノエの案内でロシア船が来航したが、松前藩は最終的には交渉に乗らず、ロシア側の構想もツキノエの思惑も挫折をみる。その三年後の一七八二年、ツキノエはついに飛騨屋を受け入れるのだ。そこに、在地のアイヌ有力者として最初のような勢いで抵抗できなくなった「力関係の逆転現象」をみることができる。[13] クナシリ・メナシの戦いが起きるのはそれから七年後だ。戦いを終息させると、松前藩は飛騨屋の落ち度を言いつのり、自身は火の粉をほとんど被らずにやり過ごしたが、一七九二年にロシア使節ラクスマンが根室に、一七九六年には英国人ブロートンの探査船が北海道の太平洋岸に現れると、幕府は北方防備の必要を痛感し、一八〇〇年前後を境に松前藩を梁川《やながわ》（福島県）に移して蝦夷地を直轄にする。

アイヌの人々が従来、行ってきた交易に関して言えば、幕府の直轄は痛手をさらに深くした。「交易の召し上げ」と「交易路の切断」に帰結したからだ。

幕府はまず、樺太のアイヌが山丹交易で背負っていた借金を肩代わりして支払う。それだけを見ればアイヌの救済であり、幕吏《ばくり》、松田伝十郎の善意に裏打ちされた政策であった側面は否めないが、その実《じつ》、幕府は交易の権限を自らの手中に収めてしまう。そもそもアイヌ側に負債が膨らんだのは、松前藩から圧をかけられて、支払い能力を超えて商品を仕入れなくてはならない状況に追い込まれたからであり、[14] 借金の肩代わり返済を当初は歓迎したアイヌもじき、それが何をもたらすのか、気づくことになったに違いない。

他方、クナシリ、エトロフのアイヌに対して、幕府は一八〇三年、ウルップ島への渡航を禁じ、北千島アイヌとの分断を図った。もう一方の、松前を通じた和人との交易は、すでに和人の方から蝦夷地各地に出向いて来るスタイルに変更されており、アイヌから出向いて行く道はとうに閉ざされている。本州方面との自由交易を禁じられたうえに、十九世紀初頭には樺太―大陸ルート、北千島―カムチャツカルートも失い、アイヌは交易の民としての足場を決定的に切り崩された。そして、半世紀ののち、明治維新という近代の幕開けを迎えるのだ。時を同じくして、清朝中国を凌駕《りょうが》したロシア帝国がアムール流域を領有し、山丹交易そのものが衰退していく。それはアイヌから航海や長旅の技術・文化を失わせる結果も招いた。

教わる先達なき航海

海洋文化を失ったのはアリュートも同様だった。「自分がアリューシャン列島の過酷な海に乗り出そうとした時点で、アリュートの中には技術を教えてもらえる師はすでにいなかった」と、新谷さんは言う。だから、航海術は独力で切り開かなくてはならなかったのだ。

それでも周囲三五〇キロのウナラスカ島を一周した二〇〇〇年を手始めに、ウナラスカ島からウムナック島ニコルスキー村までの三〇〇キロをシーカヤックで漕いだ二〇〇一年の遠征など、ある時は単独で、ある時は仲間とともに次々挑戦をものにしてきた。

「アリュートは、潮を読む術《すべ》を何千年の歴史で培ってきた」と新谷さんは言う。これは北千島アイヌにも当てはまることだろう。荒れた海を幾度も経験してきた知床の沖合を見つめながら、新谷さんは続けた。

「アリューシャン列島は潮がひどく速いから、激流になることもあるし、太平洋とベーリング海の海面の落差で渦潮も起きる。僕らがやっているのは、アリュートの昔ながらの方法で何がやれるかっていう挑戦。昔のパドルを使って、GPS（人工衛星を使った全地球測位システム）なしで地図とコンパス（方位磁石）だけで次の島を見つけて行く。ある人は地図とコンパスも現代文明のものだろうと言うかもしれないけど……。僕たちが使うのは航空地図。全体の山の形とか、谷の形が載っている地図さえあれば、自分たちのやっている次元の旅なら十分だ。コンパスは、霧で真っ白くなっている海峡とかを渡らないといけない時に必要なんだ。風とか潮とか計算して、もうちょっと右から行った方がいいとかね。

アクタン・パス（パスは「海峡」ないし「水道」）を一人で越えた時だったかな。ほぼ一〇キロある海峡がおよそ

知床の海に映える新谷さんのカヤック。荒れることも多いが、これほど穏やかで美しい時もある

八キロにわたって霧で真っ白だった。潮は速いし、視界は一〇〇メートル先までしかない。コンパスってすごいよ。小さな島だったけど、地図と磁石だけで誤差五〇〇メートルでたどり着けた。そういう時は、耳が頼りになる。神経が鋭くなっているから潮の流れている音とか、島に波がぶつかっている音、岩礁の波の音を聞き分けて、島はこっちだって分かる。地図もコンパスもなかった時代のアリュートのことを考えたら、どうやって島から島へ渡って行ったんだべって思うし、尊敬するわね。だから、昔、アリュートが行けたから、僕たちも行けるんだと思ったら、それは間違いだ。しかもアリュートだって、もしかしたら十人に一人は航海の途中で死んでいたかもしれないしね。アリュートの人は態度には出さないけど、賢いな。そして誇り高い。カヤックに乗る人はいなくなっても、この人はアリュートだっていう末裔はいる。アラスカの（ウナラスカ島）ダッチハーバーにいるスージー・ゴロドフなんかそうだ。小坂さんも、行く時があったらスージーに会うといいよ」

新谷さんは二〇一七年、アラスカ半島のコールドベイからダッチハーバーまでカヤックで渡った。距離にして四四〇キロ。米国人の間では「そんなことできっこない」との観測がもっぱらで、漕ぎ出した途端、日本人がなんかすごいことを始めたぞと噂が広がり、沿岸警備隊のヘリまで飛んで来た。ゴールしたらアラスカ最大の都市アンカレッジの新聞社が記事にし、ネットで知ったというロシア・サハリン州のカヤッカーから「新聞に載ってたぞ。やったな」とメールが届いたという。

「途中、セイウチのコロニーに出くわした時はすごかった。けっこうな数が僕たちの周りを回って威嚇《いかく》するんだ。ある時は五〇キロも手前から人工物が見えてきた。二日目ぐらいでやっと着いたら、冷戦時代のアメリカのレーダー基地さ。十階建てのビルぐらいでかくて、ドームがそっくりそのまま側《がわ》だけ残っている。ソ連の攻撃に備えた最前線だったっていうことだね。アリューシャンの島っていうのは、見晴らしいい尾根にはどこにでも墓標がある。長い時代の中で死んでいったアリュートたちの墓で、特徴的な岬に行くとミイラ洞窟もある。功績を残した人、例えばクジラ獲りの名人とかがミイラにされたんだ。来年はアトカ島まで行くことになっているんだけど、無人島の方が多く、ミイラ洞窟も多いって言われている」

　七十代になっても冒険心を失わない新谷さんだが、アリューシャンの海を漕ぐことがどれほどの困難を極める行為か、その著書『バトル・オブ・アリューシャン』や『アリュート・ヘブン』を読めばひしひしと伝わってくる。どれも生還し

知床半島では熊の姿、気配、痕跡が至るところにある。ツアーでは計14頭を目にした。僕らがやや距離を置いて上陸し、テントを張り出すと、この熊はやがて姿を消した

たのが奇跡と言えるほどのすさまじい潮や波、風、霧との闘いだ。新谷さんはそこで、ある種の境地に達した。それは格言風に言えば「生き延びるためには畏《おそ》れよ！」ということだ。

「波頭が白く尾を引き始める時、僕は怯《おび》える。生きる術《すべ》は闘争心にあるのではない。恐怖心にあるのだ(15)」「僕はアリュート人を尊敬する。僕が経験した恐怖に、彼らはいつも曝《さら》されていた。恐らく大勢のアリュートの戦士が海峡の戦いに敗れ、死んでいったのだろう。恐怖が彼らの知恵を磨いた。この海がアリュート文化を育てたのだ(16)」

畏怖の相手は海であり、潮であり、風であり、時にヒグマであったり、トドであったりもする。「畏れ」の気持ち。それはかつて気象条件の厳しい知床半島を狩猟や交易で巡ったアイヌやオホーツク文化人も抱いただろうし、一〇〇〇キロに及ぶ千島列島を行き来していた北千島アイヌもそうだったはずだ。

「国家」というものが膨張を始めた時代を境に、あまりに多くのものがこの地から失われた。人も、コミュニティーも、航海術も、そして自然への畏れも。ここ数百年の北方世界の喪失には打ちのめされる。知床の冷涼な風を受け、波間をひと漕ぎひと漕ぎ、わずかずつ前進しながら、国家間のパワーゲームにもまれ、労役にむち打たれ、最後は故郷や同胞集団さえなくして失意にまみれた人々の悲哀を想像して心が沈む時もあった。技術も、知識も、経験も、ひとたび失われれば、よみがえることはない。その海を実際に漕ぐこと、漕ぎながら喪失を感じ、それを言葉にして伝える。こんなことしか僕たちにはできない。けれど、それだけでもしないといけない。僕はそう思った。

古《いにしえ》の物語が聞こえてくる

一方で、たき火を囲んでよもやま話をしていると、時間に縛られず、自由に行き来しながら交易にいそしんだ時代のおおらかなイメージも思い浮ぶ。そんな時は、かつてアイヌの人たちが語り合った物語が聞こえてくるような気もした。

僕が三十代のころ、旭川に生まれ育った口承・手仕事の伝承者、杉村京子さん（一九二六―二〇〇三）は、お宅におじゃまするたびに、母親のキナラブックや近所のアイヌのおばあさんたちから聞き覚えたお話を、僕に語り聞かせてくれた。物語だけでない。僕たちは山に一緒に山菜を採りに行き、石狩川の近くで泥に膝上《ひざうえ》までぬかりながらレンコンに似たコウホネを掘り出した。そんな時間を過ごすうち、いつしかアイヌの生き方、自然観、物語世界が知らず知らずのうちに僕の血肉となり、物の見方を形作っていった。

羅臼側からスタートした知床ツアーの初日、二日目は風が吹き、天気が悪かった。風がテントをはためかせると、シマフクロウ神の幼子《おさなご》が家をこっそり抜け出して海岸に出かけるお話を思い出した。

幼いフクロウ神が木に止まって海を眺めていると、サメや化け物、シャチが次々と現れる。サメや化け物に貶《おとし》められた幼いシマフクロウ神は怒りに駆られて二、三回羽ばたく。するとどうだろう、海がひっくり返るような暴風が起きた。家に戻ると、親神から大変な剣幕で叱りつけられる。力を持つ者はその使い方を間違えるなよ、という教訓を感じさせるストーリーだ。ふだん、神さまたちは人間の国土をしっかり守ってくれている。それでも時々、暴風が吹いたり、自然災害が起きるのはどうしてか。実は年端《としは》もいかず、分別もついていない幼いシマフクロウ神が時折、家を抜け出し、ふとした弾みで羽ばたいてしまうからなのだ——。そう解釈すれば、日常の見守りを怠らない神さまたちも面目が立つ……。物語を知ると、そんなことまで思い及ぶようになるから、身の回りに起こる現象の見方まで変わってしまう。

交易にまつわる物語にはこういうのがあった。荒れた海を鎮めるために、兄に無理やり海に投げ入れられた妹は、アホウドリに生まれ変わって郷里の空を飛び、兄が「なんであんなことをしてしまったんだろう」と嘆き、苦しむさまを見届けて、海鳥の仲間たちとともに幸せに暮らしていく。交易に待ち構える危険を伝えると同時に、海難で果てた同胞を、生まれ変わって生き続けていると信じたい切ない思いも伝わってくるお話だ。

三日目の夜を過ごした知床岬では夕焼けがものすごく美しく、自分たちだけで独り占めするのがもったいないぐらいだった。『そういえば、独り占めを厳《げん》に戒める物語もあったっけ。村《むら》長《おさ》が病気で伏せってしまったのは、その娘さんがあまりに「勤勉」で、山菜を全部採り尽くしてしまい、神さまの怒りをかったからだと原因が明かされる筋書きだったな。そして、山菜をお返しすると村長はすっかり快復した――。このお話も京子さんがよくしてくれたな』――そんな思い出とともに二〇〇三年に亡くなった京子さんの語り口もよみがえってくる。分配することに重きをおいてきたアイヌの社会では、独り占めやけちな性格が最も嫌われた。例えば、山菜採りでは取り尽くしてはいけない。後から採りに来る人間ばかりでなく、ほかの生き物たちの分も残しておかなくてはならないというのが京子さんから教わったアイヌの「生きる原則」だった。

旭川では、杉村京子さんと山菜採りをともにし、野草の名前や食べ方、物語を教えてもらった（林直光撮影）

最後の夜は、熊が先客で居た湾に上陸してテントを張った。海岸のごつごつした岩場で、まだやって来ないカラフトマスを待ちわびているような格好でいた熊は、しばらくするとどこかに去って行った。そうそう、熊がトドと格闘する話もあったっけ。熊の方が勝って、元々は陸の動物だったトドは体が小さくなって海で生き延びたというのが結末だ。小さくなったといっても、いまなおあの巨体だから、昔はどれだけ大きかったんだろう、『怪獣並みか』と妙な想像まで浮かんで、思わず口元が緩む。

海は変わらない。だが、人間の社会はどれだけ変わっただろうと、やはり思わずにいられなくなる。先住民族の自由な交易が、大国の支配と独占に取って代わった。伝統文化や舟づくり、航海術の喪失とともに、畏れや挑戦心といった心のありようも減退していった。だが、それを果たして『口惜《くちお》しい』と言うだけで片付けてしまっていいだろうか。そう切り捨てた瞬間、われわれは、もっと大きなものを失うはめになるような気がする。だからこそ、残された伝承の数々、人々が生きた証《あかし》である幾多のエピソードから、人々が抱いてきた「世界像」や「価値観」「心のありよう」を組み上げ、その生きざまをよみがえらせる必要があるのではないだろうか。

幸いなことに、英雄神に見捨てられたところから新たな歩みが始まった人間界のことも、鯨や熊と対峙《たいじ》してきた狩りや漁のことも、交易の合間に語り合ってきたであろう物語の数々も、どこかここかで受け継がれ、遺《のこ》され、記録されてきた。そうした幾多の記憶をさらに丹念に集め、増やしていけば、とにかく「世界像」の輪郭だけでも浮かび上がらせることができるにちがいない。そこから何か豊かなもの、叡智《えいち》なるものが、湧きあがってくるのではなかろうか。それは現代人に「別の生き方」「異なるありよう」という可能性を示唆するばかりでなく、現代社会を生きるアイヌの人たちにも希望や勇気を抱かせることにつながっていくはずだ。

そんな思いを抱きつつ「次なる行き先」として目指したのは、英雄叙事詩《じょじし》発祥《はっしょう》の舞台とされる日本海の海岸だった。

第二章

物語世界で暴れまくる
――「敵地」アムールランド滞在記――

［章扉］ロシア・アムールランドのブラーヴァ村で会った先住民族ウリチのシャーマン（呪術師）。太鼓を叩く形相には気迫がこもり、鬼気迫るものがあった

ラッコの争奪から始まる叙事詩

「アイヌの英雄叙事詩は、古代ギリシャの『イリアス』『オデュッセイア』に比肩する」と、そのスケールの大きさを評したのは、言語学者の金田一京助だった。一九七一年に世を去った金田一と同じ時代を生きた胆振《いぶり》地方や日高《ひだか》地方のアイヌ古老によれば、英雄伝の主人公、少年ポイヤウンペが暮らすシヌタプカの山城は、石狩地方の浜益《はまます》周辺にあったという。浜益といえば、海岸線に断崖が続き、航海の難所「雄冬岬《おふゆみさき》」と「愛冠岬《あいかっぷみさき》」に挟まれていることで知られていた。その周辺こそが、英雄伝発祥の地だというのである。

今日《こんにち》、英雄伝中の山名「シヌタプカ」も、そのそばを流れる川の名「トメサンペッ」も、地名としては北海道内に見当たらないとされる。[1] だが、古老たちの見立てを元に『アイヌ民族誌』の記述を担当した久保寺逸彦は、シヌタプカ「黄金山《こがねやま》説」「摺鉢山《すりばちやま》説」「愛冠岬説」「愛冠岬の北の丘陵説」の四カ所を候補地として挙げている。いずれも浜益近傍から外れてはいない。

黄金山は標高こそ七三九メートルとそれほど高くはないが、にょきっと突き出すような山容から「浜益富士」「黄金富士」の異名を取ってきた。土地のアイヌはこの黄金山を男の山とし、ダンゴムシを巨大化したような穏やかな形の摺鉢山を女の山とし、対《つい》で夫婦《めおと》のごとく見立てて拝んでいた。

外海には断崖、内陸には独特の姿形《すがたかたち》をした一対の山、その間を浜益川が流れるという土地柄は、まさに物語が生まれる舞台としてふさわしいと言えるかもしれない。

「浜益にアイヌ民族にかかわるものが何かあるのかい？」

アイヌ英雄叙事詩の舞台として挙げられた4候補の1つ「黄金山」

二艇の一人乗りシーカヤックを浜辺に運びながら、ここの海岸線をフィールドの一つにしている野生動物写真家、トドさんが聞いてきた。今日は海から愛冠岬を見る計画で、海岸の地形に詳しくてシーカヤックの経験も豊富なトドさんにガイドをお願いしたのだ。
そうそう、本人の名誉のため、忘れずに付け加えておかなくてはならない。この異名はけっして体型から来ているわけではない。実物は背が高く、贅肉《ぜいにく》が一つもないうらやましい体型である。熱心にトドの観察・撮影を続けているところからの名である。
「『ユーカラ』って言えば何となくイメージありますか？　浜益は、アイヌの英雄叙事詩《ユーカラ》が生まれたところと、アイヌの人たちに信じられている土地なんですよ」

僕はトドさんに、かいつまんで叙事詩の概要を伝えた。数ある英雄譚の中でも、金田一京助が一九四四年に対訳を出版した「クトゥネシリカ（虎杖丸《いたどりまる》の曲）」は、英雄少年ポイヤウンペがシヌタプカの山城で、血のつながっていない兄（育ての兄）と姉（育ての姉）に大切に育てられている場面から始まる。

ある日、ポイヤウンペの耳に妙な話が入ってくる。イシカリ（石狩）の河口に黄金《おうごん》のラッコが現れ、イシカリの城主が「このラッコを、潜って手取りした勇士には宝をわが妹に添えて遣わそう」と言っているというのだ。そこから話は急展開する。居ても立ってもいられなくなったポイヤウンペは、兄、姉には何も告げずに単身、イシカリに旅立つのである。

着くと、次から次へと若者が挑戦しては失敗して浜に打ち上げられ、そのぶざまな様子をイシカリ媛《ひめ》があざ笑っているのが見て取れた。嫁に与えると城主が約束したイシカリの媛が美しいお方だから挑戦者が相次ぐのかと思いきや、器量良しとは言えない顔立ちである。若者たちをむやみに駆り立てるラッコ獲りの試練を歯がゆく思い、ポイヤウンペは海に飛び込んで黄金のラッコを捕まえると、そのまま空を駆けるようにシヌタプカの山城に持ち帰ってしまった。

弟が山城に黄金のラッコを持ち帰ったことに気づいた兄と姉は怒りの表情を露わにし、「こうなったら、わが故郷は無事ではいられまい。弟の振る舞いで、再び世が乱れることは疑いない」と言い放つ。

恐れた通り、黄金のラッコを奪おうと石狩の城主は謀《たばか》り、さまざまな国から猛者《もさ》たちが攻め込んでくる。そこからポイヤウンペの長く壮絶な戦いが始まる――。

出撃地は交易の拠点

浜益川河口から南に約九キロ、送毛《おくりげ》の浜から僕たちは艇を出し、海岸線を北に向かって漕ぎ進んだ。すぐに岩がそそり立つ風景が現れ、晩秋から冬にかけてトドが大挙してやって来る岩場を通過した。オスは体重が一トンを超えることもあるというから、海獣というより「モンスター（怪獣）」だ。トドさんにとって格好の撮影ポイントがここなのだという。

石狩川の河口は背中側になる。距離でいうと三〇キロほど。海での舟旅に特化して直進性が強く、スピードも出るシーカヤックを時速六キロぐらいで漕いで行くと、五時間で到達できる距離だ。英雄伝をなぞれば、その石狩に黄金のラッコが現れたということで、この断崖の地からポイヤウンペが南へ向けてさっそうと飛び出して行ったということになる。

反対に、僕たちが進む先、二三〇キロほど日本海を北上すれば、稚内《わっかない》のある北海道の北端、宗谷《そうや》地方に至る。このまま頑張って、毎日八～一〇時間ずつ漕ぎ進めば四日ほどで着く計算になる。
「クトゥネシㇼカ」の物語は冒頭で、ポイヤウンペの山城シヌタプカに、宝物がうなるように並べ置かれている様子が語られる。さらに物語は黄金のラッコの争奪を端緒とする。すなわち、富の集積やそれをめぐる争いが背景にあることは疑い得ない。金田一京助は『ユーカラ概説』で「トメサンペッ」の川名が「トミ＝宝、エサン＝そこ出る、ペッ＝川」と解釈できるとしている。富とつながる何かがここにあったから、この地が舞台と見なされてきたということなのかもしれない。それは何か——。

送毛から北上して行くと浜益の手前に現れる愛冠岬。切り立った崖が続く（シーカヤックで筆者撮影）

大陸から樺太へ、樺太から宗谷地方に運ばれた交易品はかつて、日本海沿岸を舟で運ばれ、難所とされる雄冬岬を回って浜益にもたらされた。ここからは、取り得るルートの選択肢が複数あった。つまり、行き来の際の結節点、交易の要がここ浜益だったのである。

まずは、日本海の沿岸をひたすら松前を目指す海の道がある。ただ、このルートは「雄冬（阿冬）岬」のほか、石狩湾を抜けた後の「神威《かむい》岬」と「茂津多《もった》岬」の併せて三つの難所、いわゆる「西蝦夷地三険岬」すべてをクリアしなければならず、遭難の危険が非常に大きかった。それゆえに、石狩低地の川の道を通って太平洋側の勇払《ゆうふつ》（苫《とま》小《こ》牧《まい》市）に抜け、二つの難所を回避するルートも取り得た。その場合の選択肢としては、日本海をそのまま舟で南下して石狩川河口から石狩川をややさかのぼって千《ち》歳《とせ》川に入るルートと、浜益から内陸へ浜益川を遡《さかのぼ》り、石狩川支流の徳富《とっぷ》川ないし当別《とうべつ》川経由で

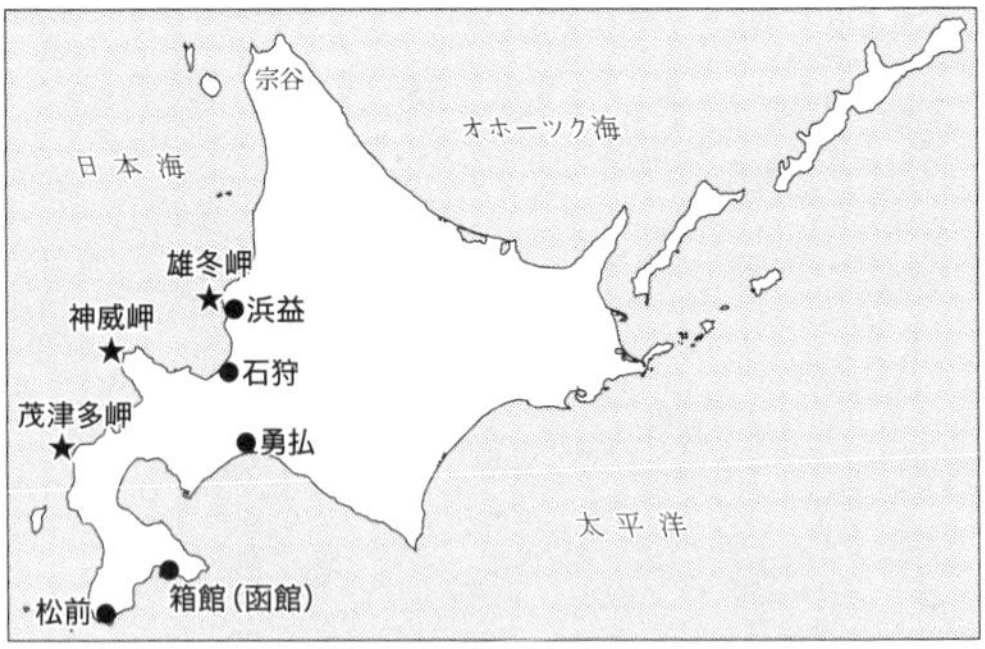

日本海沿岸で難所と恐れられた三岬（★印）

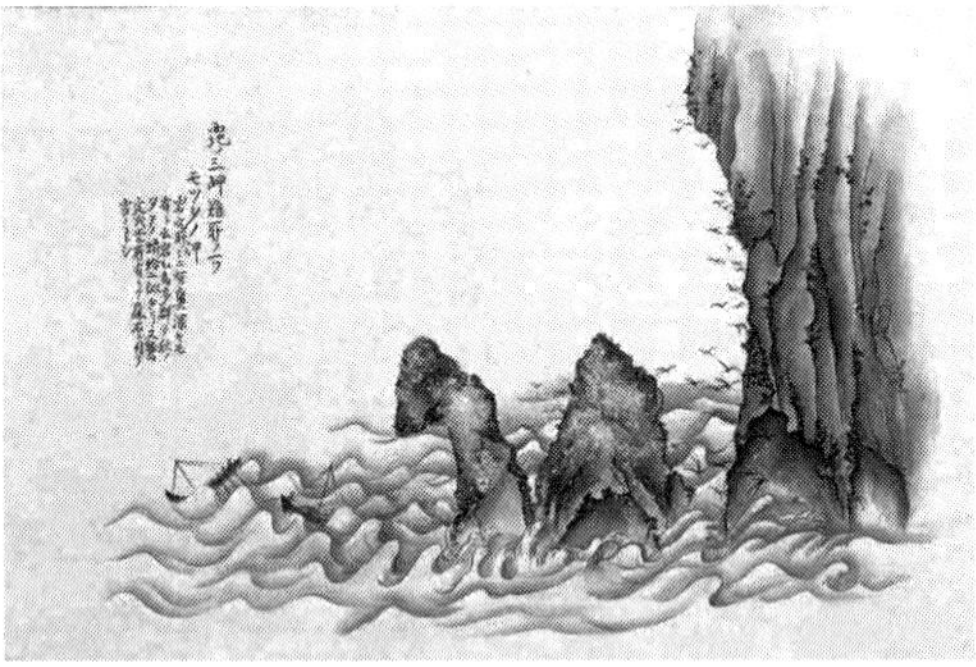

難所として恐れられた茂津多岬（西蝦夷唐太道中記「モツタノ岬」。北海道大学附属図書館蔵）

石狩川本流を下り、千歳川に入るルートがあった。

「ほら、あそこに洞窟が見えるでしょ。洞窟ができるっていうのは、波による浸食が激しい証拠だよ」とトドさん。示す先を見ると、断崖の下に大きな穴がぽっかり開いている。トドの観察に訪れる冬場は特に荒れた日が多いという。今日は波も風も穏やかだから想像もできないが、ひとたび荒れると、それはそれはすさまじいというのが日本海なのだ。その荒れる海をいかにやり過ごすか、そのためには取り得る選択肢は多い方がいい、ということであろう。奥行きが相当ありそうな洞窟に、トドさんは見る間に艇を滑り込ませた。僕も入り口に漕ぎ進む。コウモリが棲《す》んでいてもおかしくないような暗闇が奥に続いている。

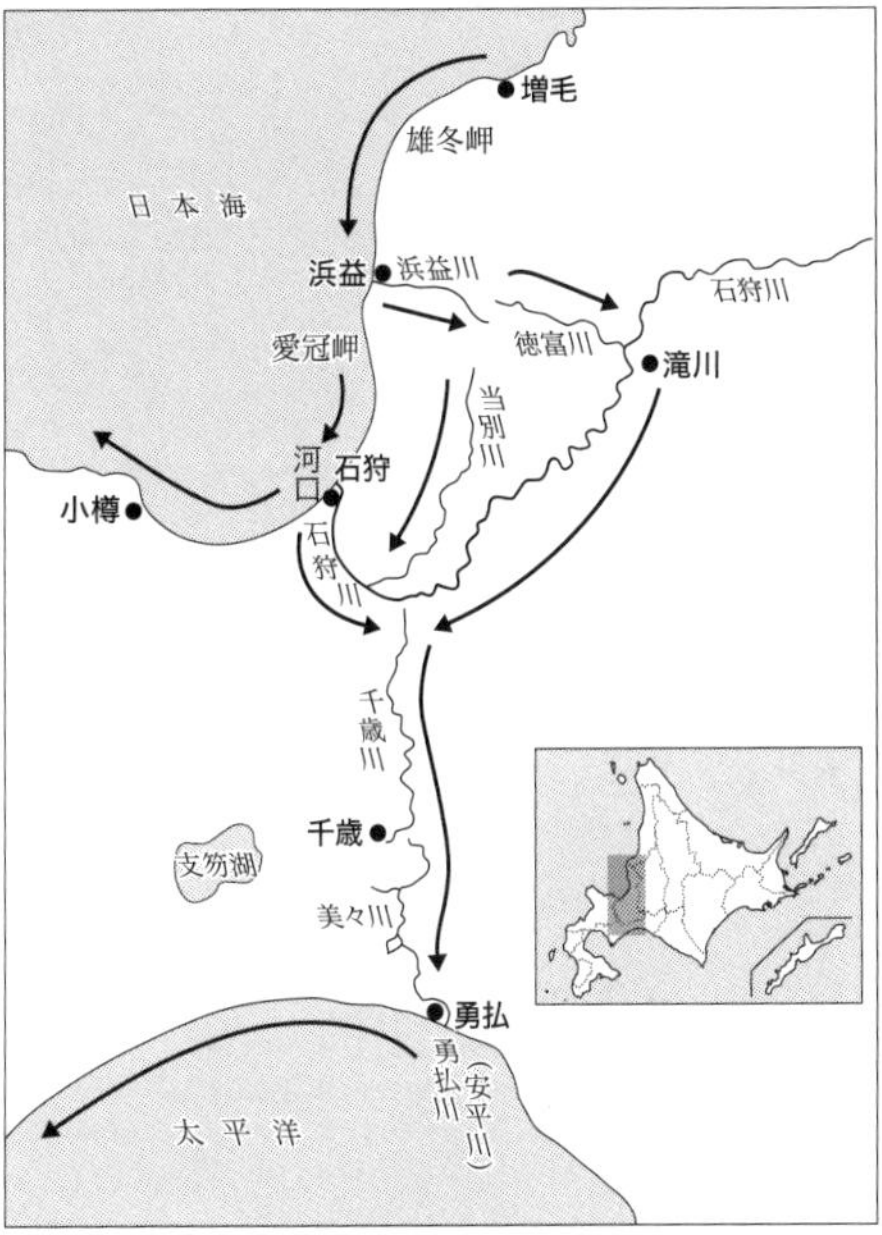

浜益から交易に下る複数のルート（『アイヌ民族誌』に加筆）

太平洋に出るか、日本海沿岸をなめるように進むか。いずれのルートを選ぶにしても、交易品を運ぶ長旅の分岐点として、これからどこを通っていくべきか、しばし思案するために足を留めるのがここ浜益であれば、次第に要衝を成したということはうなずける。しかも、距離からいっても、浜益は宗谷と松前の真ん中ぐらいに位置する。古老の話を元に「シヌタプカ黄金山説」などを紹介する『アイヌ民族誌』も「浜益の地が、石狩川の川口近く位置して、胆振・日高方面へ、また空知《そらち》辺へも（石狩川の支流空知川を遡行すれば）出られるし、北上して宗谷から樺太へ、西下すれば、松前へも、さらに海峡を越えて、津軽《つがる》辺へも出られる交通の要路に当たる」と記している。

ここを根城《ねじろ》に英雄が縦横無尽の活躍をするという叙事詩の設定は、この点でも納得しやすい。

「実戦」か「おはなし」か

だが、この風景はどうだろう。シーカヤックの目線で海上から見ると、交易の要《かなめ》というより、まるで天然の要塞《ようさい》である。海から攻めるのが非常に難しい地形だということは、ここを通った誰もが実感したであろう。守りに強く、四方に飛び出して行ける、そんな要害としての地理もまた兼ね備えているのがこの浜益なのだと分かる。

では、後背、つまり内陸部から攻略できないか。それもかなり難しそうだ。浜益村（現在は石狩市浜益区）時代の村史は「村の地形はおおむね三角形で、西面は日本海で、いたるところ断崖がそびえ、崖は直ちに海に入り、海岸の通行は不可能。東北は暑寒《しょかん》連峰をなし、南東にも濃昼《ごきびる》岳、円錐峰《えんすいほう》、幌内山《ぽろないやま》などの山々が連なっている。昔から『陸続きの孤島』と称されていた」と伝える。村史に、浜益川を遡行しての「内陸への道」が言及されていないのは、アイヌの道は川筋や川そのものであって、現代人が思い描くような「道路」ではないことが一つあるだろう。加えて、明治に入って従来ルートでの物の行き来が衰退した結果、交易の路《みち》が忘れ去られ、地域の孤立感がむしろ強まったという事情も反映しているかもしれない。

英雄叙事詩に話を戻そう。クトゥネシㇼカは、イシカリ（石狩）やイヨチ（余市《よいち》）といった今も残る北海道内の土地が出てくるばかりでなく、地名の連想から戦いの舞台が樺太に移ったり、樺太からさらに間宮海峡（タタール海峡）を渡って大陸側のアムール河下流域、サンタン（山丹）地方にまで及ぶことが想像される。だから、物語は、アイヌが行き来して現実に知っていた地理的世界を織り込んでいると、まずは言える。一方で、「ポンチュプカ（ポン＝小さい、チュプカ＝東）人の国」や「レプンシㇼ（レプン＝沖にある、シㇼ＝島）人の国」「ポンモシㇼ（ポン＝小さい、モシㇼ＝国土、島）人の国」といった土地柄だけを表す抽象的な国土名も登場する。

このように、実在する地名と土地柄で括られただけの国名が混在することもあって、かねてからアイヌの英雄叙事詩は歴史上、実際にあった出来事をベースに成立したとする見方と、「実戦記としては空想的要素が多く、現存しない地名も少なくないから、説話（おはなし）を超えるものではない」との見方の両方を生んできた。仮に「実戦説」と「おはなし説」に呼び分ければ、実戦説を早い時期に提唱したのはアイヌ出身の言語学者で北大教授になった知里真志保《ちりましほ》（一九〇九―六二）で、ひと言で言うと「物語には全体として主人公のポイヤウンペ率いる『陸の民』と、敵対する『沖の民』の二陣営対立の構造がある。『沖の民』は五〜十世紀に北方から北海道のオホーツク海沿岸などに渡来した海洋狩猟民オホーツク文化人を想起させ、北海道在来人との抗争が下地にあって生まれたのだろう」ということだ。同じ実戦説でも、北方史研究の第一人者、海保嶺夫《かいほみねお》は江戸前期の一六六九年、アイヌ連合が和人と戦ったシャクシャインの戦いが下敷きにあるとみた。

一方、おはなし説も、アイヌの伝承を広く聞き集めた久保寺逸彦や金田一京助といった重鎮がその立場を取っており、「実戦説」「おはなし説」論争は決着を見ることなく今日《こんにち》にいたっている。

乾きに乾いた国と草原の国

そんななか、アイヌの英雄叙事詩で、とりわけ僕の関心を引き付けてきたことがある。それは、「土地柄だけを抽象的にとらえた国土」の中に、どう考えてもアイヌの居住域、交易範囲には存在しない風土も含まれてあるということだ。その一つが、潮も干《ほし》て、海もなくなる国「モシレサチサチ」である。登別出身の金成マツが金田一京助に語った「クトゥネシㇼカ」の敵国の一つとして、この「モシレサチサチ」は登場する。「モシㇼ」は「大地」、「サッ」は「乾く」「乾いた」を意味するから「乾きに乾いた大地の国」というイメージだ。

語り手の金成マツは「その国は、雲の関《せき》のその陰にある」としたうえで、「雲の関」については「この天空の果てに、天雲の収まるところあり、そこより雲は湧き出でて空に満ちわたり、またそこへ収まりて、雲なき空ともなる。そのすべての雲の収まる天門のことである」と説明している。とすれば、この「モシレサチサチ」は、かなりの内陸、高地にあって、しかも広大な乾燥帯が想像される。現実に、北海道内や樺太はもとより、温帯広葉樹林帯や針葉樹林帯（タイガ）が大半を占める大陸のアムール河流域にも、まとまった規模の乾燥地帯は存在せず、視野をさらに奥地、現在のモンゴル辺りへ

『アイヌ神謡集』を出版した知里幸恵（左）と並んで写真に納まる伯母の金成マツ（知里幸恵　銀のしずく記念館寄託（佐々木豊氏）収蔵品、知里森舎提供）

と広げなくては現れてこない。樺太ルートのアイヌ交易圏で最も遠方はアムール河下流域とされているから、その奥となると、おそらくはアイヌが実地で知っていた土地ではないと考えていいと思われる。

また、日高地方平取《びらとり》出身の鍋沢ワカルパ翁が金田一京助に伝えた語りには「アトゥイサラ」という敵国が現れる。「アトゥイ」は「海」、「サラ」は「葦《あし》原」とか「草原」を意味する。「アトゥイ」が先にくるから「海のごとき葦原」ないし「草原」と解釈すべきであろう。その国土名からは、草原や葦原がまるで海のごとくどこまでもどこまでも広がっている風景が思い浮かぶ。ぐるり北海道内を見渡しても、樺太、アムール河下流域にも、やはりそのような土地柄は見当たらない。もっと内陸部の草原地帯まで視野を広げなければ、そうした地域は見いだせないのだ。

だとすれば、英雄叙事詩には、アイヌが現実に知っていた地理的世界からさらに広がりを持った「知識上」ないし「情報上」の地理的世界も盛り込まれていると考えるべきだろう。裏を返せば、アイヌの語り手は、実際に行ったか行かないにかかわらず、知り得た空間的、地理的広がりを口承に反映させ、代々受け継いできたということである。

にもかかわらず、描かれている敵は存在感が半端なく強烈で、とてつもなく恐ろしい。イメージにリアリティーを持たせるその表現力、筋書きの巧みさには全く驚かされる。特に乾きに乾いた国「モシレサチサチ」の強者は、ルカニ・アイヌ（猛毒の男）とルカニ・メノコ（猛毒の女）のきょうだいで、毒がしたたり落ちるその出で立ちからして度肝を抜かれる。

猛毒の男が攻めて来る

毒おとこと言われしもの故　小さなるものにても　言わるるものの如《ごと》く　わが思い居たりしに、小山が　脚《あし》を生やされたる　手を生やされたる如く見ゆるもの　猛毒の鎧《よろい》の脚さきまで行き　手のさきまで行く。物の具の上表は　岩の小川　小川の間　猛毒の水猛毒の泡　流れ下り、岩のあわい《間》には　猛毒の刺々《とげとげ》　いがいがと立ち　刺のそのさきざきは　猛毒の泡　沸騰してあり。

その背後に　毒おんな　猛毒の物の具　猛毒の刺を　いがいがと立て　猛毒の泡　とげのさきざきに　いがいがと立ち、その背面には　猛毒の鉄輪《かなわ》　猛毒の紐を取りつけて背負いつつありて　毒おとこの　その背後にすぐ続きて従いたり。

驚くべし　猛毒の匂《にお》い　強風の如くに　家の中に満ちあふれ　今にも　胸わるくなるばかりに　思われたりけり。

毒おとこは　入るやいなや　と見こう見して　口もとに笑いをたたえ、言うその言葉

なるものは　奥の喉《のど》に　ごぼごぼごぼ　海の岩穴の中に　潮の流れ込む　その如くにて
かく言いたりけり――
「こはそもまた　打見《うち》るようにては　われ心ゆかず。なになればとて　トメサンペツの
シヌタプカは　音に聞こえし所なりしに、わが打見るところ　やくざもののみ　奴隷ど
ものみ　男子にても　女子にても　肩をならべていることかな。外つ島びとなりとて
欲すること　豈《あに》死ならんや。
ポイヤウンペ　土のごときやつ　その外《ほか》の者たち　二海《ふたうみ》まわりて　三海《みうみ》まわりて　わ
れらを斬《き》るとか、言うを我《われ》聞きて、腹が立ちたる故　わが妹を　われ連れ立ちて　いさ
さかの返礼を　われらせんがために　われら来れるものなり。
いざやいざ　これなる勇者に躍《おど》りかかりて　今よりして　再び生き得べしと思うもの
いやさきに　我へ飛びかかり来よや！」
むざんや　まま兄　その怒りに　顔のおもて　むらむらと怒張し　かく言えりけり
――
「ほお　なに者なりや！　何ものぞ、魔神なりや、人間なりや？　かかるざまはしてい
ても　言う言葉つきは　よく分かりたり。わが弟たちは　沢山《たくさん》にあれど　第一に　まず
生まれたるものは　我なれば　この毒おとこの　いみじき悪神と　われ取組みて　それ

がために死ぬならば　それがために早く　わが弟たち　元気を出したもうべし」
そう言いつつ　毒おとこへ　跳《おど》りかかりたり。二たび三たび　毒のからだへ、まま兄こすりつけたり　と我が思いしに、あわれや　まま兄が　その骨ぼろぼろになりて　下へたおれたり。カムイオトプシ　雄詰《おたけ》びして　立ちあがり、毒おとこへ躍りかかり、二たび三たび　双方より跳びかかりたり　とわが思うに、あわれや　カムイオトプシ　若きわが兄　かばかりの神　神の勇者も　その骨ぼろぼろに腐りて　たおれたりけり。
（『アイヌ叙事詩　虎杖丸の曲』）

毒おとこが発する口上は、実に凄《すご》みが効いている。「ポイヤウンペ！　おまえたちがおれたちをやっつけてやるなどと強そうなことを言っているのがおれ様の耳に入ってきた。だから、いささかの返礼をしてやろうと妹ともどもやって来たのだ」。この前の段で、毒おとこ来襲の予兆が語られ、「昔から、悪しき昔語りにあることには『毒で死ぬ者は、生き返ることはできないものだ』という。あわれ、われらはみな、毒に当てられて死に、同じ死ぬのでも、尋常《じんじょう》の死ではない死に方をするように思われる」と不吉な予感が示されているだけに、毒きょうだいが乱入して来た場面では震えがきそうだ。そして、予言通り、挑みかかった兄たちは骨がぼろぼろに腐って斃れ、ポイヤウンペは身内を尋常ではない死に方で失うのである。

毒おとこが、アイヌ語で「溶ける（ル）金属（カニ）」を意味するルカニ・アイヌと呼ばれていることや、毒が鎧を流れ落ちる描写が示すように、彼らは毒は毒でも水銀のような金属性の毒の使い手のようである。

アイヌが矢毒に使ってきたのは、先述のようにトリカブト、つまり植物の毒である。自分たちのものとは全く違うタイプの毒を相手が持っていると示すことで、毒おとこの軍勢は完全に外の世界から来た敵なんだよ、というメッセージが込められているとも推測できる。

モンゴルの神話との類似性

「乾きに乾いた大地」と「海のごとく広がる原」。これらの要素から、騎馬での移動に適した草原地帯とともに、ゴビ砂漠に代表される乾燥地帯も併せ持つ「モンゴル」を思い浮かべるのは、けっして僕一人ではないだろう。しかも、前章で触れたように、アイヌは十三世紀から十四世紀にかけてモンゴル帝国・元朝と四十四年の長きにわたる断続的な戦闘を演じている。元軍＝モンゴル人との単純化はできないにしても、決して無縁でも無関係でもないのだ。ちなみに「（南からの）元寇《げんこう》」で一二七四年と一二八一年に九州に押し寄せた元軍は、日本側の史料には「毒矢を用いた」と記されている。(2)

アイヌとモンゴルの関係で興味をそそられるのは、神話学の大家、大林太良《たりょう》が指摘した創世神話の類似だ。大林は著書『北方の民族と文化』に次のように書いている。

「『東モンゴル史』では空虚な空間のなかに十方、つまり四方八方と上下から強い風が吹いてきて、最初に雲ができ、そして大地の堆積ができたと語られている。モンゴル系のカルムイク族は十方から吹いてきた風で雲が吹き寄せられて雨になり、その雨で大洋が発生し、そのあぶくの中からいろいろなものができたとしている。アイヌの創世神話は、おもにモンゴル系統の民族に見られる神話、実はかなり仏教の影響を受けた形で報告されている神話であるが、そういうものと奇妙な類似がある(3)」

モンゴルの神話と似ているとされたアイヌの創世神話はどう語られているのか。日高地方沙流《さる》地域では「この人間世界はコタンカラカムイが造ったのである。荒涼たる国土で、木もなく、草もなかった。大昔、この世がまだ無かった時、大海の表に、ただオプタテシケ——大雪山だけが自ら頭を出していた。コタンカラカムイは妹と共にその頂に降臨し、雲を埋めて陸地を造った。その際、黒雲は岩となり、黄色い雲は土となり、そして山や川や島々や国々が出来た。だから、今でも山頂の巨岩には雲がたなびくのである」と伝えられている。

幕末の探検家、松浦武四郎が一八五八(安政五)年、現在の空知地方栗山《くりやま》町で聞き取った伝承もこれに似ている。「かつて、まだ国土というものがなかった頃、青海原の中に油のように浮いて漂うものがあった。その気は燃え立ち、清らかなものは立ち昇って天に、濁ったものは凝り固まって島になった。これは今の後方羊蹄《しりべし》の岳であるという。島は月日を重ねるごとに大きく固くなり、その気が凝り固まって一柱の神になったが、天でもその清く明るい『気』が凝り固まって一柱の神になり、五色の雲に乗って降りてきた。

神々は、乗っていた雲のうち、青いところを海の方に投げ入れて言った。『水になれ！』。すると海になった。次に、黄色い雲を投げると土になり、島を覆い尽くした。次に赤い雲を蒔いて言った。『金銀珠玉器財となれ！』。最後に白い雲を蒔いて『草木鳥獣魚虫となれ！』と言った」

雲が創世のおおもとにあるという筋で、確かにモンゴルの神話と似ていることは素人目にも読み取れる。ただし、骨格が似ているというだけで、文化交流や伝播《でんぱ》があったと証拠づけることはできない。世界各地の創世神話にはいくつかのパターンが見られる――というのもまた神話学の知見だからだ。

とはいえ、目を英雄叙事詩に移しても、モンゴルとアイヌの間には全体の構図において共通性が認められる。だから、少し前向きにとらえたくもなる。英雄叙事詩の多くは、奪われたものを取り返したり、復讐しないではおれない出来事、つまり被害者感情を動機として始まる。例えばトロイアとの壮絶な戦いを描いた『イリアス』は、自分たちアカイア（ギリシャ）側の王の妻ヘレネーが敵の王子パリスにさらわれたことに端を発する。しかし、アイヌのクトゥネシリカは主人公の側から相手の宝を奪いに行き、それが戦乱を起こしている点で骨格上、古代ギリシャのそれとは正反対と言っていい展開である。では、モンゴルの英雄叙事詩『ジャンガル』はどうかというと、これが、自分たちの側から奪いに行き、紛争を起こしていくのである。つまり、アイヌ叙事詩とむしろ似た構図なのだ。

アイヌの叙事詩もモンゴルの叙事詩も基本、四行一連で構成され、韻《いん》の踏み方においても類似しているとの指摘もある。(4) ここでは、英雄叙事詩が成立した時代に、アイヌはすでに地理的概念として、ユーラシア大陸内陸部の情報を持っていた可能性があるということ、そして、かつて戦いを繰り広げた相手のモンゴルとは文化接触もあったかもしれないという二点を押さえておきたい。

確かにアイヌとモンゴルは戦争をした。けれど、歴史を振り返れば、戦争や紛争のさなかでも、相敵対する者たちの間に信頼関係が築かれた実例がある。決して、敵の排除だけに汲々《きゅうきゅう》としてきたわけではなく、その観点からも、モンゴル―アイヌ間の文化接触はあり得ない次元の話ではないと思える。

報復合戦渦中《かちゅう》の日露交流

日露関係を題材に一つ実例を挙げよう。一八〇〇年代初頭に頂点に達した両国間の緊張をほぐしたのは、ロシア軍艦に囚われた廻船《かいせん》商人高田屋嘉兵衛《たかだやかへえ》とピョートル・リコルド副艦長の間に築かれた信頼関係だった。

関係悪化のそもそもは、ロシアの遣日使節レザノフへの幕府の冷淡な態度に端を発し、ロシア本国からの指示に拠らず、「前線の暴走」と言った方がいいロシア軍人の樺太、エトロフ襲撃にあった。日本の拠点がロシア軍人に潰《つぶ》された一八〇六（文化三）年から〇七年にかけてのこの事件を受けて、日本側は報復としてロシア軍艦の艦長ゴロヴニン（ゴローニン）をつかまえて松前に連れ去った。それに対する報復としてロシア側に捕らえられたのが、高田屋嘉兵衛だったのだ。しかし、嘉兵衛を捕らえたリコルド副艦長は、その落ち着いた態度と頭の回転の良さから、ひとかどの人物に違いないと見抜き、カムチャツカ半島への航海中は自分の船室に泊めて情報交換し、ゴロヴニンが無事でいるとの確信を得たのだった。

「カヒ〔嘉兵衛〕は私たちがかつて交渉をもったどの日本人よりも地位が高く、従って自国の事情についてもずっと精通しているだろうと想像した。相互に理解し合いたいという私たちの願いは、冬の間を通して、私とカヒの二人だけの言葉を発明したことで、まもなくその言葉を使って何の苦もなく話し合い、時には抽象的な事柄まで共に話をすることができるようになった」とリコルドは『対日折衝記《せっしょうき》』に書き残している。もともと嘉兵衛はロシア語を知らず、リコルドも日本語を知らなかったわけだから当初は会話も意思疎通も成立したとは思えない。だが、驚くべきことに、二人は短期間のうちに「共通語の発明」までして意思を通わせたのである。嘉兵衛は船員たちから敬愛を込めて「ナチャールニク（長官、隊長）」と呼ばれ、カムチャツカ滞在中はロシア語の習得に努めて、交流を一層深くした。

ロシア側にとってはゴロヴニン艦長を無傷で奪還することが焦眉《しょうび》の課題であり、日本側にとっては、ロシア軍人による襲撃があくまで現場の暴走であってロシア政府が命じたことではないと確認するのが矛《ほこ》を収めるうえでの必要条件だった。二人の信頼関係によって、最終的にはゴロヴニン、嘉兵衛両人が解放され、双方が納得できる形で解決をみたのである。

英雄を助ける敵の媛《ひめ》

実は、アイヌの英雄叙事詩「クトゥネシリカ」には、相手は敵ばかり――と思いきや、そうではなかったというどんでん返しの展開がある。

壮絶な戦いの末に、「乾きに乾いた国」の毒おとこ、毒おんなを倒したものの、ポイヤウンペは同胞をすべて失って、自身も前後不覚になるほどのダメージを受ける。「自分は死んだのだろうか、眠っているだけなのだろうか……」。苦しみあがいたのち、一命だけは取り留めるが、安堵の間もなく今度はサンタン人のニソルンサンタが同胞を集めて、自分を討とう、殺そうと準備を進めていることを察知する。

だが、異《い》な事《こと》に、そのニソルンサンタの妹媛が急に病に伏し、戦いののろしが上げられなくなる。とともに、巫術《ふじゅつ》使いによって、媛は、ポイヤウンペを助けたいがために仮病を使って出陣を遅らせているうえに、毒おとこたちに殺されたポイヤウンペの育ての兄や妹らの霊まで連れ戻し、蘇生《そせい》させたことが発覚する。

敵国の媛がなぜ、そうまでして自分や同胞を助けてくれるのか——。ポイヤウンペは、この虚病媛《きょびょうひめ》に一目会いたいと、敵陣に向けて一人、出立する。

海を泳ぎ、宙《そら》を飛び、川と海と森があるニソルンサンタの国に着くと、虚病媛が柱に縛り付けられ、自白を強要された末に死んだようになっている光景が目に入る。ポイヤウンペは老婆の着物を身にまとって敵が一堂に会する場に向かい、「その昔、自分はポイヤウンペの憑《つ》きものが大暴れしたさまを見たことがある」と言って、憑きものを真似《まね》て座で跳ね回る。その動きが次第に激しくなり、旋風が起き、家を焼き、ポイヤウンペが正気に返ると、ニソルンサンタの国は焦土と化していた。ポイヤウンペは虚病媛と連れだってシヌタプカの山城に帰り、蘇生した兄や妹から無事の帰還を祝福される。

「クトゥネシリカ」で語られるサンタン（山丹）の国は、ポイヤウンペを討ち取ってやろうと手ぐすねを引く輩《やから》がひしめき合う一方で、ポイヤウンペを助けるためなら、わが身の犠牲もいとわない媛もいるという設定である。一方、これまで見てきたように、歴史上のサンタン地方は樺太の対岸、大陸のアムール河下流域であり、樺太のアイヌが海峡を越えて出向いていた交易圏であった。ただし、一八〇〇年前後にアイヌ側が「借り」を膨らませると、樺太のシラヌシに交易にやって来るサンタン人はアイヌの家に押しかけて鍋を持ち去ったり、食料を勝手に食べるなど横柄《おうへい》になり、樺太アイヌとの間にトラブルがあったようだ。間宮林蔵《まみやりんぞう》とともに樺太探査を行った松田伝十郎が『北夷談《ほくいだん》』でそう伝えている。

凍結した3月のアムール河下流域。かつてサンタン（山丹）地方と呼ばれた

戦後、日本領樺太（南サハリン）がソ連に占領されたことで、宗谷海峡の先は日本人にとって遠い外国になり、樺太からさ

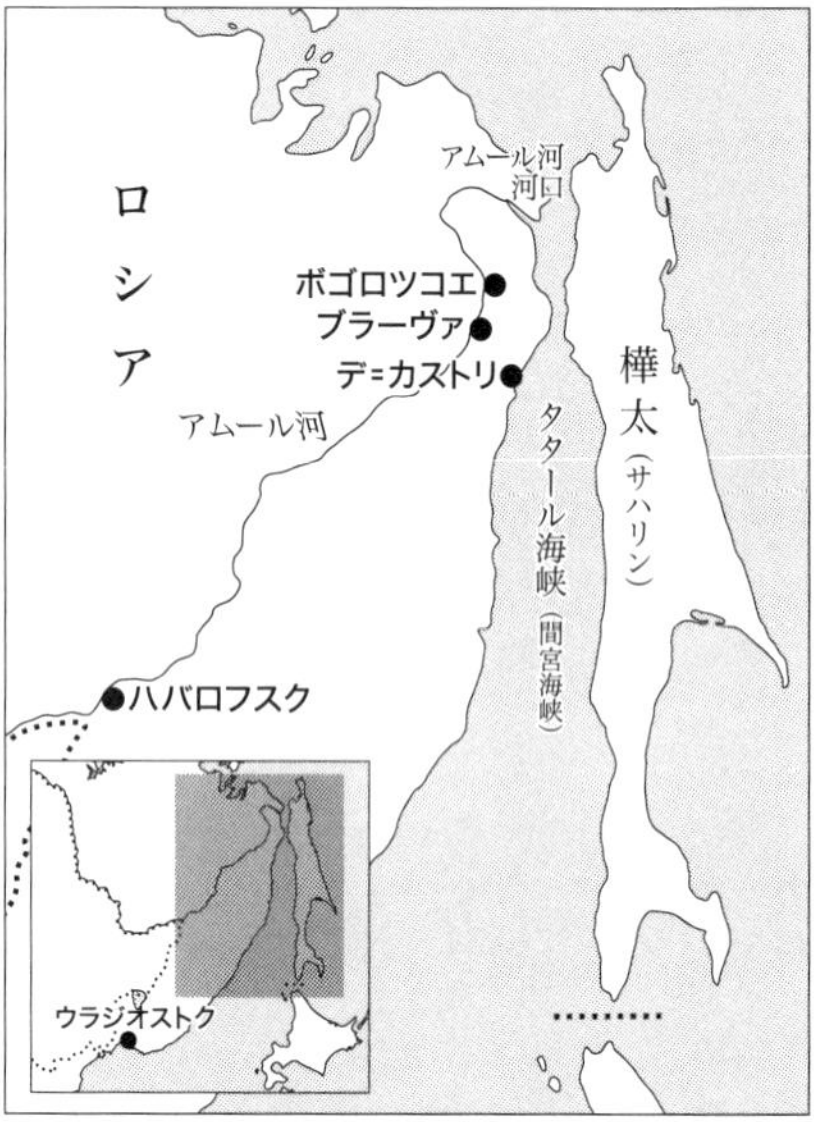

ロシア（旧ソ連）極東のウリチ民族の村ブラーヴァ

らに海峡を渡ったアムール・沿海地方はもっと奥地の「見えない」地域になった。とはいえ、物語を知れば、そのサンタンが実際、どんな土地で、どのような人たちが暮らしているのか、がぜん興味がわく。訪ねてみたいし、会ってもみたいと思うのが人の性《さが》だろう。

実は、僕はサンタンの土地も「サンタン人」も実地で知っている。もうずいぶんと前のことになってしまったが、民族調査の一環として、今はロシア連邦の一部となったアムールランドを訪ねるチャンスがあったのだ。それは一九九〇年の三月。調査団の面々は、大阪の国立民族学博物館（民博）から創価大学に移っていた加藤九祚《きゅうぞう》先生、民博の大塚和義教授、北海道開拓記念館（現北海道博物館）の中村齋《いつき》学芸部長ら日本人七人だった。

今を生きる「サンタン人」と対面

訪ねた先は、アムール河口から三〇〇キロさかのぼった先住民族ウリチの村ブラーヴァである。

訪ねた一九九〇年は、「ソ連」という社会主義の国家がまだこの地球上に存在していたものの、自由の圧殺や秘密警察の暗躍、経済の疲弊から、まさに断末魔の叫びを上げていた。一方で、対日本人ばかりでない。秘密主義を徹底するため、西側（資本主義陣営）研究者の入国を極度に制限し、よしんば入国できたとしても、移動するにも人と会うにも、さまざまな制約が課せられ、がんじがらめにされていた。先立つ一九八〇年代、ソ連、ポーランド、東ドイツ、ハンガリー、ルーマニアといった社会主義諸国を訪ねていた僕は、そのことを肌で知っていた。だが、中途半端ではあったもののペレストロイカ（政治改革）とグラスノスチ（情報公開）、そして巨大国家が崩壊する寸前の末期的混乱がわずかな隙間を生み、西側研究者に対して、極東《きょくとう》内陸部への立ち入りと、全体人口二千六百人といわれるウリチ調査の許可が下りたのだった。

西側からの来訪に、村人たちは緊張の様子で、最初はこわごわ対面するという感じだった。が、話術が巧みで、シベリア抑留で身につけたロシア語を自在に操る加藤先生のお陰で、場は次第に和《なご》み、人々は心を許し、次々自宅に招いてくれるようになった。

名乗り出たアイヌ系の人々

僕たちが最初に驚いたのは、樺太アイヌ（エンチウ）がお守りとして男の子の髪に付けていた三角形のホホチリそっくりのものを子供たちが前髪に付けていることだった。樺太では男児向けだが、ここでは女児も付けている。ちなみに北海道のアイヌにはない慣習である。そのうち「自分はアイヌの血を引くクイサリの一族です」「私はもう一つのアイヌ系ドゥワンの一族です」という人たちが現れ、かつてアイヌと交易していたばかりでなく、移住や通婚もあった可能性が出てきた。

結婚前の姓がクイサリだったという八十歳のウチエ・ウマエさんは「アイヌ系の父親から『先祖はボゴロツコエのもっと北から、舟で海を渡ってやって来た』と聞いている」と明かした。六十歳のピョートル・ドゥワンさんは「曾祖父の代に三人兄弟が北海道にいて、一人がサハリンに逃げた。サハリンからさらにタタール海峡（間宮海峡）を渡って対岸のデ゠カストリに来たというのが一族の来歴だ」と語った。こうした伝承から想像するに、アイヌ系の人々の祖先は、樺太から海峡を渡って大陸に入ったのち、アムール河や陸路をへてこのブラーヴァに居着いたようである。

帰国後に文献を調べて、ロシアの女性民族学者アンナ・スモリャークが村人から聞き取りを行い、アイヌ系の人々の存在を一九六三年、ソ連の学術誌に報告していたことを知った。そこには「ウリチの商人が借財のカタとして連れて来たわけではなく、アイヌ系の人々は自由意志で大陸のデ゠カストリにやって来て、数年留まったのち、アムール河のカジ湖の近辺とウダン村に住んだ(5)」とある。

前髪にお守りを付けたウリチの女児

「借財のカタ」というのは、前章で触れたように、樺太アイヌが山丹交易で背負わされていた多大な借金のことであろう。山丹交易では、負債がたまった場合、時に人を差し出してあがなったとされている。その解決策として、幕府が一八〇〇年ごろ、樺太アイヌの借金をチャラにする代わりに、交易権を自らのものにしてしまったことは先に書いた。

スモリャーク女史の念頭には当初、ブラーヴァのアイヌ系の人々はそうした借金のカタとして差し出されたのであろうという見立てがあったが、実際に現地で話を聞いてみ

自分たちのルーツはアイヌにあると名乗り出たブラーヴァ村の人たち

ると自分たちの自由意志でアムール河をさかのぼって来た人々だったことが判明したというのである。

そのアイヌ系の祖先をブラーヴァ村のウリチたちは受け入れ、通婚していった。が、それでもアイヌ系の人たちは自分たちのルーツを見失わず、アイヌの末裔という自意識を持ってサンタンの地で生きてきたということだ。

「クイサリ」というアイヌ系の姓に、知床一周カヤックツアーを催行する新谷暁生さんの著書名を思い出す人がいるかもしれない。それは『骨鬼《クイ》の末裔』だった。実は「クイ」はウリチなどツングース系の人々からみたアイヌの呼称で、「サリ」は一族を意味する。だから、クイサリは一つの姓であると同時に「アイヌの一族」ということをうたっているのだ。

ポイヤウンペにとって、サンタンの地は、虚病媛を除けば敵ばかりだったが、僕たちが訪れたアムール河下流域に暮らす人々は友好的なだけでなく、文化伝承にも熱心で、社会主義政権下の一九三三年以来、途絶えてきた飼い熊の霊送りをぜひ復活させたい、そのために儀式のやり方をアイヌの人たちからも学びたいと申し出る謙虚さも持ち合わせていた。

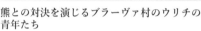

交易ルートの競合、反映か

ブラーヴァ村に滞在するうち、彼らから「文化の家で伝統舞踊や歌を披露するから見に来てほしい」と招待を受けた。聞くと、大人二十二人の舞踊団「ギヴァー」と十八人の子供たちが所属する舞踊団「ジロー」があって、学校や仕事が終わってから練習に励んでいるという。まだソ連という国がある以上、僕たちの行動は悪名高いKGB《カーゲーベー》（国家保安委員会）や配下の秘密警察に絶えず監視されていたはずだ。ウリチの人たちが僕たちと接触するにも、さまざまな制限が課せられ、実際に邪魔《じゃま》が入った時もあった。だが、人々は僕たちを最大限、もてなそうと心を配ってくれていた。

熊との対決を演じるブラーヴァ村のウリチの青年たち

二人一組でそれぞれに長い棒を持って、ぶつけ合う若い男たちの演舞、狩人が着ぐるみの熊と戦い、最後に倒すパフォーマンス、太鼓を叩きながらの少女たちの舞いなど演目は盛りだくさんだ。男性のシャーマンが登場し、迫力ある形相《ぎょうそう》で太鼓を打ち始めると、場は静まりかえった。年配の女性たちが杖を突いて拍子を取りながら歌う伝統歌謡は心に染みた。

英雄叙事詩に浸ると、世界は敵か味方かに二分されているかのように思えてくる。だが、現実には常に敵対している国があるわけではなく、戦いだってそれほど頻繁に起きるわけではない。実際に「サンタン」に身を置くと、未知なる人々をまずは歓迎する、どんな人たちか語らってみる——そんな態度の方がむしろ普通かもしれないと思えてくる。ただ、それでは、英雄は活躍できず、叙事詩はつまらなくなってしまう。

アイヌの英雄叙事詩は物語自体の面白さ、痛快さもさることながら、舞台の地理的広がりといい、登場する「国土」同士の複雑な関係性といい、実に豊かで多彩な内容を持っている。北方世界の互いのつながりや歴史に触れると、その理由が見えてくる。物語世界の豊かさ、多彩さは、アイヌが自らの意志で外の世界に繰り出し、内外のさまざまな集団と新たな関係を築き、時にあつれきを起こしてきたその経験が、少なからず反映された結果なのだろう。戦いの大きな枠組みが、史実に基づいているのか否かの議論は、また別のところにあるのだとしても。

その「史実」がらみで最後にもう一つ付け加えれば、研究者の中には「クトゥネシリカ」の筋が、ラッコの争奪戦を超えて、交易ルートの競合、盛衰をも反映しているのではないか、とまで想像を広げている人もいる。確かに、筋書きを追えば、その読みも「ありかもしれない」

と思えてくる。「黄金のラッコ」とだけ繰り返し書いてきたが、物語の上ではもともとはオス・メスのつがい、つまり二頭で、カネサンタ（金山丹）媛に憑依《ひょうい》していたというのが始まりである。その片方、オスのラッコが奪われたことを発端とするのが「先の戦争」で、ポイヤウンペが出陣することになった「今般の戦争」は、石狩媛におびき寄せられた残りのもう一頭、メスのラッコの争奪戦なのである。

古代の東北・北海道史を専門とする関口明さんはこう書いている。

北海道の太平洋岸で子育てするラッコ（霧多布岬で撮影）

「背景にあるのは、かつて金山丹姫側が握っていたラッコの交易権を北海道側が奪い取ったことにあるのではないか。（中略）千島→樺太→アムール川流域のラッコ交易のルートは、しだいに細くなり、それに代わり（アイヌ期の前の）擦文人(6)・アイヌ民族がラッコの交易権を掌握するようになったと察せられる」(7)。つまり、千島列島からエトロフ島、クナシリ島を経て道東地方につながるラッコの一大生息地から、かつては樺太・サンタン地方経由で中国にもたらされていたラッコの毛皮が、北海道の太平洋岸や日本海沿岸を通って本州にもたらされるルートに切り替わった――という見立てである。

この見方の妥当性を判断するにはいまだ文献が不足しているが、いずれにしてもラッコの毛皮が珍重され、富の源泉となり、それが勢力争いに直結していたことだけは確かであろう。その裏返しで、ラッコ交易の衰退は、関与する人々の弱体化を招いていく。繰り返しになるが、十八世紀にロシアが千島列島から南下してきたことで、ロシア人とアイヌの間でラッコの争奪戦が生じた。土地のアイヌは、いっそ日本とロシアの双方を引き込み、自分たちが間に入って新たな交易関係を構築しようとしたが、それも空振りに終わる。千島列島から北海道にかけて築かれていた交易ルートが先細りに向かっていくその先に、御用商人飛騨屋の権益拡大とクナシリ・メナシの悲劇が待ち受けていたのだ。

第三章

人にも鮭にも川は「道」ではなくなった

――太平洋から日本海へ漕ぎ通す――

［章扉］**かつて川はアイヌにとって「道」だった。きつい流れをさかのぼる時には引き手を要した**（西川北洋筆「明治初期アイヌ風俗図巻」より。函館市中央図書館蔵）

太古から行き来があった石狩低地

これまで、知床半島をシーカヤックで一周して、いにしえの交易の情景にイメージを重ね、英雄叙事詩発祥の地とされる浜益の断崖を海から眺めて少年ポイヤウンペの躍動と、物語の背景を成す広大な地理感覚に思いを馳せてきた。

自分自身の力、独力で海の旅をしなくなって久しい現代人にとって、もう一つ、無縁となってしまった旅のスタイルがある。それは内陸の流路を道として、さかのぼりつつ、または下りつつ、水辺からの視線で陸地を見つめる「川の旅」である。ただし、明治以前のアイヌに関して言えば、「旅」という表現はまったくもって正確ではない。アイヌにとって、内陸の路といえば基本的に川であり、丸木舟で川を行き来することはまさに「日常」だったからだ。

およそ百六十年前までは健在だった石狩低地の「川の道」をカヌーでたどる旅を始めたのは、北海道でも夏の熱射が本格化し始めた五月末の朝だった。実はこの川旅も、クナシリ・メナシの戦いと全くの無関係ではない。ここ石狩低地は、戦いの舞台となった標津から直線でも三〇〇キロ以上離れているが、元凶となった御用商人飛騨屋は、この一帯にも足跡を残しているの

勇払川河口と勇払会所（目賀田帯刀筆）。幕命による安政年間の蝦夷地調査「延叙歴検真図」をもとに明治４年に清書した「北海道歴検図」より（北海道大学附属図書館蔵）

だ。

川下りならぬ川上《かわのぼ》りをスタートさせる勇払《ゆうふつ》川（安平《あびら》川）の河口は砂浜の先にあった。砂に足を取られながら二人でカヌーを運ぶ。川幅は三〇メートルほど。ゆったりとした流れが注ぎ込む太平洋は、まぶしくキラキラと輝き、左右に広がる海岸線と相まって伸び伸びとした開放感を覚える。

先に見たように、道北・道東地方と道南地方を結ぶ交易ルートは、ある時期から複数できていた。それらはざっくり言えば、太平洋沿岸を通る海の道、日本海沿岸を通る海の道の二パターンに集約される。だが、古来からそこに一本、縦軸の「天然の運河」が通っていた。それが太平洋側と日本海側を川舟で行き来する石狩低地の「川の道」である。分水点でも標高二三メートルほど。地図がない時代でも、ここだと二つの海の間が直線で八〇キロ弱と狭く、しかも高低差がほとんどないことを、先人たちは体で知っていたのだ。いわゆる「シコツ（千歳《ちとせ》）越《ごえ》」「ユウフツ越」と呼ばれたこのルートの恩恵は大きかった。前にも触れたが、日本海沿岸は船を難破させてきた難所が続き、樺太・宗谷方面から松前や箱館《はこだて》

（函館）に向かって日本海をずっと行けば遭難の危険が否《いや》が応でも増す。だが、石狩低地を太平洋側に抜ければ、少なくとも神威岬（積丹町《しゃこたんちょう》）と茂津多岬（せたな町）の二つは回避できる。しかも冬場は特に、太平洋の方が荒れない日が多い。

太平洋側の勇払川から美々《びび》川源流まで約二〇キロさかのぼると、日本海側との分水点はすぐ先だ。いったんは陸路を行く必要があるが、峠らしい峠もなく八キロほど歩けば千歳川の中流域に突き当たる。再び舟に乗って今度は川を下り、本流の石狩川に合流すれば、日本海へと運んでもらえる。太平洋側から出発した場合、下りの川旅は約七〇キロ。現在の流路では全体で約九〇キロとなる。蛇行が激しかった自然河川の時代は三十二里（一二八キロ）(1)と言われ、片道およそ三泊四日で行き着いた。一八五七（安政四）年の幕吏の日記には、チトセ（千歳川）会所（千歳市）、エサリ（漁《いざり》）番屋（恵庭市）、ツイシカリ番屋（江別市）に計三泊したと記されている。(2)今回は、この「川の道」を踏破ならぬ漕破《そうは》するために勇払川の河口にカヌーを浮かべたのだ。

八〇〇年前も丸木舟で移動

漕ぎ出してほどなく分かったことだが、近代の河川改修で直線と化し、両岸をヤナギやハンノキの河畔林《かはんりん》が覆い尽くした今の勇払川に、舟を漕ぎ入れて滞留できる場所はない。流れはゆっ

勇払川を漕ぎ上がる。鯉が豊富で、それを狙っているのか、夏近い時期にもかかわらずオジロワシの姿もあった

くりでも、手を休めれば自然とカヌーは下流に押し戻され、再び漕ぎ戻る労を余儀なくされる。

「これって、ずっと漕ぎ続けないといけないってこと？」

察しのいい相方は、早くもこの舟旅がそれなりの苦行であることを悟ったようだ。魚類や河川環境に詳しく、『サケ学大全』という本もその道の研究者と共著で出しているから、北海道のさかなクンならぬ、さけクンとも呼ぶべき後輩だ。

「そのようだね。休んだ分だけ漕いで取り戻さないといけないから、休む意味がないっていうわけだ」

水深が浅いので、ところどころパドル（櫂《かい》）を砂底に突き刺し、押し出すようにして進む。濁った川水に、もわりと砂泥が巻き上がる。と、穏やかな水面が、バシャーンと大きな音とともに炸裂《さくれつ》した。鯉《こい》だ。それもかなり大きい。カヌーのすぐ脇で川底の泥を巻き上げながら次から次へと逃げて行くコイの多さ、そしてその大きさに圧倒されて、解説好きのさけクンもただただ「おおっ！」「でかい！」「びっくりした！」と感嘆符付きの声を上げることしかできない。

川をさかのぼる時に最も注意が要るのは、次々現れる川の合流点で、間違った川に迷い込まないことだ。川を下るのであれば、大抵、流れが自《おの》ずとゴールまで導いてくれる。だが、上りだとそうはいかない。次々、分岐点が現れ、どちらに進むべきか、選択を迫られる。勇払川の場合、河口から六〇〇メートルほど漕ぎ上ると右側から明野《あけの》川が流れ込み、さらに六〇〇メートル進むと安平川との合流点が現れる。川幅は双方、変わらない。そもそもそこが安平川と勇払川の合流点であり、左手が勇払川だと分からなければ、二分の一の確率でルートを誤り、誤りがさらに別の誤りを生んで迷宮をさまよい、体力を使い果たしてしまう事態に陥りかねない。

後ろで舵を取る僕は、合流点ごとに、どちらに進むべきか、ＧＰＳ（人工衛星を使った全地球測位システム）の地図にあらかじめ印を入れてきていた。が、それでも最後の最後で違った水路に入ってしまい、引き返すはめに陥った。

「ああ、危うく来年、『白骨死体、二体発見』って新聞に載るところだった」と僕が大げさに冗談を飛ばすと、さけクンは「川を道路代わりにしていた時代の人たちは、頭の中に全部、流路図が入っていたんですかね」と、むしろ古人《いにしえびと》の営為に感銘を覚えた様子だ。

勇払川を約七キロ、二時間ほどかけて漕ぎ上がると、ウトナイ湖の流れ出し近くに着いた。このそばからは一九六六年に丸木舟が五艘《そう》出土し、七七〇年（±六〇年）前との鑑定結果が出た。八〇〇年前と言えば、日本の年代では鎌倉時代の前期に当たる。それほどの昔から、この川の道が利用されてきたのかと想像を膨らませると、『今、僕たちが試みているのは、川旅の歴史的な検証なのだ』と、大言壮語《たいげんそうご》、言って言えなくもないと思えてくる。

ただ、縄文時代前期、六〇〇〇年前の温暖期までさかのぼると、事情は違ってくる。そのころ、この辺りは海の底だったからだ。地表の氷が溶けて海面が大幅に上昇したこの時代、海岸線は大きく後退し、太平洋は今日のゴールとなる美々川の源流部まで入り込み、日本海との距離は大幅に短くなっていた。その証拠が、美々川源流部で発見された美々貝塚だ。出土したおびただしい数の海貝の殻が、海辺の暮らしがこの時代にあったことを教えてくれる。

幕末の道路開削

水鳥の楽園としてラムサール条約で保護されているウトナイ湖をスキップし、美々川の最下流に艇を下ろすと、渓相《けいそう》は、直線化された勇払川とは対照的だ。一〇メートル足らずの幅で曲がりくねる流れ、川底に群生する藻が、かつて丸木舟が行き交っていた時代をほうふつとさせる。河畔林はまばらになり、ヨシやスゲの湿原帯に分け入った感覚だ。

古くから太平洋と日本海をつなぐ大動脈として使われてきた「川の道」を衰退させたのは、幕末期の箱館奉行、堀利熙《ほりとしひろ》（堀織部正《おりべのしょう》）だった。一八五四（嘉永七）年から一八五八（安政五）年まで四年弱の在任中、石狩低地に限らず、蝦夷地各地で陸路の開削を進めた。その発想が次代に受け継がれていった結果、人の移動はもとより、交易や物資の輸送は、川や海岸線を通ることなく、人馬を使った陸路に転換していくのだ。

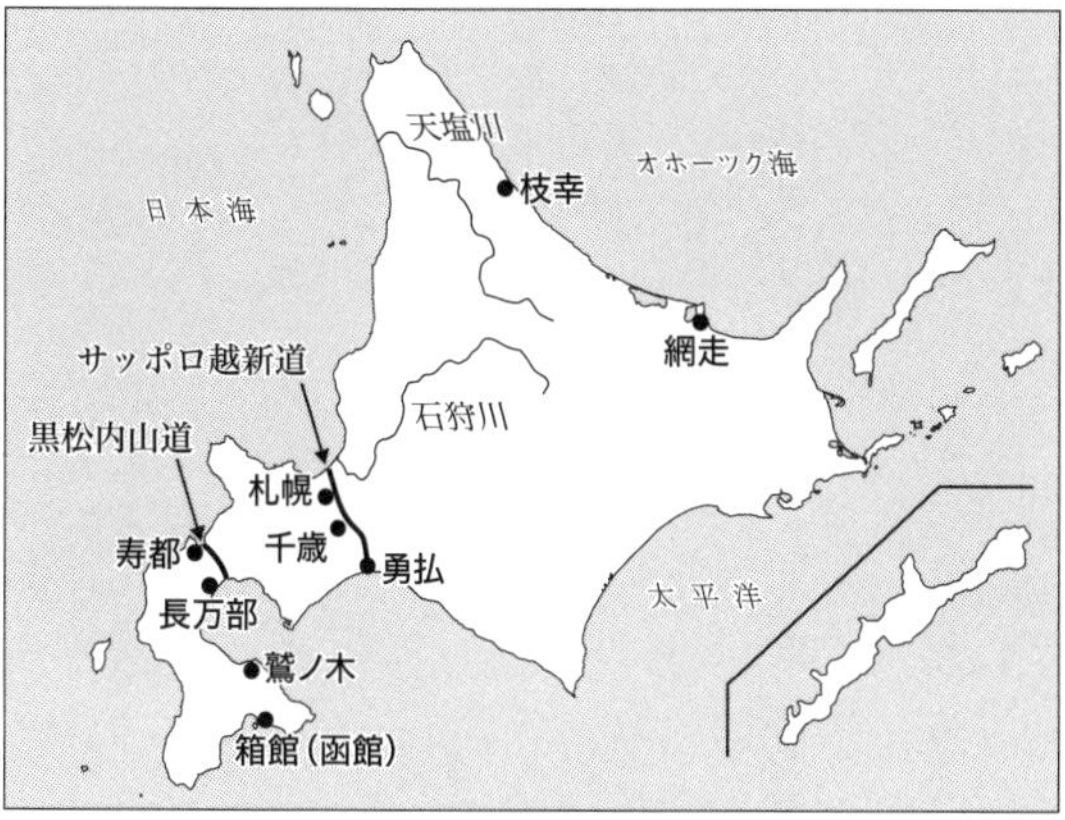

幕末に通じた2つの陸路と堀利煕の幹線道構想拠点

堀の陸路構想には大きく二つの狙いがあった。一つは現実への対処で、海の難所を迂回し、事故を減らすための山道《さんどう》開削である。特に浜益の愛冠岬から雄冬岬にかけての航行の難所を迂回する山道の開設に力を注ぎ、在任中に粗々《あらあら》成し遂げた。

もう一つは、より壮大な計画で、箱館から北海道の中央部を抜けてオホーツク海沿岸まで横断する幹線道の建造だった。箱館—鷲ノ木《わしのき》—長万部《おしゃまんべ》—勇払—千歳川—石狩川—天塩川《てしおがわ》—枝幸《えさし》—網走の本海道（中央大道）案を一八五四年に老中に提出していることからあらましが分かる。[3] 蝦夷地の開発を進め、幕府が危機感を強めていたロシアをはじめとする西欧列強の進出に対抗すべく防備を固めるための構想だったが、広大な北海道を東西に貫く内陸路が一朝一《いっちょういっ》夕《せき》で築けるはずはない。それを悟っていた堀が一八五七（安政四）年までに取り急ぎ完成させたのが、長万部《おしゃまんべ》から寿都《すっつ》・磯谷《いそや》へと抜ける黒松内《くろまつない》山道と、千歳から札幌・銭函《ぜにばこ》へと抜けるサッポロ越新道の二本で、道が通《かよ》っていた千歳—勇払（苫小牧）間と合わせて、かろうじて日本海と太平洋をつなぐ二本の陸路が体《てい》を成した。サッポロ越新道によって銭函から小樽方面にも石狩方面にも通じ、黒松内山道のおかげで難所の茂津多岬が回避できるようになったのだ。

堀は一八五七年の閏五月十一日（西暦七月二日）、陸路開削の進捗《しんちょく》状況の視察も兼ねた蝦夷地巡察に出発する。海岸線をぐるり一周し、北蝦夷地と呼ばれていた樺太まで足を伸ばした四カ月半にわたる巡察の終盤には、サッポロ越新道ができたばかりの石狩低地を縦断している。

蝦夷地巡察に同行した記録の達人

「知ってるかい。幕末に仙台藩士の玉蟲左太夫《たまむしさだゆう》が箱館奉行、堀利熙と一緒にこの辺りを通っている。その巡察には札幌の礎《いしずえ》を築いた佐賀藩士、島義勇《しまよしたけ》も参加していた。確か仙台周辺の出身だったよね。玉蟲の名前、聞いたことある？」

やや曖昧《あいまい》な出身地の記憶を頼りに、さけクンに尋ねると、「玉蟲左太夫ですか、聞いたことないですね。僕のルーツは南部領なんです」との返事が返ってきた。

そうか、でも、南部なら玉蟲に降りかかった悲劇が語りやすい。というのも、旧幕府勢力と新政府軍が交戦し、おびただしい死者を出すことになる戊辰《ぼしん》戦争への対応を巡って、仙台藩は藩論が割れ、それが玉蟲本人の運命を左右していくからだ。牢前での切腹という形で四十七年の生涯に幕を引いたのは明治になってからだ。だが、玉蟲は、もとより藩の内紛で咎《とが》を受けて命をみすみす奪われるような器《うつわ》の人物ではなかった。

「玉蟲左太夫はね、脱藩して江戸の最高学府『昌平黌《しょうへいこう》』で学んだ俊才で、堀奉行に近習《きんじゅ》として仕えて蝦夷地巡察にもお供《とも》したんだけど、そこで残した記録がものすごく優れていたんだ。それで幕府の遣米《けんべい》使節に選ばれてアメリカも見聞して来る。勝海舟や福沢諭吉と一緒にね。アメリカでもまたりっぱな記録を書いた。そして、仙台藩に戻ったら戊辰戦争だ。玉蟲は新政府軍を迎え撃つべく奥羽越列藩同盟《おううえつれっぱんどうめい》の結成に駆け回った。けど、負けると自分の藩に捕らえられ、責任を背負って腹を切らされた。そこを生き延びていれば国際派、というより国際人として日本をリードしたかもしれない人物だ。玉蟲の最期を聞いた福沢諭吉は『意気地がないくせにひどいことをする(4)』と嘆いたっていうよ。幕末維新期の日本は本当にもったいなく人を殺してきたよね」

巡察に出た時、一八一八年生まれの堀利熙は三人の中では一番年上だったが、それでも三十八歳。中小姓《ちゅうこしょう》格で参加した島義勇の方が、格上の近習だった玉蟲より一歳兄貴分だったが、二人とも三十代半ばだった。

かつて悪天候や時化《しけ》で滞留を余儀なくされた時、アイヌが物語を語り合って時を過ごしたのと同様に、素養があった彼らは漢詩を作って披露し合い、時間を有意義に過ごした。例えば、「有梅《ゆうばい》」の雅号《がごう》を持つ堀奉行は、夕暮れの北海道駒ケ岳《こまがたけ》を目にして「髣髴楊慎帯浅醺（ほろ酔いの敬愛する楊慎《ようしん》先生の姿が目の前に浮かぶ）」と書き記した。江戸から遠く箱館に赴任した自身の境遇を、天子を戒めて憎まれ、辺境へと流刑された明朝《みんちょう》中国の文人《ぶんじん》、楊慎に重ね合わせたのだ。

一方、僕たちの美々川遡行《そこう》と言えば、上流に行くにつれて、それなりにせわしさを増し、風景を愛《め》でる余裕もなくなってきた。川幅が狭まり、二メートルあるかないかのところでは流速がおのずと速まり、懸命に漕がないと前に進まない。隘路《あいろ》を何とかやり過ごすと、数メートル進んでは直角に曲がり、また数メートルで次の直角といったクランクになる。ラダー（舵）が付いていて、足で操作するシーカヤックと違って、リバーカヌーに舵はない。基本的に操船はパドル（櫂）で行う。漕いではパドルの先で水を押さえ、右へ左へと舳先を急転回するが、何回かに一回は間に合わず、岸の葦原に突っ込み、バックを余儀なくされる。幕吏の磯谷則吉が「ここに至り川内いと狭くしてチプ（舟）さえ横たえがたし」と書いた二百年前の『蝦夷道中記』のころと状況は変わっていないようだ。それにしても、短くても六・五メートル、長い艇は九メートルもあった丸木舟で、このくねった川道を漕ぎ進んだアイヌの先人たちの操船技術はど

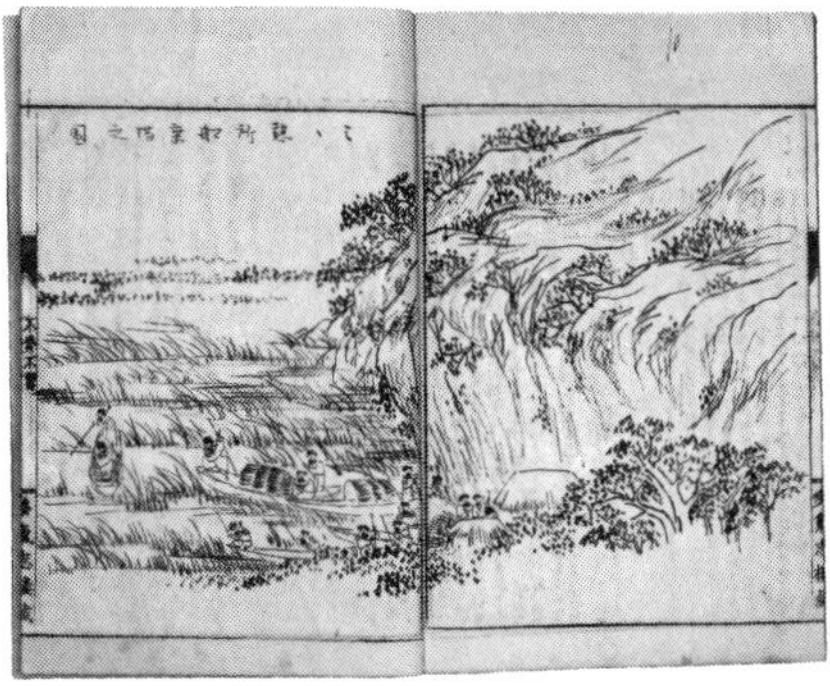

松浦武四郎が描いた幕末期の美々川源流の船着き場（「ビビ憩所船乗場之図」松浦武四郎記念館蔵『再航蝦夷日誌七』）

美々川の源頭。崖や地中から染み出す水を少しずつ集めて水量を増していく

太古の渓相をいまだに残す美々川。上流に行くと川幅が次第に狭まり、くねくねと折れ曲がって行く

れほどすごいものだったか。

美々川をさかのぼった後半戦は六キロ。前半の勇払川よりやや長い二時間二十分で源流部にゴールした。

島義勇を置いてサッポロへ

陸路八キロは後回しにして、川の旅「第二弾」は、日を改めて千歳川中流、千歳市街のサーモンパークからスタートすることにした。千歳川会所の跡地から二キロほど下流に当たる。

安政年間の巡察日記『入北記《にゅうほくき》』に玉蟲は「千歳川会所の手前、ウトナイでは山全体が紅葉に染まって美しく、酒や肴《さかな》を楽しめなかったのが残念だった」と書いている。千歳川会所には三日間滞留し、「千歳川は文化年間に名づけられたといい、その由来をたずと川に鶴《つる》が多かったからだと聞いた。なるほど、滞留中は毎日、鶴が鳴くのを聞かない日はなかった」としたためた。箱館奉行巡察の同行だから気を張り詰めてはいたのだろうが、風雅《ふうが》、風流に浸りながらの旅でもあったのだ。

だが、この時期、島義勇の方は、樺太で発症した皮膚病が悪化し、酒宴《しゅえん》や風流どころではなかった。手足が動かせないほどの激しい痛みに苦しみもだえていた島は、当面の同行を断念。

勇払から陸路、千歳入りした一行は、島を置いて千歳から札幌に向かうことにする。堀は、玉蟲には開削したばかりのサッポロ越新道を馬で行くよう指示し、自分は従来の川の道を舟で下ってほぼ手つかずの原野だった札幌に入った。二手に分かれ、玉蟲に新道を行かせたのは、その有効性を確認させる意図があったと思われる。

わずか百六十三年間で沿線は様変《さまが》わりした。玉蟲がたどったサッポロ越新道の沿線は、ルートにややずれはあるものの、今は苫小牧—千歳—札幌を結ぶ幹線、国道三六号として車が激しく往来し、渡しだった豊平《とよひら》川には豊平橋が架かり、橋を渡ると国内でも随一の歓楽街ススキノが待ち受ける。

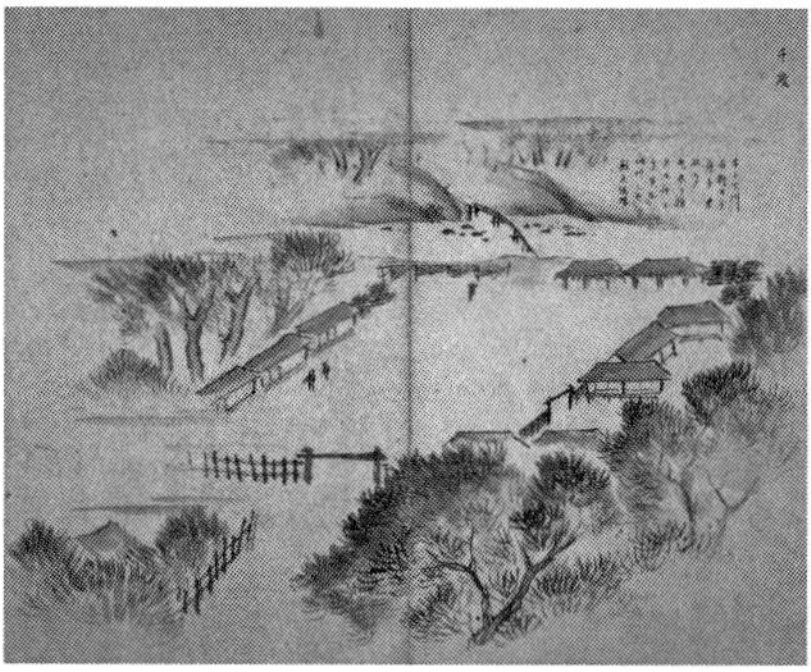

幕末期の千歳（西蝦夷図巻「坤」。北海道大学附属図書館蔵）

蝦夷地巡察の面々は千歳で三者三様に分かれたが、堀奉行がたどり、なおかつその終焉《しゅうえん》に決定的な役割を果たした「川の道」千歳川をひたすら下るのが、今日の僕たちの主旨である。

午前七時、サーモンパークに向かう車中、風に大きく揺さぶられる街路樹を見て、僕たちは「天気予報は五～六メートルの南風だったけど、もっと強いんじゃない？」と見て取った。追い風になるから、向かい風よりはありがたいが、途中、横風にあおられる懸念もある。万一に備えてカヌーでの伴走をお願いした支《し》笏《こつ》ガイドハウス「かのあ」の松澤直紀さんは「決行するかどうかは川を見てから判断させてください」と慎重になっている。さけクンは「半分の二〇キロも行けたら御《おん》の字《じ》かな」と弱気になり始めていた。今日はずっと下りだから、手を休められない太平洋側の遡行よりはずっと楽ちんのように思えなくもないが、石狩川との合流地点までは四〇キロと前回のざっと三倍の距離がある。

予定通りサーモンパークから艇を出すと、河畔林に厚みがあるおかげか、予想していたほどの風はないことが分かった。幅一〇メートルほどの川底に、澄んだ水を好むカワシンジュガイがびっしりと張り付き、深みでは魚の群れが目で追える。やがて川幅は三〇メートルほどに広がり、河畔林はまばらになった。漕ぎ進むこと一六キロで、「川の道」の時代、勇払発だと千歳の次、二泊目の宿泊地だった漁川《いざりがわ》との合流点、漁太《いざりぶと》に達した。が、今は人家もなく、かつて人々が行き交い、腹を満たし、夜露をしのいだ時代を偲《しの》ばせる面影は何もない。

借金のカタに得た漁場

実は、この漁川流域こそが、あの飛騨屋の材木業時代の稼ぎ場だったのである。そう、飛騨屋はもともとは材木業の御用商人だったのだ。

飛騨国《ひだのくに》（岐阜県）出身の初代飛騨屋久兵衛倍行《きゅうべえますゆき》が松前に渡って飛騨屋松前店を開き、蝦夷地でエゾマツ伐採を主とする林業を請け負い始めたのが一七〇二年だから、クナシリ・メナシの戦いから八十七年も前のことになる。飛騨屋はここ漁川だけでなく、札幌《さっぽろ》市内を貫く豊平川（旧サッポロ川）の上流でも伐採を請け負った。アイヌの集落が点在するだけで、まだ和人の手が入らない原生の茅原だったサッポロにも足を踏み入れていたのである。

その後、なぜ漁場請負に転じるのか。それは平たく言えば「飼い犬に手を噛《か》まれた」からだった。

松前藩にすっかり取り入り、御用商人として蝦夷地で飛ぶ鳥を落とす勢いだった飛騨屋が没落を始めたのは、南部藩大畑（青森県下北郡大畑町）に出していた店の支配人、浅間嘉右衛門の横領事件がきっかけだった。発覚は一七六六年。二八〇〇両もの大金を着服していた。飛騨屋はむろん嘉右衛門を首にする。だが、嘉右衛門は転んでもただでは起きない奸智《かんち》にたけた男で、松前藩の上役に賄賂《わいろ》を送って取り入り、飛騨屋を木材伐採の請負業から外させることに成功する。逆恨《さかうら》みといえば逆恨みだが、まるで時代劇のようなことが現実の世界で起きたのである。

図らずも本業を廃業に追い込まれた飛騨屋は、松前藩に前払いしていた運上金と、貸し付けていた金の両方を「返してくれ」と詰め寄る。両方合わせると八一八三両と、とてつもない額にのぼっており、松前藩にはどう逆立ちしても返せる額ではなかった。というより、ほかの御用商人への対応も同様で、松前藩には「借りた金は返さなくてはならない」という観念はおよそなかったようだ。

たとえば、飛騨屋の伐採業を引き継いだ新宮屋にも、松前藩は「婚礼費用や藩邸の再建などで金が入り用だ」と借金を申し入れ、新宮屋が「貸した金は運上金として支払ったことにしてほしい」と願い出ると、「新宮屋の運上金は納められていない」と涼しい顔で言ってのけて山の権利を取りあげてしまう。そして、その山の権利を飛騨屋に「売る」形で、運上金をちゃっかりせしめるといった具合である。腹の虫が治まらない新宮屋は幕府に公訴した。すると、松前藩は新宮屋に再び山を請け負わせ、示談で解決を図っている。(5) 松前藩の踏み倒し癖は相当なものだが、それでも御用商人が松前藩とつかず離れずの関係を続けたのは、損金が出てもそれ以上の儲《もう》けが蝦夷地で見込めたからなのだろう。

話を飛騨屋に戻すと、松前藩は八千両を超える借金の三割方を飛騨屋からの献納、つまりチャラにしてもらい、残りを一七七四年から二十年間、格安の運上金という長期の約束で、飛騨屋に厚岸《あっけし》、絵鞆《えとも》（室蘭《むろらん》）、キイタップ（根室）、国後の四つの場所（漁場）を「提供」することで請求を取り下げさせたのだ。そのキイタップ場所に含まれていたのがメナシ地方だったのである。

新宮屋との一件もあって、いまだ不満をくすぶらせる飛騨屋に、松前藩はさらに宗谷場所も請け負わせた。

多額の損失を漁場の上がりで取り戻さなくてはならないわけだから、飛騨屋が搾《しぼ》りに搾ろうと意気込んで漁場に乗り込んで行こうとするのも察しがつく。ところが、先にも述べたように、クナシリ島では初年の一七七四年から、場所への入港をアイヌの首長ツキノエに妨害され、仕込みは断念を余儀なくされた。この間、松前藩に取り入った嘉右衛門はなんと船手吟味という藩の役職まで得て、元の雇い主に追い打ちを掛けてくる。飛騨屋が宗谷場所に派遣した船の積み荷を、嘉右衛門が「違反」と断じて没収した結果、それを苦にした飛騨屋の船頭が自殺に追い込まれ、飛騨屋はついに松前藩を飛び越えて嘉右衛門を幕府に公訴した。この辺の展開もまさに時代小説張りである。

請け負った先を示す「飛騨屋久兵衛石狩山伐木図」二（北海道大学附属図書館蔵）。左下が北の方角で下方に石狩川河口など日本海が描かれ、右上に支笏湖や太平洋が描かれている

三年の審理を経た一七八一年、

嘉右衛門は死罪を申し渡され、松前藩の元家老蠣崎《かきざき》佐士（判決時にはすでに死去）と元勘定奉行湊源左衛門は重追放、江戸留守居役の尾見兵七は御役御免《おやくごめん》のうえ押込（軟禁）を申しつけられた。重臣も重臣、家老、勘定奉行、江戸留守居役の三人が揃いも揃って罪に処せられたわけだから、松前藩の業《ごう》も深かった。

飛騨屋はいったんは溜飲《りゅういん》を下げたものの、翌一七八二年には持ち船が難破して上乗《うわのり》の松前藩士二名も含めて十九人が水死する不運に見舞われた。クナシリ・メナシの戦いが起きたのはその七年後で、松前藩から請け負った場所すべての返上を求められ、息の根を止められる。松前藩から被《こうむ》った大損を取り返せないまま、飛騨への引き揚げを余儀なくされるのだ。

山林では木を伐りまくり、漁場ではアイヌ民族を酷使した飛騨屋もひどいが、横領に始まって、自分を食わせてくれていた飛騨屋をとことんいじめ抜いた支配人も極悪人《ごくあくにん》そのものである。だが、返すあてもないのに御用商人から借金をするだけして、返済代わりに漁場を与えてご破《わ》算《さん》にし、そこで好き放題させた松前藩も同じように断罪されなくてはならないのではあるまいか……。

結局、そのしわ寄せをまともに受けたのは誰だったのか——。そんなやるせない思いが募ってくる。

流れが止まる千歳川

そんなことをつらつら考えている間にも、僕たちは確実に体力を消耗していた。距離と時間から漕いでいるスピードを割り出すと、当初の時速六キロから時速五キロに落ちている。それでも先行きはまだ遠い。出発から五時間、二五キロ地点を過ぎた辺りから川幅はさらに広がり、流れが止まっているように感じられてきた。川面《かわも》が波立っているのは風のせいで、まるで湖を漕いでいるような感覚だ。

「まさか潮の影響もあるのかな。河口だったら満潮だと流れが止まったり逆流したりするだろ。でも石狩川の河口を三〇キロもさかのぼった、さらに支流だからな。今日の満潮は何時だっけ?」

「千歳川を下るのにそんなことまで調べてくるわけないでしょ。とにかくここで漕ぎ続けられるかが勝負です」と、殊勝なことを言うさけクン。「全行程四〇キロのうちのまだ二五キロ。人生で言えば、四十代半ばっていうところか。であれば、たそがれ時を迎えつつある俺たちはもう手遅れだな」と僕が煙《けむ》に巻こうとすると、「そういうことじゃないでしょう」と、まだ反発する余力がある。大丈夫。これならまだ進める。川が道だった時代、特に下流域では風だけでなく、潮の満ち引きも念頭に行動していたのではないか、次の石狩川は潮も調べてから臨ま

千歳から漕ぎ出して8時間。江別の市街地が見えてきた。千歳川の川幅も、石狩川の支流とは思えないほど広がった

ないといけない——そんな考えがよぎった。

ともすれば気持ちが折れてしまいそうな僕たちに一服の清涼剤を与えてくれたのが、時折、視界に飛び込んでくる野鳥たちだ。鴨《かも》やアオサギ、カワセミが川岸から飛び立ち、オジロワシの若鳥や成鳥が上空を舞う。何かの理由で居残った白鳥も姿を見せた。

ただ、一分間に二十四回漕ぐとしても五時間でざっと七二〇〇ストローク。腕のだるさはごまかしようがない。体力もさることながら、今日の風なら四〇キロは無理だろうと踏んで、車は二四キロ地点と三四キロ地点の二カ所に置いてきた。だが、三〇キロを過ぎて九〇〇〇ストロークに達したかどうかの時分から、われわれはランナーズ・ハイならぬパドラーズ・ハイ（ローワーズ・ハイ）にとらわれてきたようだ。「合流点まで何とか行けるか」「行っちゃおうか」と、自然に三人の気持ちがまとまった。

出発から八時間。石狩川との合流地点の目印となる王子製紙江別工場（現・王子エフテックス）の煙突が見えてきた。千歳市内から漕ぎ続けること四〇キロ。午後四時半に合流点のすぐ手前に着岸した。「やったあ！」。ガッツポーズも自然だ。うれしくなって河川敷を駆け上がると、石狩川の滔々《とうとう》とした流れが眼下に見える。川幅は四〇〇メートルはゆうにありそうだ。千歳川も最下流は大河の様相を呈していたが、遥かに上回る圧倒的な水量だ。この瞬間、さけクンにもこみ上げるものがあることが見て取れた。「来たな」「あぁ、ここまで」。

命を奪ってきた母なる石狩川

残すはあと石狩川本流の二六キロ。千歳川との合流点から石狩川の河口までとなった。千歳の漕ぎ出しの標高が一一メートル、漁太付近が七メートル、そして石狩川との合流点は五メートルほどと四〇キロ漕いでも標高差はわずか数メートルにすぎない。この勾配《こうばい》の緩さが、古来から人や物の行き来を促してきたのだと体で分かる。ただ、千歳川四〇キロをここからさかのぼるとなると、僕たちがたどった逆ルートよりも遥かに条件は悪くなる。夏場はたいがい逆風となり、上流に行けば行くほどそれなりの流速に逆らいながら進まざるを得なくなるからだ。

一八〇九〈文化六〉年に宗谷から帰国の途中、千歳川をさかのぼった津軽藩兵の紀行「従蒼《そう》谷《や》松前迄駅路抵記〈宗谷より松前までの路程記〉」には「これ〈漁太〉より千歳へ川船上り七里位《ぐらい》〈約二八キロ〉急流。殊に川幅も狭き故ツイフ〈アイヌの丸木舟「チプ」〉ならでは通行難し」とある。アイヌの丸木舟だからこそ千歳川会所まで行き着けるが、他の手段では無理だということだ。

一行は漁太からは陸路で行っている。何百年もの時間をかけて改良に次ぐ改良を加えられた舟の構造と、操船技術の蓄積あってこその「丸木舟ならでは」ではなかったか。

さて、石狩川だ。秋鮭《あきさけ》だけでなく、かつては幻の魚イトウやチョウザメも生息し、漁撈でも交易でも人々にたいへんな恩恵を与えてくれた母なる大河である。とはいえ、幾多の命を奪ってきたことも思い出さずにいられない。

遙か上流での出来事ではあるが、激しい流れがカヌーを次々転覆させ、二人が命を落としたのはちょうど十年前の二〇一〇年八月二十一日。この年、旭川カヌー倶楽部《くらぶ》は創部四十周年を記念して、石狩川の源流から河口まで約二六八キロを漕ぎ継ぐ「石狩川カヌー駅伝」を企画していた。その日は倶楽部の七人がそれぞれ一人乗りのカヌーを操って旭川のさらに上流の層雲《そううん》峡《きょう》を下っていたが、七艇のうち四艇までが相次ぎ転覆し、会長と事務局長が還らぬ人となった。

石狩川は「川の民」だったアイヌにも牙《きば》をむいた。僕にいくつもの伝承を語り聞かせてくれた杉村京子さんの父親コキサンクルも犠牲となった一人だ。それは一九三五年の八月五日。コキサンクルは旭川近郊の神居古潭《かむいこたん》で、道路工事に使う石を舟で運ぶ作業に従事していた。だが、この日、石狩川は雨で増水していて、難所の岩礁地帯に差し掛かった時、いつも目印にしていた三角形の岩が水中に没していた。「もう少し左だぞ」という叫び声とともに、乗っていた三人は激流に投げ出され、コキサンクルは渦にのみ込まれた。京子さんは九歳にして、大好きだった一家の大黒柱を失ったのだった。

兄や姉は独立し、旭川を離れていた。だが、京子さんと妹のフサさんはまだ幼かった。女手《おんなで》一つで二人の娘を育て上げることを余儀なくされた母親のキナラブックは、土木工事や線路工事、畑仕事に追われ、自身が受け継いでいた口承も刺繍《ししゅう》などの手仕事も、娘たちに満足に伝えることができずに歳月が過ぎた。それでも、寄る年波とともに余裕ができると、娘たちもまた伝承に目覚め、バトンの受け渡しが間に合ったのだ。キナラブックは天寿を全《まっと》うし、一九七三年九月に八十四歳で世を去った。

旭川カヌー倶楽部の事故、杉村コキサンクルの水死が脳裏をよぎり、石狩川本流に漕ぎ出すには、正直、怖さが先立った。

最下流を河口まで漕いだ経験のある知人に相談すると、三人が三人とも「石狩川や天塩川といった大河の河口は海と思った方がいい。カヌーで行けば波や風で沈《ちん》（転覆《てんぷく》）する危険が大きいし、向かい風が強ければ進むこともできない。どうしても挑戦したいというならシーカヤックで行くべきだ」と口を揃えた。そのうち一人は「石狩川の河口から日本海の沖に二〇〇メートルも一気に押し出されて、戻れなくなった人を救助したこともあるよ」と警告を発した。石狩川の最下流がいかに侮り難いか、耳にするうち、さけクンに「やめた方がいいのではないか」との迷いが出始めた。故郷《ふるさと》東北の海でシーカヤックを漕いだ経験はあっても、忠告されたような状況を乗り切る自信はないと言う。僕は「君がやめるのも選択の一つだし、それもまた勇気ある決断だ」と伝えた。結局、さけクンは、ややスピードは落ちるものの、シーカヤックより遙かに浮力も安定性も高いシットオン・カヤックをトドさんから借りて参加することになった。トドさんも、同じく熟練の仲間二人を誘って同行してくれることになり、安心感が増した。

転覆、また転覆

いよいよ明日決行、という前日、僕が乗る一人艇シーカヤックを車に積んで支笏湖《しこつこ》のポロピナイでさけクンと合流し、二人で練習することにした。

午前中、鏡のようだった湖面は、昼を過ぎると斜め向かいからの風で波立ち始めた。長いブランクがあったさけクンが勘を取り戻したのを見て、僕は「今度は俺が再乗艇の練習をするから」と交替した。特に単独行で転覆した場合は、裏返った艇をその場で自力でひっくり返し、再び乗り込むことができないと、水に浸かりながら海面を漂い続けることになる。それは最悪、命の危険に身をさらすことになりかねない。今回はベテラン三人も交えて一人艇五艇で行くから、「独力で再乗艇」という事態は考えにくいが、車での下見で石狩川下流には河川敷がないことが分かったから、どうしても川を流されながらの再乗艇になる。乗り込み方を経験しておくに越したことはないと考えたのだ。

ここ数日、ビデオを見て、手順は頭に叩き込んであった。見ていて、自分に出来ない難易度ではないだろうとも思った。

さけクンにレスキューロープを渡し、岸から七メートルぐらいの近距離で僕は思いきって艇を倒した。一等最初にやらないといけないのは、乗り込み口を覆っているカバーを艇から外すことだ。カバーはスプレースカートと呼ばれ、その名の通り、あらかじめはいてから乗り込んで、乗り込み口の外周にきっちりはめ込み、腰から下を密閉する。そうすると、漕いでいるさなかにザブンと大波をかぶっても艇の中に水が入ることはないのだ。ふだんは安全を確保するための知恵だが、いざ転覆してしまうと、かえって艇との密着があだとなる。これを外さないことには、ひっくり返った艇と一体のまま水中に逆立ちする格好になるからだ。絶対に想像したくない状況だ。

頭に叩き込んでいた通り、ごぼごぼっと水に潜った直後、僕は『まずは』とスプレースカートを外した。が、緊張のせいか、水を飲んでしまい、湖面に顔が出た瞬間、咳《せ》き込み、息が一瞬できなくなった。ライフジャケットの下に着ているドライスーツは水が入らないのはいいけれど、浮力が強いために艇を両足で抱き込む姿勢になり、これでは次の作業に移れない。『落ち着くんだ!』と自分を戒め、ビデオで見たように首まわりのゴムを少し引っ張って空気を抜く。艇をビート板に見立ててのバタ足のように、両足を腹を見せる艇の外側に持って行って、えいっと艇をひっくり返して元に戻す。よし、うまくいった！　次は、非常用の浮き（フロート）を艇から外してパドルの片側に付け、もう片方を艇のベルトに直角に差し込み、乗り込むための安定を確保する。上空から見れば艇とパドルはまるで一本足のアメンボ。そして人間はアメンボにしがみつくアリである。

『よし、ここまではセオリー通りだ！』。いよいよ乗艇。腹ばいになって斜め前から艇を覆うように乗っかり、片足を反対側まで持って行ってバランスを取る。両足が乗り込み口に入ればしめた物だ。体を反転させて乗っていた時の姿勢を回復する。想像していた以上に体力を使い、心臓がばくばくいっているが、何とかそこまでできた。水を備え付けの手動ポンプで排出し、スプレースカートを張り直し、『できたじゃないか』と思って、舳先をぐいっと岸に向けようと漕ぎ出した瞬間、その強引さがたたってか、艇は再び傾き、あっという間に転覆した。自分では感じていなかったが、きっと平常心をやや欠いていたのだろう。再び同じ手順を正確に踏んで乗艇に成功する。心臓は先ほどよりさらに速く打っている。へとへとなので、今度は水抜きで手を抜いたのが、命取りになった。漕ぎ始めた途端、艇は前回よりも、もっとあっさりとひっくり返った。

どういう思考回路を経たのか、とっさに『三度目の再乗艇で体力を使い果たすより、艇を引っ張って岸まで泳いだ方がましだ』と決断した。左手を艇のロープに掛けて引っ張りながら、バタ足と右手のひとかき、ひとかきでわずか数メートル先の岸を目指す。だが、湖岸との距離は縮まらない。風と波のせいだ。全力でバタ足をしているのに、岸とほぼ平行に流されていく。だが、流される先に栈橋《さんばし》が張り出していた。『あそこの杭に手が掛かれば、あとは何とかなる』と、希望がわいてくる。栈橋で釣りをしている人たちから「大丈夫ですか」と声が掛かるが、「いや、練習しているんです」と答えて、手足を激しく動かしたが、伸ばした右手は栈橋の突端まで五〇センチというところを空しく通り過ぎ、僕の体はさらに奥へと持って行かれた。『俺はバカか』。こんな状況になっても、妙なプライドで「練習してるんです」と強がる自分に怒りがこみ上げた。その時だった。「大丈夫ですか。引っ張ってあげましょうか」と、見知らぬカヤッカーから声が掛かった。「お願いします！　再乗艇の練習でわざとひっくり返ったらこのざまです……」。

僕はこの日、大事なことをいくつも学んだ。岸から数メートルのところであっても、戻れないことがある。再乗艇はできないことはない、けれどその都度、体力は相当奪われる。実戦に使いたいなら、もっと練習を積まなくては無理だ。だが、練習は人気《ひとけ》のないところでは絶対にしてはならない。再乗艇の時は手を抜かないで水をきちんと出し、一度、深呼吸をしてから慎重に出発しなくてはならない。自分では落ち着いていると思っていても、実は転覆しただけで

幕末期の丸木舟（西蝦夷図巻「坤」。北海道大学附属図書館蔵）

相当動揺しているものなのだ。

諸々《もろもろ》のことを勘案すれば、基本、転覆してはならない。転覆しない保障はもちろんないが、最大限の努力を払って、転覆は何としても避ける必要がある——これは体で学んだ教訓だった。それにしても、暴風雨や潮流逆巻《さかま》くアリューシャンの海を、構造的にはこのカヤックとほぼ変わらない小艇で自在に移動しながら命をつないできたアリュートの人々は、どれほどの技量と勇気、胆力、そして体力を備えていたのだろう。大海原で「もう体力が限界だから、再乗艇は無理だ」と諦めれば、助かる見込みはないのだ。あるいは同じ一艇の丸木舟で、激しく曲がりくねった支流の最上流から海に近い本流の河口まで行き来していたかつてのアイヌの人たちは、どれほどの状況適応能力を持っていたのだろうか。

そういえばだ。万一の時は頼む——と、レスキューロープを渡していたさけクンはこの間《かん》、何をしていたのか。いや、自分から「助けて！」と叫ばない限り、あるいは、助ける側がよほど勘の働く人でない限り、転んでも転んでも起きようとする人を「あんなに練習好きな人なんだ」と見過ごしてしまうものなのだ。だから、もう一つ言えば、不安を覚えたらプライドなどさっさと捨てて、一刻も早く「助けて！」と叫ぶべきである。

日本海、ああ日本海

翌日は午前八時過ぎに千歳川の河口を出発した。すぐに石狩川本流に入る。前日の天気予報は午前中、南東の風三～四メートルで曇り。八月初旬とはいえ、正午の予想気温は二五・三度。それほど強くはない追い風なので、絶好のコンディションなはずだった。だが、川面は波立ち、何キロか進んで鎮まったかと思うと、その数キロ先では四メートルどころではない風が吹いて、顔がこわばるほどの波とうねりに囚われたりと、聞いていた通り海の様相だ。いやらしいのは、風も波も複雑で、しかも変化が激しいことだ。

大河は一般に中央部が風の通り道になり、危険が増すから、なるべく岸寄りを進み、できれば横断《トラバース》はしたくない。千歳川は左岸から合流することになるが、ゴールが右岸ということもあり、僕たちは状況がいいうちに右岸へと横断した。だが、次第に左手の真横から風を受け、川面も荒れてきたので、風上側になる左岸へと再び横断する。だが、そのトラバースはあまり意味がなかった。風も波も、状況はほとんど変わらない。しかもゴールを考えると、どこかでまた横断しないといけない。

波とうねりがあり、まるで海を行くような石狩川最下流

『ここでか？』と思う場所で、リーダー格のトドさんが再び「右岸に渡るよ」とみなに声を掛けた。川幅はざっと五〇〇メートルはある。風をもろに受けながら艇の腹を波にさらすことになり、左右の足裏でやや左、今度は右と微妙にかじを取りながら、できるだけ波に強い体勢を保つ。両腕は漕ぐピッチを速めて推進力を増す。気持ちをぴーんと張りながら、何とか渡り切った。

石狩川河口のゴールまであと六キロという地点で川は大きく左に曲がり、最後の橋、石狩河口橋が目に入った。『ここもまた難関だ』と、すぐに気づいた。右岸に沿って行こうにも、湾曲が深いのでどうしても川を横断するようなルートを取ることになるのだ。『これはほとんどトラバースじゃないか』と再び緊張が走り、体が硬くなるのが分かる。一〇キロ地点の豊平川の流れ込みで休憩したあと、ずっと漕ぎ続けているうえに、沈《ちん》（転覆）した時の浮力を考えてライフジャケットの下にドライスーツを着ているから、汗がスーツの中で気持ちが悪いほどしたたり落ちている。予想気温は二五度だったが、二八度ぐらいはありそうだ。暑さや動きにくさによる負荷はあっても、万一、沈した場合のエネルギーの消耗の方を重く見て、僕はあえてドライスーツを着る選択をした。転覆し、悪条件が重なってずっと流され続けることを想定すると、浮力と体温の維持こそ最優先すべきだというのが僕がたどり着いた結論だった。

緊張も手伝って、喉はからからだ。硬い座席でずっと同じ姿勢を取ってきたので背中も痛い。だが、「昨日《きのう》」を思い出す。ここで漕ぐ手を休めて水筒に手を伸ばしたり、姿勢を変えようとしてバランスを崩したらおしまいだ。我慢だ、我慢だ。ずっと念仏のように『我慢だ、我慢だ』と心の中で繰り返し、足はラダー（舵）を右だ、左だと細かく動かし、手はパドルを引いては抜き、差しては引きして、横風を伴ったうねりをやり過ごしていく。艇にぶつかるザワザワザワという波音に時折、ザブーンといううねりが混じる。艇は横から後ろからあおられ、右へ左へと揺さぶられる。

白波が立つ大きな湾曲を乗り切って、最後の石狩河口橋に向けて漕ぎ進んで来る５艇（石狩河口橋から足立聡撮影）

　スタートから二二キロ。石狩河口橋を過ぎると、今度はさっきまでの闘いがうそのように風と波が治まった。べた凪《なぎ》だ。安堵するが、進みはぐっと遅くなる。事前の調べで満潮は午後一時過ぎ。ちょうど

幕末期の石狩川河口と運上屋。『西蝦夷唐太道中記』（1932年の写し）**より**（北海道大学附属図書館蔵）

今がその時刻だ。ただ、潮位は四〇センチとなっていたし、日本海から潮が逆流してきている感じはない。あるいは暖かい昼間、海から陸に向かって吹く海風《かいふう》と南東の風が打ち消し合って、無風かわずかに向かい風になっているのかもしれない。それにしても、残すはあと四キロほどというのになかなか終点に着かない。実際の河口までは六キロほどあるが、幕末以降、二キロほど河口の砂州《さす》が発達した[6]ので、今日は二キロ手前の幕末期の河口辺りで上陸する予定だ。

午後一時一〇分、ようやくのゴール。出発から五時間が経っていた。立ち上がろうにも足が踏ん張れず、立った後もしばしふらついたが、達成感はこれまで以上に強い。この瞬間を、どれほどの時間と労をかけて待ちわびてきたことか。そうだった。太平洋に流れ込む勇払川に最初のパドルを入れたのは二カ月余り前だった。日を置きながらも挑戦を続け、計約八〇キロを漕いで、反対側の日本海に到達した。左手には小樽《おたる》の海岸、奥に積丹半島。右手には厚田《あつた》、浜益方面の海岸や増毛山《ましけさん》地《ち》がかすんで見える。何よりここは、英雄叙事詩「クトゥネシリカ」で、少年ポイヤウンペが黄金のラッコを奪い去った伝説の地である。感慨は時間の感覚を溶かし、「ポイヤウンペはあそこからここに来たのか」と、しみじみ思えてくる。

だが、この五時間を振り返ると、「絶好のコンディションでこれだ」という現実感も押し寄せてくる。その昔は、千歳川の河口に着いて「さあ、これから石狩河口を目指すぞ」という段になって、「この状況では無理かも」と思わせられる悪条件がけっこう普通にあったのではないか。天候がすぐには好転しそうもないとなれば、代替ルートを考えなくてはならない。

だからこそ、宗谷、樺太方面に北上するのならば、千歳川との合流点から一二キロ下手で石狩川に注ぎ込む当別川を遡行し、浜益川の上流から浜益の海岸に下る奥の手があり、石狩川上手の徳富川や、もっと大回りで難所の雄冬岬を回避して留萌《るもい》と接する増毛町阿分《あふん》に出るヌプシャ越えもあったのだ。(7) ヌプシャ越えは、千歳川との合流点から、石狩川を今の流路では四五キロほどさかのぼって支流の

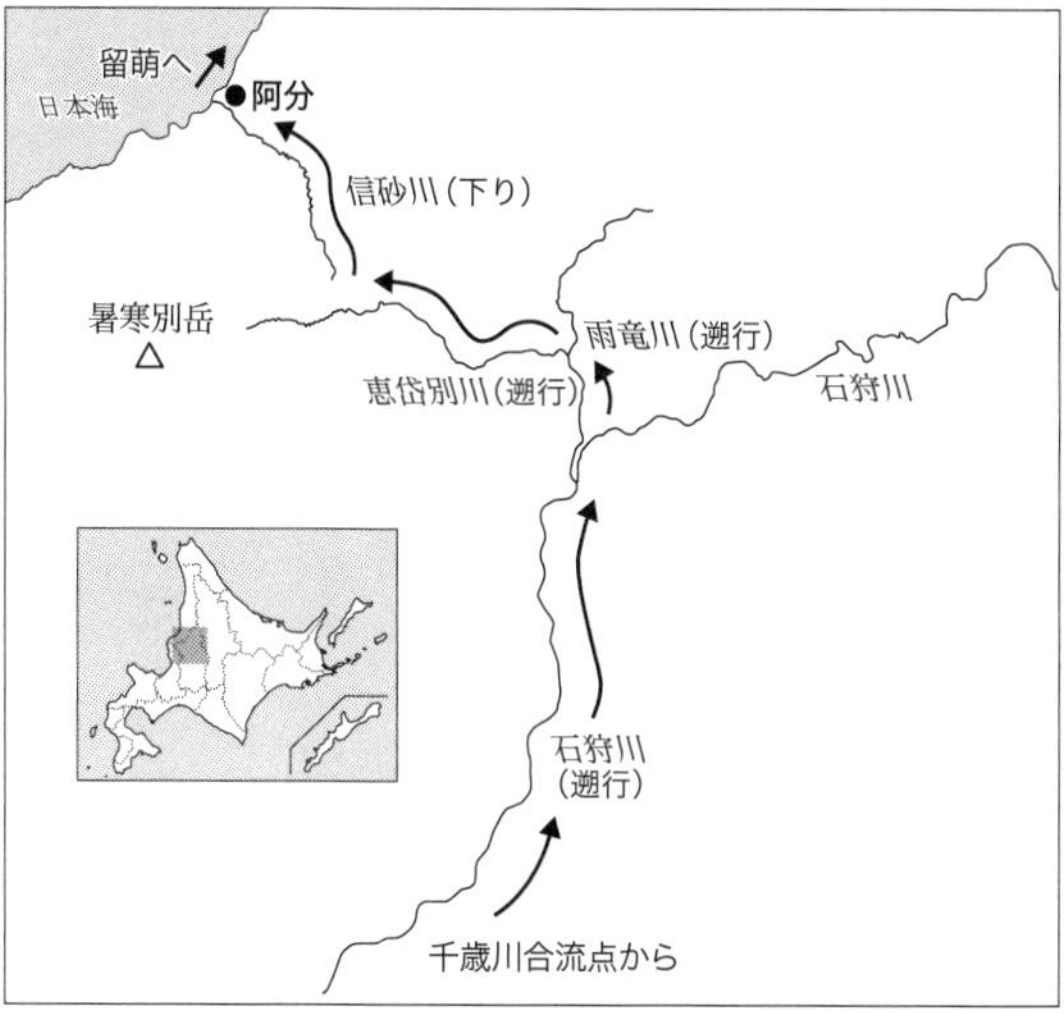

阿分・留萌に抜ける場合のヌプシャ越え

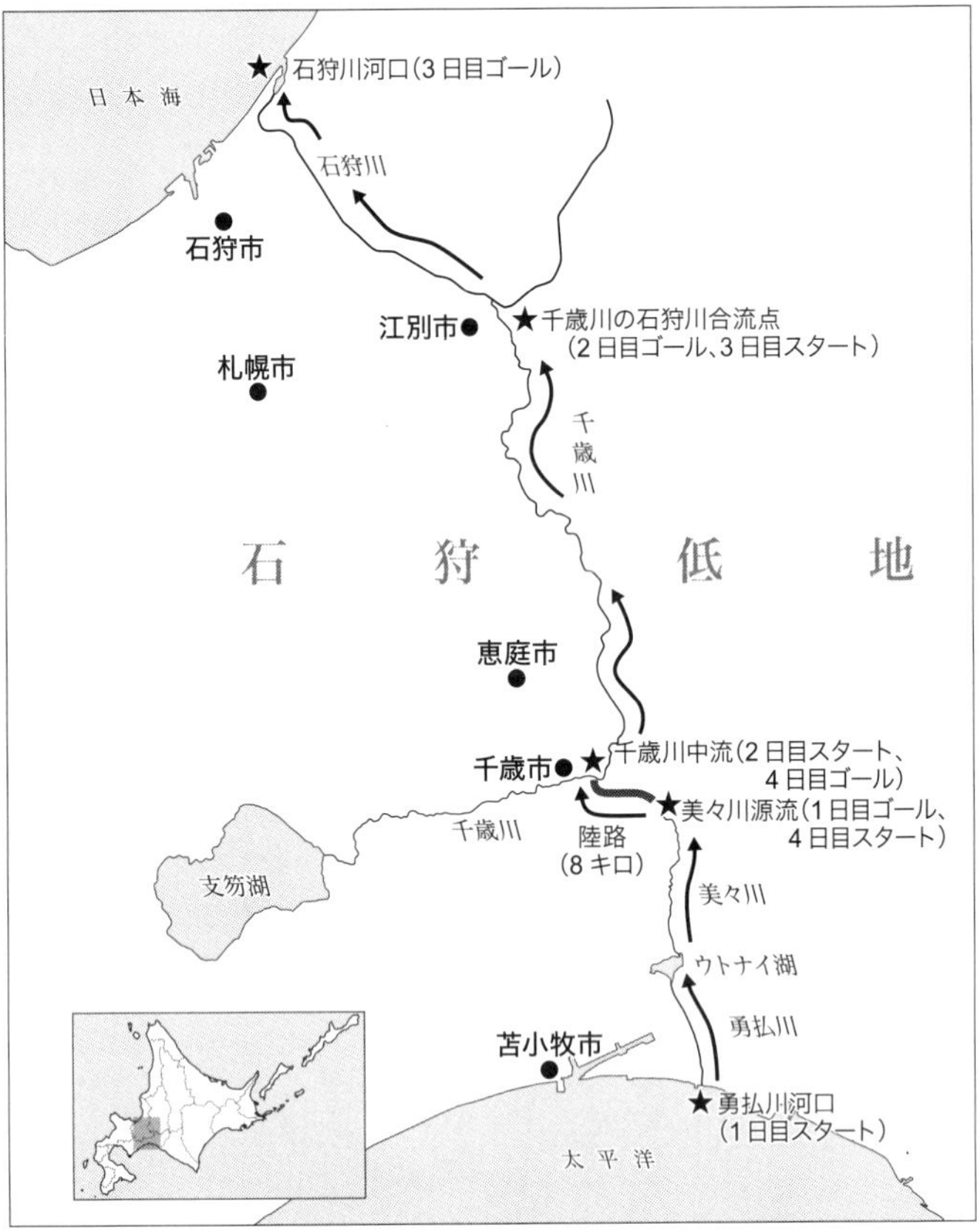

カヌーで漕ぎ通した石狩低地（かつての川の道）

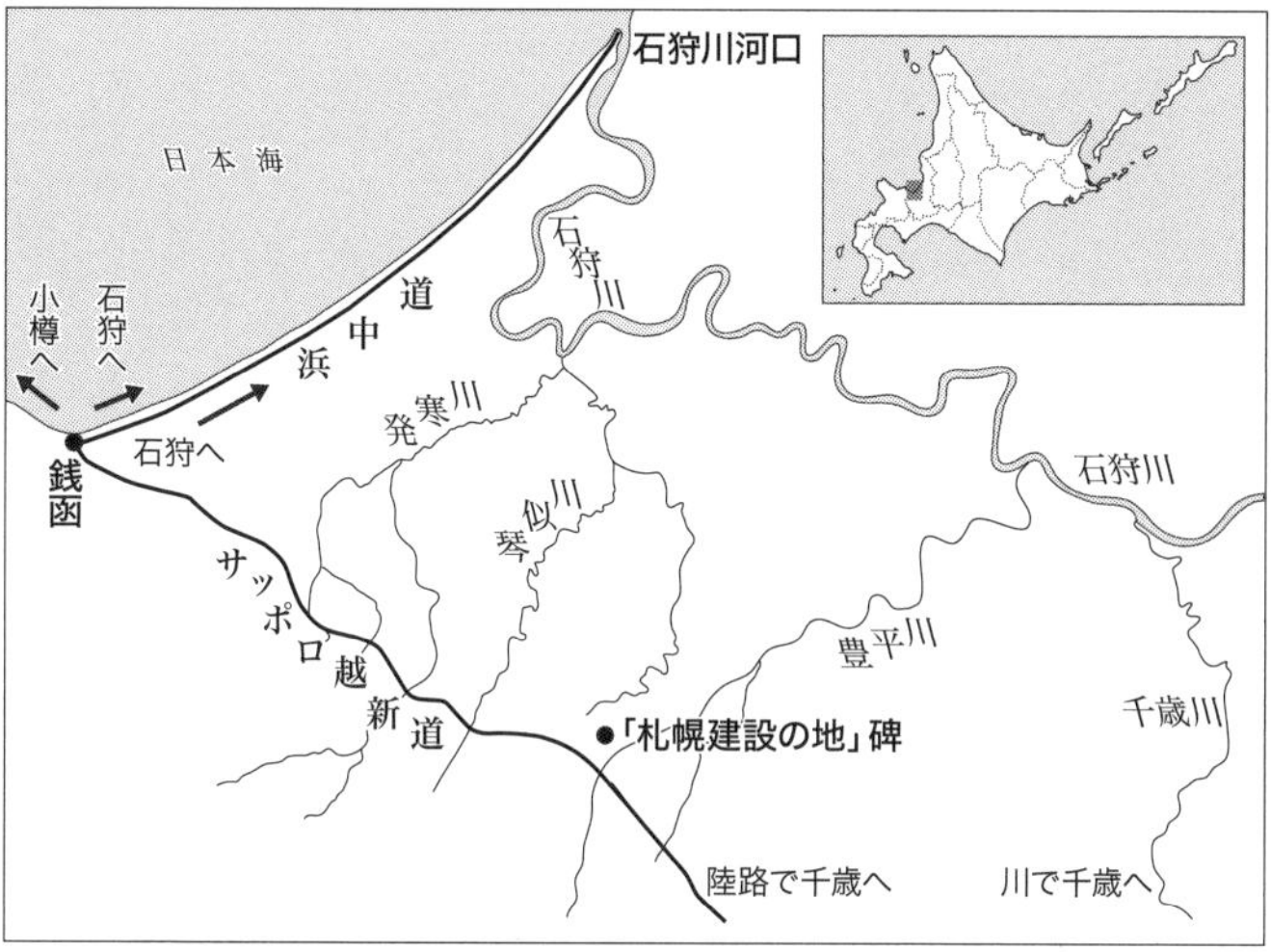

幕末期、札幌周辺の川と陸路（『新札幌市史第1巻』を基に作成）

雨竜《うりゅう》川に入り、さらにその支流の恵岱別《えたいべつ》川を遡行し、途中から信砂《のぶしゃ》川源流に渡って日本海へと下る道のりである。一八〇九年、宗谷に駐屯していた津軽藩兵がこの道を増毛側から雨竜にたどり、先述のように千歳川をさかのぼって帰郷しているほか、松浦武四郎も一八五六年に通っている。

反対に銭函、小樽方面に出たいのなら、千歳川河口から四キロ下手、世田豊平川《せたとよひらがわ》と名を変えた旧豊平川（サッポロ川）との合流点から遡行する手があったし、もっと下流の伏籠《ふしこ》川から発寒《はっさむ》川（上流部は現・琴似発寒川）か琴似《ことに》川水系に入り、原野だった今の札幌市街地を舟で横断することもできたであろう。千歳—銭函間のサッポロ越新道は、これらの川と交差していたから、途中から陸路に切り替えて銭函や石狩へ向かう選択肢があったと思われる。

　太平洋から日本海へ。僕たちのプロジェクトは、分水点をまたぐ陸路八キロは最後に埋めることにしたものの、「川の道」はすべて漕ぎ通した。だが、僕にはもう一カ所、行かないといけないところがあると、この川旅ではっきりしてきた。それは、陸路のサッポロ越新道が幕末に貫通し、近代の短期間の間に原野から東京以北、最大の都市へと変貌を遂げた札幌の「発祥」を記した場所だった。札幌は、曾祖父が明治期に石川県から札幌軟石の石工、のちに石材店の経営者として根を下ろし、アイヌの信仰にのっとった「山之神《やまのかみ》　熊之神《くまのかみ》」の石碑(8)を南区に残したまちであり、僕自身の生まれ故郷でもある。

原野に築かれた二百万都市「札幌」

　大通《おおどおり》公園のシンボル、さっぽろテレビ塔から歩いて二分。南北方向に真っ直ぐ流れる人工河川「創成川《そうせいがわ》」の遊歩道に「札幌建設の地」の碑はあった。

　明治二（一八六九）年十一月半ば、北海道の道都建設の任を負った開拓判官《はんがん》、島義勇《しまよしたけ》は、小樽の銭函にいったん置いた開拓使仮庁舎（仮役所）から札幌入りし、西部の円山《まるやま》付近から扇状地を見下ろして「ここはいつか五洲《ごしゅう》第一の都（世界に冠たる都市）となろう」と、期待を込めた。

三十代半ばの血気盛んな時分、箱館奉行堀利煕と蝦夷地・樺太巡察をともにした島はこの時、四十八歳になっていた。その島が造成した地に立つのがこの碑で、現在の南一条東一丁目に当たる。

当時の札幌は茅原や湿地が広がり、幾筋もの川の両側に原始の森が繁る原野というべきさまである。人跡と言えば、いくつかのコタン（アイヌ集落）や元村など四村約百戸の和人入植地、サッポロ越新道が豊平川と交差する渡船の渡し守《もり》ぐらいである。そこに島の読み通り、二百万人が暮らす一大都市が築かれた。だが、この「約束された地」を、誰がいかなる理由で「道都」に選定したのか――。

箱館（函館）は国際港であったが、北海道の南端に位置し、対ロシアなど北方防備の観点からは道都にふさわしくない。明治政府には道都は石狩周辺に置くべきとの大方針がまずあった。幕府の御雇《おやとい》も含めて六回の蝦夷地探査を行った松浦武四郎は、その石狩の中でも「札縨《さっぽろ》（札幌）・樋平《といひら》（豊平）」に目を付けて、その地の利を京の都になぞらえ、「この札縨に大府（道都）を置けば、石狩は大坂（大阪）のように繁栄し、対雁《ついしかり》（江別市）は

島義勇

円山山頂から望む200万都市・札幌の朝焼け

伏見《ふしみ》のような土地となり、札縨は帝京のような尊い所となる。そうすると勇払海岸は北陸道・山陰道のような地位となり、高島（小樽）は兵庫・神戸の両港に比すべき地となる」と推していた。まさに道都にふさわしい地の利を武四郎は札幌に見いだしていたのである。

札幌入りを目前にした島が、銭函から東京詰め開拓判官の武四郎らに宛てた書状に「札幌四方広漠たる平原にして地勢最も絶渺《ぜつびょう》。誠に松浦君御意見のごとく蝦夷地の内、ここ（札幌）を除き、また外に之を求むべき場所絶えてこれなきと存じ候[9]」と感謝を込めて書き送っていることから、先の武四郎の大府構想が、島の構想に反映されたであろうことが推し量れる。

では、武四郎本人は、全くの独断で札幌を推したのであろうか。『西蝦夷日誌』にその経緯が明かされている。現代語で要約すると「（半世紀も前に北海道を探検した）近藤重蔵《じゅうぞう》は、ツイシカリが大府にふさわしいと提案しているが、自分は洪水氾濫《はんらん》の危険があるから適地とは思わない。上サッポロコタンの重鎮モニオマとツイシカリの長《おさ》ルピヤンケ（ルヒヤンケ）にも再三審《ただ》したが、大府を置くべきは札縨・樋平であろう。箱館奉行にもそう伝えおいた[10]」。つまり、「大府

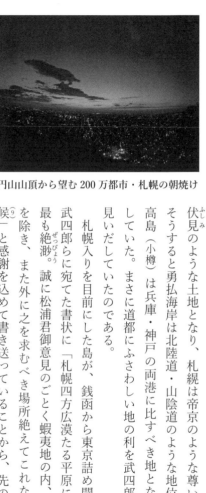

は札幌・豊平に」の発想は、武四郎がひとりで思いついたわけではなく、在地の二人の有力アイヌの進言を元に練り上げたということなのだ。

武四郎、島義勇をアイヌの長老に引き合わせる

殊に上サッポロコタンで小使《こづかい》という重職にあったモニオマに対して、武四郎がその芸術家気質ばかりでなく、人柄にも惹《ひ》かれていたことが、自身の筆になる『近世蝦夷人物誌（アイヌ人物誌）』の記述から分かる。

石狩場所内の札幌で小使役を勤めるモニオマは今年〔安政五年、一八五八年〕三十七歳となり、クスリモンという妻がいたのだが、これは番人に奪われて、今では七十余歳のイメクシモという老母と叔母との三人暮らしである。
彼は生まれつき彫物《ほりもの》を好み、いつも、匙《さじ》、手拭《てぬぐい》掛け、小刀の鞘《さや》、膳《ぜん》、椀、菓子器、印《いん》籠《ろう》など、さまざまの器物を彫り、また、短刀の鞘に唐草《からくさ》や稲妻《いなずま》などの模様などを彫ると常に人々を驚嘆させるのであった。また、舶来の品物を出してそれを真似させると、これまた一段の腕前で、その巧みさは筆舌の及ぶところではない。

人から彫物を注文されても、気分が乗らなければ三カ月でも五カ月でも、刀を手にしないが、気分が乗ってくると昼夜の別もなしに彫りつづける。そして自分が気に入ればこれを贈るが、気に入らぬときは頼んだ人の目の前でこれを打ち砕いてしまう。

その誇り高い気性は、昔の飛騨の匠《たくみ》たちの左甚五郎《ひだりじんごろう》、運慶、湛慶《たんけい》などの名工もこうであったかと思わせるものがある。

私は、昨巳《み》の年（安政四年、一八五七）に一つの彫物を依頼し、できあがったので、年月と彼の名前を墨で記して、これを彫りつけるよう頼んだところ、しばらくこれを眺めてから刀をとり彫りあげた。みれば運筆の遅速をぴたりと写し、みみずがのたくったような筆跡とは大違いである。一文字も知らぬ無筆でありながら、これほど巧みに彫るのであるから、これに驚嘆せぬ者はない。

彼は酒好きで、ときたま、自分が彫った品を持ってそっとやってきては酒をねだるが、これもまた愛すべきことであった。

（『アイヌ人物誌』）

彫り物をするモニオマ（『近世蝦夷人物誌』松浦武四郎画。松浦武四郎記念館蔵）

モニオマに限らず、妻や娘を支配人や番人に奪われ、妾《めかけ》（現地妻）にされるということがこの頃、日常的に行われており、それがアイヌ人口の減少とコタン衰退の一因をなしていた。上サッポロコタンは人別帳にこそ二十軒、七十九人の記載があったものの、実際はモニオマの一軒だけになり、そのモニオマも石狩運上屋の細工小屋で米十六升（二四キロ）から二十四升（三六キロ）の年間報酬で使役されていた。しかも、妻が番人に取られたことで、乳児だった子どもは餓死してしまう。(11) 武四郎はそうした番人の横暴に憤りを覚えつつ、知己《ちき》との交友を大事にし、木彫りの品を注文して暮らしを助けていたのである。

実は、武四郎は一八五七（安政四）年、この愛すべき人物を玉蟲左太夫、島義勇の両人に引き合わせてもいる。だから、モニオマが道都に推した札幌に鍬《くわ》を入れた島にとってもモニオマは知らない人物ではなかったのである。

島の紀行日記『入北記』のその日前後の部分（「雲の部」）は行方知れずになっているが、玉蟲の同名の紀行日記『入北記』には、石狩滞在中の閏五月二十六日に「島団右衛門（義勇）同道、松浦竹四郎旅宿へ参リ同人案内蝦夷（アイヌ）ノ細工并《ならび》雇小屋等一見シタリ（島義勇とともに松浦武四郎が泊まっている宿に行き、武四郎の案内でアイヌの細工小屋や雇われている者たちの小屋を見てきた）」とあり、その時、会った人物の一人に「サツホロ小使モニヲマと申者《もうす》」が挙げられている。

この年、武四郎は堀奉行の巡察とは別行動で独自に探査を進めていたが、島、玉蟲の両人とはすでに箱館で会っており、玉蟲の書きぶりからは二人の方から武四郎を訪ねて行ったようである。玉蟲は、モニオマの家族構成から番人藤吉に妻を奪われたことまで『入北記』に書き留めているから、二人は武四郎を介して、それなりの時間をかけて話を聞いたはずである。

武四郎としては、箱館で最初に会った時に「なかなかの人物だ。将来の日本を背負う人材かもしれない」と見込んだ二人に、アイヌの生の声を聞かせ、蝦夷地の実情をより深く理解してもらおうという意図があったに違いない。それは武四郎が「鎮台《ちんだい》（堀奉行）が召し連れている人々は皆、文武に心を用いる人ばかりである」[12]と高く評価していることからも想像がつく。

巡察の初期でもあり、その時、直接耳にしたモニオマの境遇は、二人にとって衝撃的だったに違いない。加えて、武四郎が二人をモニオマと引き合わせた直後、アイヌが和人たちからどのような扱いを受けているのかを知らしめる事件が起きる。堀奉行は、労をねぎらい漁撈の合間の耕作を促す意味で、アイヌの長たち十三人を石狩に集めて鍬を一丁ずつ贈り、暮らしが貧窮しているモニオマら五人には米を一俵（八升＝一二キロ）ずつ与えた。玉蟲らも優れた彫り物師であることをたたえてモニオマに焼酎を一本進呈したのだが、鍬は場所（漁場）支配人の円吉に、焼酎は通訳の与三右衛門に時を置かず取り上げられてしまったのだ。[13]

この狼藉《ろうぜき》はほどなく堀奉行の耳に入り、堀は円吉と与三右衛門を呼び出して、おのおの返還させた。にもかかわらず、奉行が石狩を離れて次の巡察地に向かうと、円吉は再び鍬を取り上げて自分のものにしてしまう。

玉蟲は『入北記』に「〔アイヌの人々の〕その困難は、飲食衣服はもちろんのこと、毎日、支配人に禽獣《きんじゅう》を使うごとく取り扱われ、万苦を身に負っている。これを見て、誰が袖を湿らさないでいられようか」と、人間扱いされていないアイヌの境遇に涙が出たと書き留めている。悲惨な境遇を一緒に目にした島義勇も同じ思いに駆られたに違いないが、その一方で島の『入北記』に目を通すと、ともに宴を催して、アイヌが生き生きと踊り、歌うさまも描写しており、酷使されながらも活力を失わない先住の民の芯の強さにも目を向けていたことが知れる。

一事が万事、さすがに箱館奉行所も酷使の状況を放置できなくなり、まずは現地役人の更迭《こうてつ》に踏み切る。翌年は、石狩の場所請負人、阿部屋村山伝次郎を罷免《ひめん》し、直捌《じかさばき》（直営）に切り替えた。ただ、各種事業で商人の財力、動員力を当てにしないわけにはいかず、実際のところ石狩での阿部屋頼みは続くことになった。クナシリ・メナシの戦いを境に飛騨屋は蝦夷地から手を引かされたが、道路開削が各地で構想される幕末期になると、各漁場を仕切る御用商人たちが工事の担い手として当てにされたうえに、ロシアへの対抗上、その経営力を北蝦夷地（樺太）に振り分ける必要も生じ、依存度はさらに高まったとさえ言えるかもしれない。

先住者を排除しないで造られた本府

そして明治二（一八六九）年十一月半ば、島義勇の札幌入りである。九州人の島義勇が再び北海道の土を踏み、道都建設の先頭に立つなどとは、本人も武四郎も十二年前の巡察時は思いもよらなかったはずである。厳寒、積雪期の土木事業は、鮭漁を終えた人手の確保が見込める利点はあったものの、当初から難航が予想された。

数百人もの職人、人足が動員されたが、前日、拓《ひら》いた土地にむしろをかぶせて置き、翌朝は積もった雪を取り除いてから作業に取りかかるといった大変な手間をかけざるを得ない[14]。石狩・小樽を管轄する兵部省《ひょうぶしょう》との競合や輸送船の沈没で米は底を尽き、夜は空《す》きっ腹に犬を抱いて暖を取りながら雑魚寝《ざこね》するという過酷な飯場《はんば》生活を余儀なくされた。

島は十二月五日、部下の十文字《じゅうもんじ》龍助《りょうすけ》に「防寒薬の唐辛子を恵んでほしい」と手紙で依頼している[15]。当時、体を温めるために、唐辛子を足袋《たび》や足巻きに入れる用法があった。文面には「今日は烈敷《はげしき》風雪」とあり、切迫感が読み取れる。

島が道都建設に着手した先は、千歳からサッポロ越新道をたどって来ると、まだ橋がなかった豊平川を渡し舟で渡ってすぐのところに位置する。東西方向に走るサッポロ越新道が、南北方向の軸となる人工河川大友堀《おおともぼり》（のちの創成川）と交差する地点であり、そこを本府と定めたことに違和感はない。ただ、不思議な縁というべきか、モニオマがいた上サッポロコタン（集落）は、実はこの交点と、目と鼻の先の位置にあったのである。現在の住所でいうと北二条東一丁目付近[16]で、徒歩で五分ほどの近さである。当時はそこに胆振川が流れており、鮭ものぼって来ていたと思われる。

島義勇の官宅と推定されている一番小屋（左上）。**現在の北２条西１丁目辺り**（「石狩国札幌本通ヨリ西ヲ望ム図其2」田本研造撮影、北海道大学附属図書館蔵）

不思議と言えば不思議だが、移動や生業《なりわい》の基本を川に置くアイヌと、陸路を念頭にまちづくりを進める和人が、それでも同じ場所を適地と見定めたのである。

もう一つ、見逃せないことがある。モニオマのコタンは、どうも島が三カ月ほどのうちに造成した本府の中に取り込まれてあったようなのだ。開拓使営繕掛《えいぜんがかり》手代《てだい》の高見沢権之丞《たかみざわごんのじょう》が描き残した明治三年の本府見取図を今の地図に落としてみると、東西がおよそ西一丁目〜東一丁目の約三〇〇メートル、南北が南一条〜北六条の約一・一キロの四角形で、南北の真ん中辺りの東端に二軒のアイヌの家が描かれている。位置は、上サッポロコタンがあったと推測された北二条東一丁目辺り

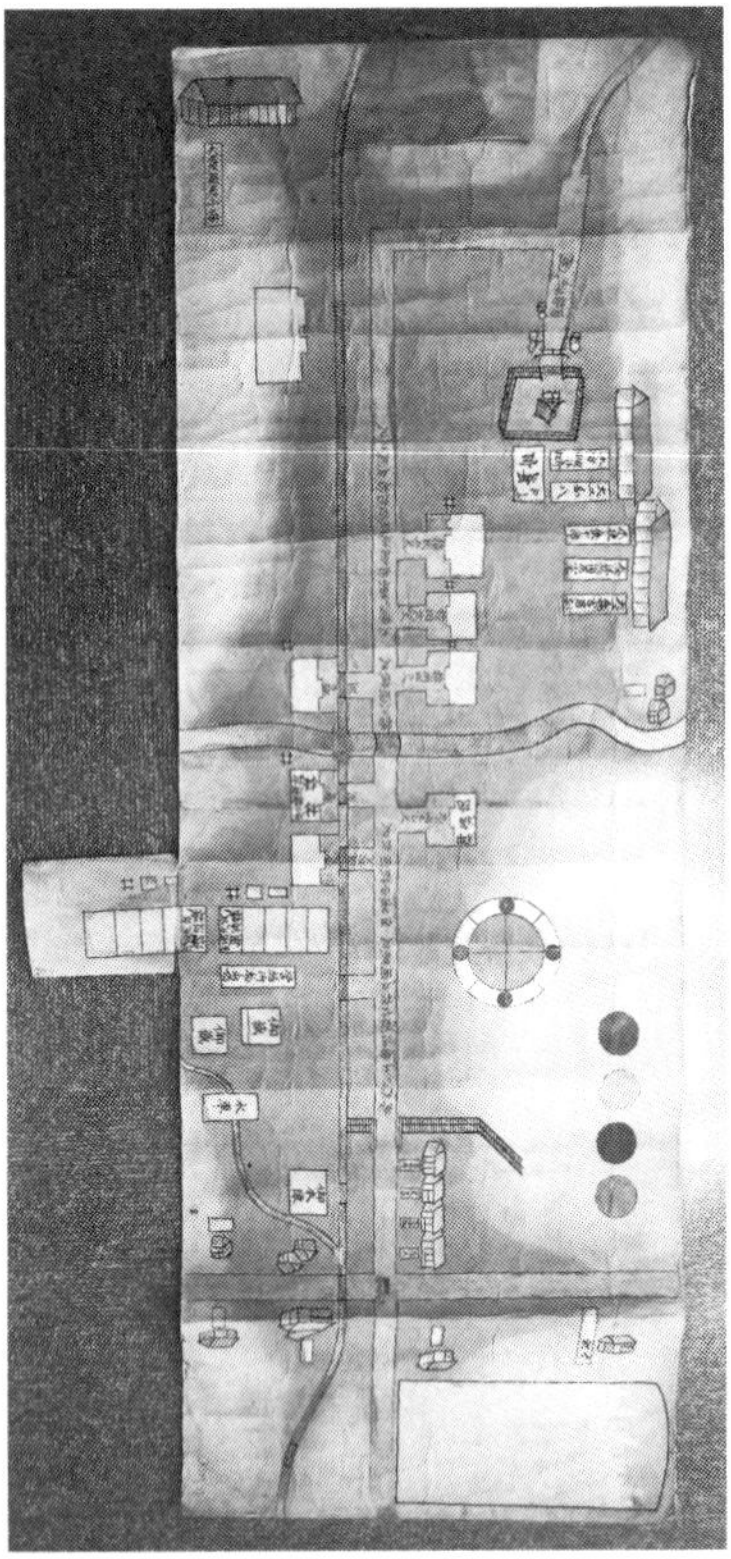

高見沢権之丞が描いた明治３年の札幌本府見取図（上が北の方角。札幌市公文書館蔵）

と重なり合う。

モニオマは一八六五年の人別帳から名前が消えており、妻を番人に奪われ、子どもを餓死させてしまい、同居していた叔母らも病気や飢えで亡くして、その前後からしきりに念じていた「出奔《しゅっぽん》（よそへの逃亡）」を実行に移したのかもしれない[17]。明治二年から三年にかけての島判官の道都建設時、モニオマ本人はコタンにいなかったとみられるものの、当時の和人住民が「明治三年の秋まで七十歳ぐらいのアイヌの老人が暮らしていた[18]」と証言していることから、まだそこに暮らしていたアイヌはいたことが知れる。

このことは何を意味するのか。意識的にそうしたのか、本府構想の敷地内にあったからそのまま入ってしまったのかは明確でないものの、開拓判官として札幌建設の先頭に立った島義勇は、本府からアイヌを排除することも、アイヌの家を撤去することもしなかったということである。よりポジティブな言葉を用いれば、「共存の姿勢」がそこにあったと言っていいかもしれない。島がアイヌの人たちを本府建設に参加させていることも、その見方を裏打ちする。記録には、ツイシカリコタンの長ルヒヤンケの息子で、札幌中心部のフシコタンに移って集落を統率していたイコリキナ（和名・古川伊吾）の名前がある[19]。

1872年（明治5年）のアイヌ集落（ライムント・シュティルフリート撮影、Weltmuseum Wien所蔵）

となると、こうも言えるだろう。道都の選定においてまず、在地のアイヌ有力者への相談があり、その相手がモニオマでありルヒヤンケであった。幕末期、六回にわたって蝦夷地を巡った武四郎の心の内にあった「人心を離反させては統治は成り立たない。北海道の将来像を描くためには先住民の知恵も必要だ」という認識は、堀奉行に随行して蝦夷地・樺太を四カ月にわたって巡察した島にも同じく芽生え、かつ武四郎からも植え付けられていたのではなかったか。

札幌建設に着手後、わずか三カ月でその任を解かれ、東京に召喚された島は、明治天皇の侍従《じじゅう》時代、札幌から上京してきたサクシコトニコタンの長、琴似又市《ことにまたいち》を東京で温かく迎え、宮城《きゅうじょう》にまで招き入れている。日本語に通じていた又市は開拓使の内陸調査の先導役を務めるなど、本来、入植する和人にとっても欠くことのできない人材であった。だが、何よりアイヌを分け隔てしない島の基本姿勢が、又市を宮城に招き入れた逸話から読み取れる。

札幌建設がコタンを消滅させた

島が、モニオマのいた上サッポロコタンを取り込む形で本府を建設した結果、コタンは期せずして札幌のど真ん中に位置することになった。だが、島が去った後の札幌ではアイヌ集落が消滅へと向かった。それは上サッポロコタンだけでない。ルヒヤンケやイコリキナが暮らしていたフシココタン、琴似又市が統率していたサクシコトニコタン、そしてハッサムコタンと、明治初期、現在の札幌中心部にあった四つのコタンのいずれもが、一八八〇年代のうちに姿を消した。(20)

サクシコトニコタンは、残っていれば今の北大キャンパス内の農学部付近、ハッサムコタンは琴似発寒川や琴似川水系にも近いＪＲ琴似駅と発寒中央駅の間ぐらいにあり、明治初期の移住者が「鮭が河に多数上り来るゆえ、カギにて容易に捕らえ得たり[21]」と証言したほど鮭に恵まれていた。自然の恵みを糧にアイヌの人々は集落を形成し、暮らしていたということだ。だが、都市造成の荒波に追いやられると同時に、開拓使が一八七八（明治十一）年に支流河川での鮭鱒漁を禁止したことで、従前の暮らしは成り立たなくなった。それが、離散を加速したとみられる。

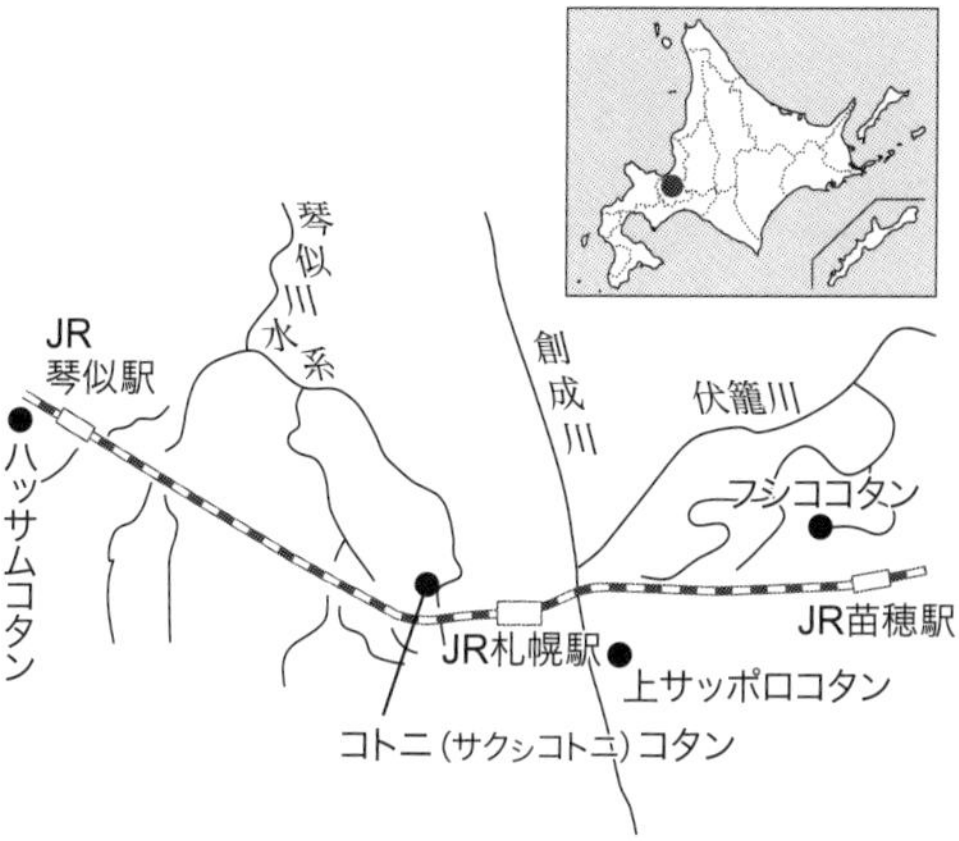

明治初期まで札幌中心部にあったアイヌ集落

　そもそも、開拓使のアイヌに対する姿勢が、わずか十年で様変わりしていた。松浦武四郎も、島の解任と相前後して開拓使を去っている。名称を変えただけで、開拓使が場所請負制度を存続させたことへの抗議を、辞表ににじませた。

　打って変わって一八七六（明治九）年、手始めにアイヌの伝統的な川鮭漁法を禁止していく過程では、「全体の得失を考慮すれば少数者が被る影響は無視して構わない」「アイヌには代わりに農業をさせればよいではないか[22]」といった見解が在京の開拓長官、黒田清隆《きよたか》の下《もと》で実権を握っていた開拓使東京出張所から平然と発せられ、苛烈な政策がごり押しされた。実情をより身近なところで知る札幌の開拓使本庁は抵抗したが、押し返すほどの力は持っていなかった。

こうした経過を知ると、もしも島義勇が開拓使に居続け、札幌の現場で指揮を執っていれば、明治期のアイヌ政策は全く違ったものになっていたと思わずにいられない。そうなるとどうしても、『なにゆえに島は解任されたのか』という疑念に取り憑《つ》かれる。

島の解任はかねて「更迭」とも表現されてきた。理由は札幌の建設に独断で多額の資金を使い果たし、島を抜擢《ばってき》した初代開拓長官鍋島直正《なべしまなおまさ》（元佐賀藩主）の後任、東久世通禧《ひがしくぜみちとみ》ににらまれたからだと説明されてきた。ところが、近年、東久世長官にも資金不足の認識があったことを示す新史料が見つかったことで、この筋書きには根拠がないことが分かり、むしろアイヌを酷使してきた場所請負制度の廃止にこだわる島に、存続をもくろむ商人たちが横やりを入れた結果であった可能性が濃くなった。ここでも御用商人の影がちらついているのだ。だとすれば、なおさら、島がもしも解任を免れたとしたら、どのような政策でアイヌとの共存を図ったか、見てみたかった思いが募ってくる。

商人たちのやり口は、まさに狡猾だった。場所請負制度は明治二年九月、「廃止」とされたが、請負商人の反発を受け、岩村通俊《みちとし》判官とともに当時、函館出張所（函館本府）で指揮を執っていた東久世長官は「漁場持《ぎょばもち》と名前を変えて、制度は当面存続させる」と手打ちをした。商人たちにとって、残る「敵」は、あくまで妥協を拒んで小樽駐在中に制度廃止を宣言していた島義勇に絞られる。明治三年の年明け、「蝦夷全島百姓一同」を名乗った商人たちは、開拓使を飛び越えて、刑部卿《ぎょうぶきょう》（今でいえば法務大臣）の嵯峨実愛《さがさねなる》に「我々は島義勇から財産没収同然のことをされた」[23]と直接、訴え出た。「開拓長官様は当分、漁場持の名で従前通りとしてくれたのに、小樽で島判官様から運上家をはじめ番屋、漁具、支配人番人に至るまで〈開拓使が〉引き上げると仰せつけられた」と、名指しで島を糾弾したのである。

この間の経緯に詳しい札幌市公文書館の榎本洋介さんによると、実際のところ、島は商人たちの資材を没収したわけではなく、漁業資金の名目で金銭補償している。だが、商人たちは、自分たちに都合の悪い部分は伏せて、さも島が商人の私財にまで手を突っ込んで強引に制度の廃止を進めているかのように訴えた。

島にとっては、搾取・酷使の悪弊《あくへい》を取り除くという狙いもさることながら、札幌で本府建設に従事する職人・人足の当座の食糧を確保しなくてはならないという現実への対応と使命感もあり、窮余《きゅうよ》の策として請負人を開拓使の役人にして、彼らが漁場労働のために備蓄していた食料・必需品を吐き出させるという手に打って出たという側面もある。

札幌建設の支出に「独断専行があった」と咎《とが》められたならば島は降格させられるはずだが、

実際には東京で、大学（今の文部科学省）の別当（大臣）、大監に次ぐ「少監」に一階級昇格している。あくまで推測混じりのシナリオだが、「商人の訴えは政府からすると筋違いだが、開拓使を飛び越えて政府中枢に直接、嘆願がなされてしまった以上、開拓使の長官か次官か、判官か、誰かに責任を取らせなくては収まりがつかない。それで、廃止の急先鋒だった島にお鉢が回った。とはいえ、処分すれば商人たちに理があるということになり、一階級上げて処遇することで島に泣いてもらったのではないか」ということだろう。

持続的経営の視点を欠いた松前藩

こうした経過を見ていくと、松前藩が森林伐採や漁場経営を請け負わせた御用商人の旧弊、悪弊が、幕末を越えて明治の初期まで延々と及んでいたことが分かる。クナシリ・メナシの戦いのあと、松前藩は北方防備の強化とともに、アイヌに対する手当を厚くする改善策を打ち出し「従来商人に任せっきりであった東西蝦夷地の末端地区は藩の直支配《じか》として、夷人（アイヌ）に対する介抱《かいほう》専一を旨とする」[24]と幕府に誓ったが、それはその場を取り繕《つくろ》っただけで、「藩直営」なはずのキイタップ場所と国後場所の実務さえも別の御用商人に握らせて始末をつけていた。

とすると、和人、アイヌ双方に多くの犠牲者を出したクナシリ・メナシの戦いも、教訓をほとんど何も残さなかったようにみえてくる。

戦い後の松前藩の対応が、そもそも実に巧妙だった。アイヌの蜂起を知った幕府は、「裏でロシアが手引きしているやも知れぬ」との恐れを抱き、青島（青嶋）俊蔵（普請役見習）、笠原五太夫（御小人目付《おこびとめつけ》）、最上徳内《もがみとくない》の三人を隠密《おんみつ》調査に送り出した。青島俊蔵は先の老中《ろうじゅう》、田沼意次《たぬまおきつぐ》の時代、御普請役として徳内とともに二度にわたる蝦夷地調査を経験しており、事情通《じじょうつう》として白《しら》羽《は》の矢が立ったのである。ところが、北海道に渡った俊蔵はいつの間にか松前藩の重鎮に取り込まれ、藩が幕府に報告書を上げるに当たってのアドバイザー役まで務めるようになっていた。

自分たちに火の粉が降りかからないよう、全責任を飛騨屋に押しつけたい松前藩にとって、一つ、やっかいな「不都合な真実」があった。アイヌが立ち上がったのは飛騨屋の経営の苛烈さが根本にあるものの、直接の引き金を引いたのは、松前藩から目付に相当する役職でクナシリ島に派遣された竹田勘平が与えた酒を島の有力者サンキチが飲んで死んだことにあったからである(25)。

かねがね飛騨屋の番人や支配人から「働かないと毒を盛って殺すぞ」「釜ゆでにして殺すぞ」と脅されながら労働に駆り立てられていた人たちのことである。自分たちの指導者が死ぬのを間近で見せつけられて動揺し、「これは本当に毒を盛られて殺されたにちがいない」と思い込むのも自然の成り行きだった。もちろんその酒が直接の死因だったか、さらには本当に毒が入っていたのかどうかは検証のしようがない。当の竹田勘平も殺されてしまったのだ。一つだけ言えるのは、使役されていたアイヌがみな、「毒を盛られて殺された」と信じて疑わないような一触即発の空気がクナシリ・メナシ両地方に醸成されていたということである。

だが、こうした一連の経過を幕府に忠実に報告すれば、「松前藩にも落ち度、責任があるのではないか」との印象を与えるにちがいない。だから、報告書は用心にも用心を重ねて上奏《じょうそう》する必要がある。その結果、松前藩が幕府向けの報告の下準備として書いたとして今日《こんにち》に伝わる「蝦夷騒擾《そうじょう》一件取計始末覚」は「勘平が与えた酒でサンキチが死亡したという風聞は事実ではないことを、文章を変えたり、あるいは新たに付け加えたりしてまで強調(26)」する形になった。

だが、さすが頭脳明晰《めいせき》で聞こえていただけあって、時の老中松平定信《まつだいらさだのぶ》は、どこかにうそが混じっている匂いをかぎ取った。取り調べの先頭に立っていた勘定奉行に対し、「青島俊蔵の報告を疑ってかかれ。松前藩も飛騨屋もきつく審問しろ」と命じ、ついには俊蔵自身が取り調べの場に引き出されることになる。

「青島俊蔵は内実は蝦夷地騒動の始末取り調べではあったが、表向きは俵物《たわらもの》御用として遣わされ、それに差添《さしぞ》えとして遣わされた御小人目付は町人姿に身を替えていたのでこれは至って隠密の任務とわきまえていましたけれども、松前表で松前家来に蝦夷地の取締まりにつき助言してやったことは、以前の見分《けんぶん》の折、松前の遊女屋で遊んだことも折々あり、藩の家来どもはどう思っているであろうかと気にかけていたところ、再び彼の地へ参ったので任務の障《さわ》りともなろうと不安でいましたところ、意外に心を打ち明け、こんどの騒動についての御届その他その後のはからい方まで、気づいた点は何でも話してくれてほしいと、家老の松前左膳、近習《きんじゅ》頭《がしら》高橋又左衛門が、たびたび宿へ来て頼みますので、隠密として差し遣わされた御用本来の立場を忘れた段、恐れ入りますと白状いたしました(27)」

かいつまんで言えば、俊蔵の自白は「先の田沼時代の調査の折、松前の遊女屋に通っていたことが藩に知られていたことから、それを申し立てられるかもしれないと気にかけていたところ、藩の家老らはむしろ自分に心を許してくれたので、頼みのままに助言をしてしまった」ということだ。調書の内容をそのまま受け取れば、俊蔵の行動は、幕府にとっては任務を怠ったどころか、裏切りにほかならず、松前藩との内通罪は免れなかった。遠島を申しつけられた俊蔵は食を断ち、痩せさらばえてそのまま獄中で生涯を終えた。

「俊蔵は藩の内実を糺《ただ》す役割を仰せつかっていたのであって、隠密ではなかった。だから、藩の重鎮と通じることに問題はない。入牢は、先の老中田沼意次の追い落としと残党の排除に汲々としていた定信による、意次の『子分』、俊蔵への憎悪の結果である」との見方もある(28)。その見解の妥当性が判断できるほどの知識を僕は持ち合わせていないが、松前藩が、先の調査の際に俊蔵が犯した「遊女屋通い」という失態につけ込み、籠絡《ろうらく》、手中にしたのだとすれば、藩の家老らは、幕府のさらに上手《うわて》を行っていたと言わねばならない。俊蔵への厳罰は見ての通りで、飛騨屋も早々に松前藩から請け負いを剥奪《はくだつ》される重い処分を受けている。だが、松前藩が幕府から下された処分は、家老ら重鎮三人の押込《おしこめ》(自宅謹慎)三十日だけだった。

となると、一連の経過でより重要視すべきは、俊蔵の追及に重きが置かれたがゆえに、松前藩そのものをどう処分し、正すか、ひいては蝦夷地の将来をどうしていくかの議論が幕府の中、特に老中松平定信の頭の中で深まらなかった点であろう。不正の追及にはかくも鋭敏でありながら、定信は、こと蝦夷地の「今後」になると「拓けばかえってロシアに付け入る隙を与えかねない、アイヌに恩恵を施して慕わせるのも、のちにいかなる弊害を生むかと思う(29)」などとして、外国との天然の緩衝帯、壁として放置するのがよかろうとの考えだった。これでは対アイヌ政策も変わりようがない。

松前藩の側に視点を移すと、統治や財政運営はこれほどずさんだったにもかかわらず、幕府への工作や自藩の延命策においては辣腕《らつわん》を発揮しているようにみえて仕方がない。徳川三百年を端的に言えば、家康から当初認められたのはアイヌとの交易権だったにもかかわらず、いつしか蝦夷地支配に乗り出し、商人に委ねて上がりを懐に入れる経営方法を確立した。それでいて水産資源、林産資源に対しても、人的資源に対しても、安定かつ持続的に運用する視点をほとんど持たなかったのが、この藩の本質であった。全国諸藩の中でも稲作、畑作という農業基盤を持たない特異な経営が、いつしか資源収奪型の最《さい》たるものに特化していった。その結果、シャクシャインの戦いの後も、クナシリ・メナシの戦いの後も、教訓などまるでなかったかのような状況が継続し、幕府直轄になる幕末期、新政府に引き継がれた明治初期に至るまで尾を引いたのだ。

捕獲が禁止されたうえに、鮭が来なくなった

島義勇が本府建設で小規模ながら実現したように、明治という新時代はもしかしたら、そういう収奪型の蝦夷地経営から転換する画期になれるかもしれなかった。だが、現代でもかろうじてたどることができる「川の道」を漕ぎ継ぎ、さらに道都が建設された札幌の起点に立つと、「近世から近代への移行」もまた、別な形の収奪、つまりは内国化したうえでの植民地化にほかならなかったのではないかという思いが募ってくる。

海の道、川の道から陸の路へ。その転換と歩調を合わせて道都の建設、北海道の開発が始まった。石狩川の下流域は明治に入ってからも水運が大動脈の役割を果たしたものの、大局的に見れば、陸路への転換が北海道全体で進められていく。アイヌ・和人を問わない川での鮭漁禁止とともに、交通路としての役割も終了させられた川は、田畑を潤すための用水に割かれてゆき、

川で伝統漁具を使って鮭を獲るアイヌ。西川北洋筆「明治初期アイヌ風俗図巻」（函館市中央図書館蔵）

洪水時に遊水池の役割を果たしていた周辺の湿地も干拓されて農地になっていった。

時代が進むと、ほとんどの川はダムやえん堤で寸断され、直線化され、コンクリートで護岸され、人の行き来どころか、海から母なる川に戻ってきた鮭や鱒が産卵床までたどり着けないないほどに改変されていく。同時に、食用の鮭鱒を海で獲りつつ、網を逃れた親魚を人工増殖のために川の下流部で獲り尽くす「一〇〇％鮭鱒増殖志向」が、水産業の立場から河川を必要なくした。

例えば、石狩川はかつて、総面積六万ヘクタールを超える湿地や河跡湖《かせきこ》を擁していたが、六〇〇〇万立法メートルとも試算される膨大な客土によって、その九九パーセントは失われ、高さ一五メートルを超えるものに限っても支流を含め八十八基のダムが造られた[30]。石狩川の主たる鮭の産卵先はかつて、千歳（千歳川上流域）と札幌の扇状地、そして河口から一六〇キロ上流の上川盆地《かみかわぼんち》（旭川）で、明治初期、上川アイヌには年間九万匹もの恵みがあった[31]。ところが、明治以降、一〇万匹を超えていたであろう上川盆地への遡上数が年を追うごとに減り、鮭がギリギリ越せる一・二メートルを上回る頭首工《とうしゅこう》（農業用水用の取水堰）が旭川の三〇キロ下手の深《ふか》川《がわ》市《し》に造られた一九六四年以降は、ついに一匹も上がって来なくなった。

最近になってようやく、川を自力でさかのぼって自然産卵する野生の鮭が、将来の安定的、持続的な回帰に重要だとの認識が高まり、川の環境を復元しようとする動きが出てきた。深川の堰にも二〇〇三年に魚道が設けられ、旭川市街地に鮭の姿が戻ってくる。それでも今日まで年間二百匹前後と、往時と比較すれば「遡上できるようになった」と口にするのもはばかれるような数である。一度、破壊された生命の循環は、簡単には回復しないということなのだ。

アイヌにとって、川は人間や魚だけの道ではなく、神さまもまた川を通じて海から下流へ、さらに下流から上流へと行き来しているのだと考えてきた。地域によってチェプコロカムイ、チェパッテカムイなどと呼ばれる「魚を司《つかさど》り、鮭などを地上に下ろしてくれる神さま」について釧路地方鶴《つる》居《い》村《むら》の伝承者、八《や》重《え》九郎《くろう》さん（一八九五―一九七八）がこんなふうに語っている。

「チェパッテカムイは釧路川にもおるし、石狩川にもおることになってるの。〔釧路川では〕釧路から上さ上って屈斜路湖《くっしゃろこ》さ行って、一カ月も二カ月もしてまた戻る。上りしなに寄って休んでいくのが今の塘路湖《とうろこ》。カムイ岬っていうとこあるでしょ、あるんだ。塘路でね。そのカムイ岬っていうとこでペカンペ祭するヌサ（祭壇）あるんだ。お宮参りするんだ。そしてそこで、

神さまが休息を取ったとされる塘路湖

塘路の沼で、何日も休んで、それから、屈斜路湖まで上って行って、屈斜路湖で、何日も何日も、一カ月も二カ月もちゅうか、ずいぶん長いあいだ遊んでいて、それから戻るんだ。……ユカッテカムイ（鹿を司る神）は天にいるんだわ。それでチェパッテカムイは海にいるの[32]」

釧路の海と釧路川を行き来していた神さまは、いまも川のどこかでくつろぎ、遊べているだろうか。石狩川にもいたはずの神さまはどうなったのだろう。いまも、川のどこかに安息の場所を見つけられているだろうか——。僕が立っているこの札幌中心部だって、石狩川の支流が貫いているわけだから、神さまが訪れていてもおかしくない場所だ。

アイヌの自然観に依拠すれば、川を分断する行為は言語道断《ごんごどうだん》で、そもそも発想にない。自然観の違いというものが、その土地の「現在《いま》」「未来」にどれほど大きく影響するか、こうしてみるとものすごくよく分かる。

僕は「札幌建設の地」の碑を後にした。向かった先は、数百メートルほど真北の、上サッポロコタンがあった辺りだ。今はビルに囲まれ、当時の面影は全くといってない。かろうじてと言えなくもないのが、りっぱな河川公園に造り替えられた創成川の「お堀」だ。この辺りにかつて胆振川が流れ、アイヌの集落があったこと、コタンに暮らしていたモニオマが「道都は札幌に」と提言した一人であったこと。それらを知るよすがとなる碑も説明板も、ここには見当たらない。

モニオマの残像とともに、陸路への転換を演出した箱館奉行堀利煕、その巡察に同行した玉蟲左太夫、島義勇、それぞれの悲運の最期も思い出された。堀は一八六〇（万延元）年、プロイセン王国（のちのドイツ帝国）の使節オイレンブルクとの条約交渉中、自らの意志で切腹し、命を断った。蝦夷地巡察からわずか三年後である。自刃の理由は定かではないが、交渉を巡って、したたかで高圧的なオイレンブルクと、老中、安藤信正《のぶまさ》の板挟みに遭っていた。戊辰戦争で負けた責任を負わされた玉蟲の最期は前述の通りだが、牢前で腹を切らされたのは、島が札幌に赴任するわずか半年前の明治二（一八六九）年の春である。三人の中で一番最後まで生きたのは島義勇だった。だが、それでも一八七四（明治七）年までである。郷里で不平士族が蜂起した「佐賀の役《えき》」の首謀者として江藤新平とともに斬首《ざんしゅ》される。時代の大きな変わり目は、マイナス側に働くエネルギーもまた大きかったのだ。

第四章

奪われることのなかった「心の中の聖域」

――羆《ひぐま》吼《ほ》ゆる山と熊戻《くまもどり》渓《けい》谷《こく》――

［章扉］**春先、冬眠穴にこもっていた熊に矢を射かけるアイヌ**（平沢屏山「アイヌ狩猟の図」、市立函館博物館蔵）

島義勇の眼前で熊に扮した若者

クナシリ・メナシの戦いの跡地をたどるに際して、標津《しべつ》アイヌ協会の小川悠治会長から「クナシリ・メナシの戦いのあとは、言葉も文化も根こそぎ奪われ、儀式さえもこの地域には残らなかった」と聞いた時には衝撃を受けた。二〇〇九年に、毎年の慰霊を始めた際にも、伝統儀式の段取り一切が残されておらず、苦労したと言う。

だが、島義勇の蝦夷地巡察日記「入北記」をあらためて読み直すと、彼が標津町と別海町《べっかいちょう》にまたがる野付《のつけ》半島のノツケ番屋で一夜を過ごした一八五七（安政四）年八月十五日、官府から土地のアイヌたちに酒が振る舞われたところ、彼らが浜辺で一晩中、火を焚き、歌い踊ったことが書かれてある。(1) この時、若者の一人が熊の仕草をまねて這《は》い回るのを皆、弓で矢を射かけるまねをするさまが眼前に繰り広げられた。これは子熊を一定期間、飼ったあと、神々の世界にその霊を送り返す「熊の霊送り儀礼」が、いまだメナシ地方に息づいていた証拠であろう。そう考えると、本当に儀式までが途絶えてしまったのは明治以降かもしれないと思えてくる。

現実に、明治以降、文化はどこまで継承され、何が断絶したのか。神《カムイ》さまと崇《あが》める熊とのかかわりは果たして断たれたのか。そんなこんなをイメージできる場所はどこかに残されてある

幕末期の猿留山道（西蝦夷図巻「坤」サルル峠。北海道大学附属図書館蔵）

のか——。浮かび上がった疑問の答えを探るため、僕は北海道中南部に当たる日高地方に向かった。

熊と対決したその地へ

根っこが付いたまま横倒しになった倒木が、行く手に現れた。日高山脈の南の端に江戸時代の痕跡を残す猿留《さるる》山道《さんどう》（二九・五キロ、日高地方えりも町）だ。同じ日高地方の様似《さまに》山道《さんどう》（七キロ、様似町）とともに、幕府の命で二百二十年ほど前に開削された内陸の迂回路で、地図づくりで有名な伊能忠敬《いのうただたか》や松浦武四郎も足跡を印している。

橋が架かっていないワラビタイ川をじゃぶじゃぶ渡り、はしごを伝って崖を這い上がり、尾根筋に出てさらに二キロほど歩くと豊似湖《とよにこ》が眼下に現れる。日高山脈は、一五キロも南に下れば襟裳《えりも》岬《みさき》から海に落ちるというのに、山は依然として深い。

「きのう読んだ話だと、ああいう倒木の向こう側で、潜んでいた熊に襲われたんだったよね。熟練の熊撃ちでさえ不意打ちを食らうわけだか

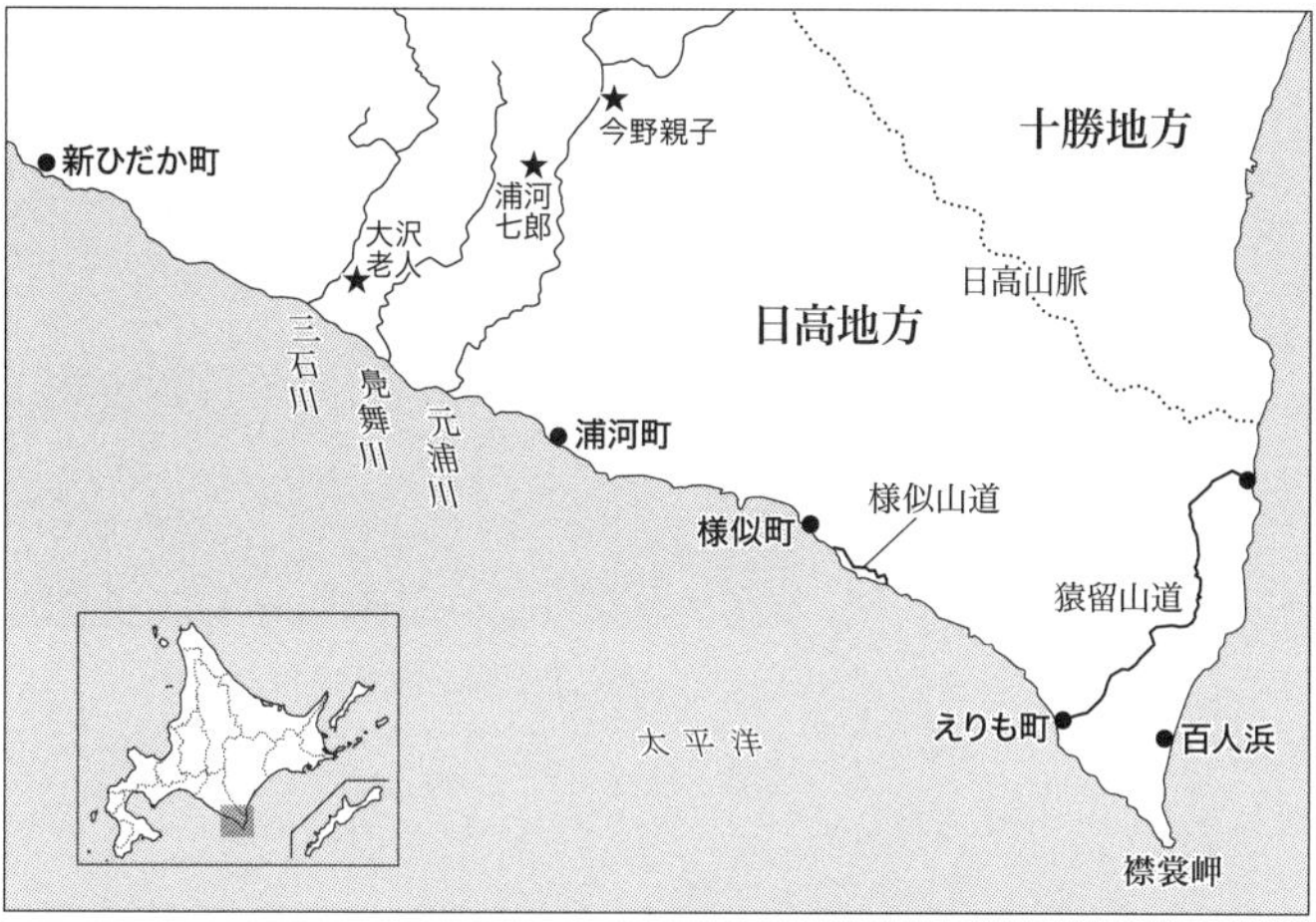

熊との対決があった場所（★印）（『羆吼ゆる山』の地図を基に作成）

ら、身を隠すことにかけて、熊の能力はすごいものがあるよね」

これまでのところ熊の気配も痕跡もない。が、目の前にあるような光景が、まさに昭和初期の猟師が、隠れていた熊に不覚を取ったその情景を想起させ、こんな言葉が僕の口を突いて出たのだ。三人で来たからやや心強いものの、僕たちが入山した目黒側の登山届を見た限り、山道に入る人は一カ月に一組程度だ。だから、僕たちはほぼ隔絶されているといっていい状況にある。歩いても歩いても誰一人、すれ違う者がいないのもうなづける。同行の二人も僕と同じものを感じ取った様子で、「確かに……」と、実感のこもった声が背後から聞こえた。

二人というのは、若いころからオレゴンやアラスカで釣りや原野行に親しんできたジェフ

森が深く熊が数多い日高の山

リー・ゲーマン北海道大学教授が一人。もう一人が、ここからそう遠くない浦河町《うらかわ》（日高地方）に住み、アイヌの熊撃ちとしても、木彫りの名人としても知られる浦川《うらかわ》太八《たはち》さんの元に出入りして山への入り方などを学んでいる貝澤零《かいざわれい》さんだ。自身のルーツでもある伝統文化を伝承しようと頑張っている若手である。

　きのうといえば、この地で狩猟に命を賭けてきたアイヌ、和人、双方の記録をつづった今野保《こんのたもつ》著『羆吼《ひぐまほ》ゆる山』ゆかりの地を巡ったあと、百人浜《ひゃくにんはま》（えりも町）のキャンプ場に宿営した。著者は一九一七（大正六）年生まれの和人だが、炭焼きの事務所に勤める狩猟好き、釣り好きの父親が、地元のアイヌ猟師とも親しくつきあっていたことから、自身もおのずと彼らと知り合い、失敗談も武勇伝も聞くことができたのだ。彼の青年期の記憶だから、描かれているのは「ざっと九十年ほど前、昭和初期の日高」である。

　僕たちが前の日、訪ねた場所の一つが、アイヌ猟師、浦河七郎、八郎の兄弟が暮らし、熊と死闘を繰り広げた鳧舞川《けりまいがわ》中流域の美野和《みのわ》（新ひだか町三石《みついし》、当時の地名は和寒別《わかんべつ》）だった。天気はあいにくの霧雨。たまたま外で農作物を仕分けしている年配女性がいたので尋ねてみると、「浦河」姓を名乗る家が確かに奥の方の沢にあったという。本に挿入された地図を手がかりに、「この先の山中《さんちゅう》だろう」というところで車を止め、書かれている逸話を読み上げた。雲が垂れ込め、もやにけぶる低山の山並みのその奥で、九十年ほど前、アイヌ猟師が命を張って熊と対決したのだ。その情景が、読み進むうちにくっきりと浮かび上がった。

腰刀でかろうじて応戦

その日、七郎は古い村田銃の三十番を背に、愛犬のテツ（牡《おす》四歳）を連れて、早朝六時頃、和寒別の小屋を発《た》って沢なりに赤心社《せきしんしゃ》の山へ足を踏み入れた。そこは、先日、歌笛《うたふえ》のハンターたちが手負《てお》い熊〔銃でけがを負わせながらも獲り逃がした熊〕を捜索した山よりもさらに奥の山であった。

（『羆吼ゆる山』）

七郎の熊撃ち経験は十年を超え、弟の八郎も同様に熟練で、二人で組んで狩猟に出るのが常だった。だが、その日、弟は前日から用があって出払っており、七郎は「山鳥《やまどり》（エゾライチョウ）でも撃ってこようか」と一人、山に入り、その歌笛地区のハンターたちが手負いにした熊に、知らず知らずのうちに近づいていたのだった。

七郎は、散弾を装填《そうてん》した銃を背に、その峰伝いに伸びる獣道《けものみち》をゆっくりと歩んでいった。……前方に、その獣道を横切るように一本の太いミズナラの木が根剥《ねむく》れのまま倒れているのが見えた。地表の浅いこの辺りでは、ところどころで目にする風倒木である。

七郎は幾度もこの辺一帯を歩いており、その風倒木も何回となく越えていた。その時も、いつものように風倒木によじ登り、いつものようにポンと向こう側に飛び降りたが、何かに足をすくわれたようになって蹈鞴《たたら》を踏み、前へのめった。咄嗟《とっさ》に体勢を立てなおそうとしたとき、ガウーッと叫ぶ熊の声が耳に入り、同時に肩のあたりを強く打たれ、振り向きざまに後ろへよろけて、そのまま尻もちをついてしまった。〝しまった〞と七郎が急いで立ち上がろうとしたときには、覆いかぶさってきた熊が、右の耳の上から頬までを噛《か》み裂いていた。

しょうことなく〔なす術《すべ》もなく〕七郎は、そのまま熊の腹にしがみつき、その顎《あご》の下に自分の頭を付けて両前足の腋《わき》の下に腕を回し、背中の毛をしっかりと握って体を熊の腹に密着させた。熊はガウーッ、ガウーッと吼えながら七郎を抱きかかえ、地面に強く押さえつけたまま立ち上がろうとはしなかった。そっと右手を離した七郎は、腰のあたりを探った。手に触れたのは、いつも腰に下げて持ち歩く刺刀《さすが》〔突き刺すのに使う腰刀《こしがたな》〕であった。

尻の下になってはいたが、幸いにも柄は体の外に出ており、それを握って引いてみると、スーッと抜けてきた。刃渡り三〇センチに近い刺刀に祈りをこめて、七郎は力一杯、熊の前足の近く、ここが心臓とおぼしきあたりへそれを突き刺し、グイグイと懸命に抉《えぐ》り上げた。

ガガァーッと怒りの声もすさまじく立ち上がった熊は、辺りをグルグルと暴れ回り、七郎を振り落とそうとして荒れ狂った。そして七郎を振り落とすや再び彼の頭を襲った。体をかわしはしたものの一瞬の遅れはいかんともしがたく、七郎はまたもや右半面に鉤《かぎ》爪の一撃を受け、目がかすみ、頭がガーンとなって体の力が抜けてゆき、ヘナヘナとその場に倒れゆく己《おの》れを意識した。薄れゆく視野に、走り寄ったテツが熊の鼻先に喰《く》らいついてゆく姿がおぼろに映った。

(『羆吼ゆる山』)

ここから話は弟の八郎に移る。昼過ぎに家に戻ったあと、愛犬のテツが体に血を付けて戻って来た。八郎はすぐさま「七郎が熊にやられたな」と察し、銃を手に、場所を案内するテツの後を追って走った。やがて太いミズナラの木が獣道を横切って倒れているところにたどりつくと、辺り一面、落ち葉が掻《か》き荒らされ、血に染まった落ち葉が点々と乱れ散っている。少し離れたところに、兄がうつぶせに倒れていた。銃を背負ったままの格好で倒れているので、後ろ

から不意をつかれたのは明白であった。八郎は応急措置を施し、兄を背負って病院に担ぎ込み、
翌朝、銃を手に前日の現場へと向かった。兄に大けがを負わせた熊を撃ち取るためである。

さっきまで風倒木の辺りで熊の臭《にお》いを辿《たど》っていたテツが急に駈《か》け寄って、八郎を追い抜きざまに左斜面へ下っていった。その先にはサビタの木がコクワの蔓《つる》にからまれたボサ藪があり、その手前でテツが激しく吠《ほ》え始めた。

……八郎は、藪を横目で見つつ、その上へ移動し、枯枝を拾ってボサの中へ投げ込み、耳をすまして様子を窺《うかが》った。ボサの下に回ったテツが、火がついたように吠え立てた。

八郎の耳にも、かすかに何かがうごめく気配が感じられた。熊が、これだけ多量の血を流しながらもまだ生きていることが確認されたのである。八郎はさらに太い枯枝をボサの中へ投げ込むと、立ち木の根方に寄ってボサ藪に銃口を向け、熊の出方を待った。

テツが藪の端に入り込むほどの勢いで猛然と吠えたてたとき、右手、反対側の斜面に大きな熊がよろめきながら出てきて、沢に向かって歩きだした。それを見て取ったテツが、熊を追って藪を突っ切り、走り寄って後ろ足に噛みついた。熊は低く唸《うな》り声を上げたが、振り返りながら後足を庇《かば》うかのように斜面に座り込んだ。その様子からして、熊の受けた傷は相当な深手であることが、八郎には一目で分かった。ゆっくりと銃を肩に付けた

八郎は、熊の左前足の付け根に狙点を定めた。そこは、七郎が刺刀で突いて抉り上げたところだ。傷口から内臓が垂れ下がっているのが見える。その傷口より少し上の、心臓部とおぼしき一点に狙いをつけた八郎は、静かに銃把《じゅうは》を握り、引き金をしぼっていった。

（『羆吼ゆる山』）

「手負い」は命を賭けてでも討ち取れ

こうして八郎はその熊を仕留め、七郎の傷は一カ月ほどで癒えたのだと、保は書いている。それにしても壮絶である。二度の攻撃をもろに受け、どう考えても分《ぶ》は熊の方にあった。が、七郎は熊に抱きつき、刺刀を急所に刺して形勢を逆転した――。

「秋田のマタギ（猟師）衆《しゅう》と少しだけ一緒に山に入ったことがあるんだけど、彼らは先の尖《とが》ったなたをやっぱり持ち歩くんだよね。ナガサって呼んでいた」と僕が話すと、貝澤雰さんが「（浦川）太八さんも、『山に入る時は必ず刺刀を持ってけ』と言っていますよ」と応える。以前は僕も鉈《なた》を下げていた時期があった。が、今は熊撃退用スプレー必携《ひっけい》で、時に友人たちが作ってくれたマキリ（小刀）のうち一本を腰に下げて山に入る。

銃、刺刀のほかに熊と闘う最後の手段として、往時のアイヌは片方の先は二股《ふたまた》で、もう片方

元浦川の中上流域。今野親子はこの流域で赤毛熊に追いついたが、アイヌの猟師に獲られた

の先を尖《とが》らせたエキムネクワ（山杖）をついて山に入った。熊が立ち上がり、覆い被さってくる時に、二股の方を地面に突き立てると、熊は自分の体重で尖った側に貫かれることになる。このエキムネクワは、雪山を尻滑りで降りる時、姿勢を保ちながらスピードをコントロールするためにも使い、僕は千歳の古老から滑り方だけは教わったことがある。

　前日は浦河七郎、八郎ゆかりの地のほか、熊撃ちの名人と称された和人、大沢老人が手負いにしてしまった熊を撃ち取ろうと再度、山に分け入って、隠れていた熊に逆襲されて命を落とした三石川の中下流域にも足を運んだ。この顛末《てんまつ》を、大沢老人の葬儀に参列した父親から教えられた保は「確実に斃せる距離でなければ、絶対に発砲するな。もし万が一、かりにも手負いの熊を出したとしたら、自分の命を賭けてでも、それを仕留めてしまうことに全力をそそげ」と戒められたことを記している。

　その後、一九三五年ごろのことだ。十八歳になった保青年は、並外れて巨体の赤毛熊を父親と一緒に追跡し、元浦川《もとうらかわ》の本流でその熊に追いついたが、狙いを付けた瞬間、銃声が二発とどろき、ガクンと前のめりによろめいた熊は再度の銃弾を受けて崩れ落ちた。撃ったのは、果たして知り合いのアイヌ猟師桐本《きりもと》文吉と清水沢造であった。

この時、沢造は、他人が追跡してきた熊を自分たちが横取りする格好になってしまったことを察して、しきりに「申し訳ない」と謝り、一番お金になる皮と胆嚢《たんのう》（熊の胆《い》）を父親に差し出したという。が、父親は受け取らず、「お前は、俺たちと違ってそれが生活の糧だろう、そんなに気にすることはないさ。いいから二人で持ってゆけよ。肉だけ少しくれよな」と言ったとつづられている。

保の父親はアイヌの猟師から学ぶことの大事さを認識していた人で、その著書には、そうして得た熊の習性や追跡の仕方を保に教える場面が随所に出てくる。だから、この本は、入植した和人の中に、先住民の知識や知恵抜きには厳しい自然に定着できないことを悟っていた人がいたことも教えてくれるのだ。

尾張徳川家当主、北海道へ

『羆吼ゆる山』とそれほど違わない時期、北海道南部にも、熊を撃ちたい和人と、その成就に助力を惜しまないアイヌたちの交流の物語が残されている。本書の冒頭、鯨を前にした写真に収められた八雲・遊楽部の指導者、椎久年蔵（アイヌ名トイタレキ）が健在だった時代の八雲での出来事である。

時は一九一八（大正七）年。三月十一日の午後だった。ものものしい一行が青函連絡船「比《ひ》羅《ら》夫《ふ》丸」から函館の桟橋に降り立った。「北海道で熊狩りがしたい」と東京を出発した尾張徳川家第十九代当主、徳川義親《よしちか》侯と、その取り巻きの知人、お供の面々である。都内の徳川生物学研究所で助手を務める都築《つづき》省三や、根室出身の実業家で、義親侯の学友でもあった柳田一郎の姿もある。東京朝日新聞は特派員として岡本一平を随行させていた。一平は芸術家岡本太郎の父親で、のち漫画家として一時代を築くことになる。

一行は函館駅から列車に乗り、約八〇キロ北に位置する八雲村（現・渡島《おしま》地方八雲町）を目指した。

午後四時半、みぞれ模様の中、八雲駅では村長や警察の分署長、村会議員を筆頭に、徳川農場場長の大島鍛《きとう》や明治維新後に入植した尾張徳川家の旧藩士など総勢五十人余りが齢《よわい》三十三歳の侯爵《こうしゃく》を出迎えた。

義親侯にとって熊狩りは初めてだった。徳川生物学研究所で八雲育ちの都築と交わした、たわいのない会話を発端に、気がついたらここまで来ていたのだ。

「おい、都築、熊は冬の間、どうしているだろう」

「穴に入って寝ております」

「何にも食わずにかい？」

「はい」

「腹が減って困るだろう？」

「手のひらを舐《な》めているそうでございます」

「冬ごもり中の熊狩りをしてみたら面白いだろうね、やってみようか」

「それは面白いです。第一山を歩くだけでも痛快で、おもしろうございます。是非お出かけなさいませ」

都築が北海道の出だから、そう話しかけたのだが、実のところ、義親侯はこの日の朝、米の飯でなくパンを食べていたから腹が減っていたのだ。その辺りを自らこう書き記している。

八雲に向かうため、連絡船で函館に到着した徳川義親侯（1918年3月13日付『小樽新聞』より転載）

実験室で顕微鏡を見ていたら、不意に熊のことを考えだした。そしてそれがだんだん広がって、終《しま》いには頭の中に熊がいっぱいに詰まってしまった。全く一時の腹具合であったに違いない。もし朝食べたパンが飯であったら、熊のことなど思い出さなかったのかもしれない。

（『熊狩の旅』）

〝殿様〟は、決めると行動が早い。ほどなく義親候が熊狩りに出向くらしいとの話が広まり、某教授からは熊の冬眠に関する論文が届き、友人からは熊にかまれないよう用心するようにとの手紙が舞い込んだ。そして雪が固く締まって山が歩きやすい三月に出発と相成ったのである。

冬眠穴を探す作戦

八雲に到着したその夜のうちに、徳川農場事務所で作戦会議が催された。その場にはチト（和名・汁凧時蔵）、テルキ（和名・冷田三次郎）、イコトル（和名・冷田長三郎）、アカポ（和名・八重仁三郎）といった土地のアイヌが呼ばれていた。まさに「山の事は樵夫《きこり》に問え」に倣《なら》い、熊を獲るなら狩猟を生業としてきたアイヌを頼りにするのが一番との判断だった。

意見を求められたアイヌたちは「遊楽部川の渓谷に沿って四里（一六キロ）ほどさかのぼる

と鮭のふ化場がある。この辺はセイヨウベツの深い山で、見渡す限り高い山が連なっている。西に進めば左に遊楽部岳（見市岳《けんいちだけ》）を望んで太櫓《ふとろ》村（せたな町北檜山《きたひやま》区）に達するし、セイヨウベツの橋から右に進めばトワルベツの渓間から利別《としべつ》山道に連絡する。だから、狩りの拠点はふ化場にするのがよい。そこから一帯を二十里（八〇キロ）に渡って捜索してはいかがか。なにぶん今年は雪が深いから目印を付けておいた樹木も埋もれているようなありさまである。探すのは骨が折れるだろうが、冬眠穴は百以上あるから一つ一つ棒を突っ込んで気配を探ったら、一頭や二頭は見いだすことができよう」と答えた。

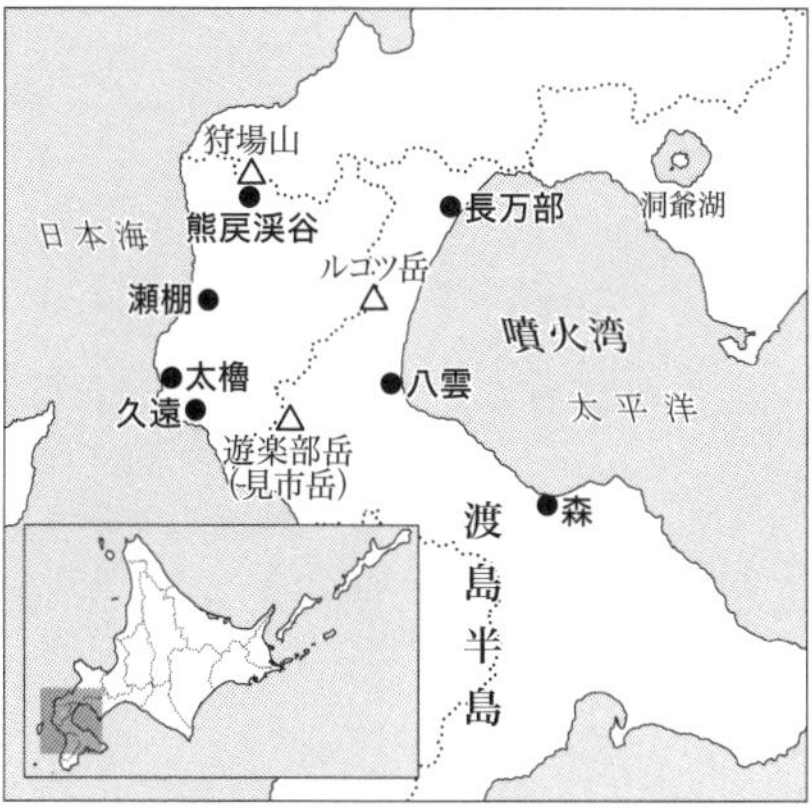

徳川義親侯が熊狩りをした八雲周辺

チトらの話によれば、熊の穴は後志《しりべし》・渡島の国境《くにざかい》には八十ぐらいあるが、それぞれ持ち主が決まっていて、誰でも勝手に人の持ち穴を探すわけにはいかない。四人の持ち穴を合わせると四百ぐらいになるので、一頭ぐらいはいるだろうとのことである。熊は毎年同じ穴に入るわけではなく、寝心地が悪ければ次の年は放棄したりするから「今年もここに絶対に居る」という保証はないのだ。

「もし、その熊の穴に落ちたらどうする？」

義親候の供の者が不安を口にした。

「その時は鉄砲担いで逃げるさ」

別の参加者の答えに一瞬、場が和《なご》んだが、そこにチトが割って入った。

「その時は穴さ入って行くのよ」

恐怖に囚われて背中を見せて逃げるより、いっそ覚悟を決めて穴に入った方が助かる可能性が高い——ということだ。きっと経験や伝統の裏打ちがあっての物言いに違いなかった。それはとりもなおさず、都会育ちが大半の一行が、熊の習性を何も知らずに北海道まで来てしまったことも意味した。

傍証にはならないかもしれないが、冬眠穴に誤って落ちてしまったものの、熊に襲われることなくしばらく「同居」したのち生還した記録が、北海道教育委員会がまとめた釧路地方標茶《しべちゃ》町《ちょう》シュワンコタンの聞き取りに残されている。(2) 秋田県阿仁《あに》のマタギ（猟師）衆も熊（本州はツキノワグマ）が中にいるかどうか、確認のため穴に入ることがあり、「おれたちは穴の中では熊を撃たない。熊も穴の中では人間をかじらないと互いに約束があるから大丈夫なんだ」と言う。

僕が二〇一七年に聞き取りを行った元頭領《シカリ》松橋吉太郎《きちたろう》さん（当時八十四歳）自身が、熊のいる穴に入って無事だった経験の持ち主だった。一方で、熊は走って逃げるものを追う習性があり、うっかり出くわしてしまった場合には絶対に背中を見せて走ってはいけないとされている。

作戦会議でチトは続けた。「穴にもいろいろあるのさ。井戸のようにまっすぐになっているものもあれば、鍵の手に曲がっているのもある。中には棒を挿してやると、たちまち火山の爆発するように雪を飛び散らして躍り出る時もある。そんな時は腰を抜かして動けんね」。それを聞いた義親候が「それでは尻のところへ米俵のふたをくっつけて行くことさ。そうすれば何べん尻もちをついても大丈夫だ」と茶化《ちゃか》したものだから、一同爆笑した。

相談のうえ、チトらに先導してもらって翌々日から猟を始める――という段取りになった。

「足跡発見」の知らせ

三月十三日の行動初日は、風を伴って降りしきっていた雪が朝の八時ごろ止んで、青空ものぞくようになった。馬そり四台を連ね、総勢十四人で出発したのは午前十時半だったが、その途端、再び吹雪に包まれ、幸先《さいさき》の悪いスタートとなった。この日は一六キロほど進んで根拠地となるふ化場に着いたところで装備を解いた。

いよいよ熊狩りという十四日は早朝六時に出発した。穴を見つけると、先導役のチトらが長い棒を差し込んだり、抜いた後の棒の先をかいだりして気配をうかがう。一同、緊張しながら銃を構えているが、「お留守だ」の一言で失望とともに安堵し、次へと移る。だが、どこも不

狩猟に長けたアイヌの男性たちをガイドに遊楽部岳付近で冬眠中の熊穴を探索する徳川義親候の一行（1918年3月23日付『小樽新聞』より転載）

在だ。同行したふ化場長が「昨年はここで大熊が仕留められ、私は背負って下りる手伝いに駆り出されました」と期待を持たせた場所も不発に終わった。

　そのうち犬が吠え立てるので「すわ、熊か」と一同、臨戦態勢に入ったが、鷹に襲われて食いちぎられた野ウサギの死骸に反応したことが分かり、またも落胆。じき一行は分水嶺に到達し、反対側の瀬棚《せたな》（せたな町瀬棚区）や久遠《くどう》（せたな町大成区）の海が遥か遠くに見えた。標高一二七七メートルの遊楽部岳もそびえ立っている。やや気を落としながらも昼飯時、義親候は燻製《くんせい》の鮭と握り飯をうまそうにほおばった。「午後は、もう一山、二山見て回ろうという『主戦論者』と、このまま山を下《お》りようという『非戦論者』に分かれた」と、小樽新聞から特派員として同行した河合裸石《らせき》はユーモア混じりで記している。義親候は「主戦論」に与《くみ》したものの、その後も収穫なく山を下りた。

　翌十五日は一片の雲もない快晴で、雪の照り返しがその分、強い。そんな中、歩きに歩いて十二カ所の穴を調べたが、どこも不在で、熊狩り二日目も徒労に終わった。とにかく雪が深いので、目印が分かりにくくなっていることも災いした。二日間、歩きっぱなしで、しかも穫れたのは山鳥ぐらい。疲れが否が応でも増してくる。しかも、みな顔が日に焼けて別人のようだ。義親候の顔も赤かったのが黒っぽく変色してきている。

　堀越嘉太郎商店製のホーカー液を顔に塗りながら、義親候は「どうも痛くってね。皮がむけそうです。それに目からはヤニが出てね」と、なんとも苦しそうだ。そのうち〝殿〟は「明日は都築君と、ふ化場で鮭の子（稚魚）の研究をする」と言いだし、三日目の十六日はアイヌの四人に椎久年蔵らも加えて捜索を委ねることになった。義親候は植物学者、生物学者でもあったから、それはそれでけっして不自然ではない展開だった。

先導のアイヌたちが熊を仕留めた瞬間（イラスト）。**徳川義親候は右手奥で望遠鏡で遠目に様子を見ている。左上の写真は窮地のテルキを助けてお手柄だった猟犬カスリ**（1918年3月24日付『小樽新聞』より転載）

　この日はテルキが「子熊を連れた母熊の抜け穴を見つけた」と報告、期待が出てきた。足跡を追うことができれば獲れるかもしれないが、翌日以降の大方針としては、捜索範囲をさらに広げることになった。

　ふ化場から徳川農場に戻って全体の指揮を執っていた義親候に「熊の足跡発見」の知らせがもたらされ、眼光がハンターにさま変わりしたのは探索八日目、二十一日の午後八時だった。足跡を見つけたのはテルキで、村の中心部から数キロしか離れていない立岩付近とのことだ。

奮起した義親侯らは翌二十二日未明、吹雪の中、イコトルを先導に立岩に向けて宿舎を出た。アイヌの男たちが三角点付近で熊に肉薄したのは午後三時。〝殿〟は彼らの足の速さについて行けず、離れたところから熊を取り囲むさまを望遠鏡で見守った。

熊はものすごいうなりを上げ、後ろ足で立って、取り囲むアイヌたちを威嚇《いかく》する。テルキに襲いかかった瞬間、猟犬カスリが猛然として熊の体に飛びついた。そのカスリの胴を熊がくわえて宙に放ったのと同時に銃が火をふき、熊は大往生を遂げた。

八歳のオスだった。

アイヌは獲った熊の再来を頼む

小樽新聞から特派員として派遣された河合裸石の記事をまとめると、経緯はざっと上記のごとくなる。この熊狩りに関しては、東京朝日新聞の岡本一平が残した随想もある。が、秀逸なのは、義親侯自身がまとめ、『熊狩の旅』に収めた「熊狩雑話（大正七年三月）」である。不思議なことに、自身は望遠鏡で捕り物の一部始終を見ていたはずなのに、熊を獲った時の様子はおろか、この熊狩りで熊が獲れたことさえ書いていない。自らの手で熊を仕留めることができなかったことの悔しさからでは――などと勘ぐりたくもなるが、義親侯はむしろ民族学者のような目で案内役のアイヌから聞いた熊とアイヌのかかわりを記録している。

アイヌは彼らの財産として熊の穴を所有している。一人が少なくても二、三十から数百に及ぶ。アイヌは各自の標《しるし》を立木に刻んで、穴の所有者と位置を示している。彼らは互いに徳義を守って決して他人の穴を侵さない。堅雪《かたゆき》の頃になると自分の持ち穴を回る。雪に蔽《おお》われている穴をエキンネクワ〔エキムネクワ〕で突く。熊が居ると中で唸るか飛び出すかする。中には全く沈黙を守るのがいる。それ故アイヌは一々杖の先に付着した土を調べる。これは熊が居れば穴を新しく掘り直すから土が新しいのでよく分かるという。多くの場合、熊が居ると雪が融けて、小さな孔《あな》が雪の上に開いてその周囲の色が変わっているそうである。

（『熊狩の旅』）

それに続くのはこの一文だ。

熊が捕れると〔アイヌは〕必ず熊祭りを行う。熊の頭骨に口の周囲の皮と耳を残し、こ

徳川義親候らが 1918 年 3 月、熊を獲った八雲町立岩周辺の森

れに喉頭と生殖器とつけて一人前の熊と見なす。この一人前になった熊はミズキで造ったイナオ〔イナウ〕と冠と飯箸と酒飲む箸と、その他様々の土産物を持って山の方にある熊の町に帰り、更《きら》に別の熊となって出て来るのである。熊祭りはこれを盛大に送るためで、かつまた捕れてくれることを頼むのである。もしこれを怠ると災害があるか熊がとれぬようになると恐れる。これもアイヌの話である。

(『熊狩の旅』)

アイヌが行う熊祭りは霊を熊たちの国に送り返す儀式であり、敬虔《けいけん》な気持ちで魂を送れば再び熊の姿となってこの大地に戻って来てくれるという循環の発想がそこにあるというわけだ。これはとりもなおさず、北海道の狩猟採集の民は熊を敵視することなく、むしろ崇めてきたという見立てにほかならない。

まさにそうなのだ。アイヌは熊をカムイ（神さま）と見なして、普段は神々の国「カムイモシリ」に暮らしていると考えている。霊的な存在だが、その気になった時、肉と毛皮を身につけて人間界「アイヌモシㇼ」に下りてくる。そして自分が招かれるにふさわしい猟師を見つけてその人の矢や弾を受け取ってその猟師の客人となり、自分からは肉と毛皮を与え、人間たちからは宴席でのもてなしと共に、酒や魚、団子などの贈り物を持たされて再び霊として神さまたちの国に帰って行く。アイヌは、そうした「山で獲った熊」に対する霊送りとともに、子グマを一定期間飼った上でその霊を送り返す儀礼も伝統的に執り行ってきた。

東京の都心、麻布に邸宅を構えたセレブが、ひょいと初めての熊撃ちに北海道を訪れ、先住民族のアイヌに案内されながら数日間をともにする。それでここまで洞察してしまう。これは驚きだ。たいした観察眼であり、聞き出し力である。

殿様、初めて熊を仕留める

アイヌは熊の霊送り儀礼の中だけでなく、熊をまさに仕留めようとする時も、仕留めた後にも神々に対して祈りを捧げる――。このこともまた、義親候は記録している。それは、義親候が初めて自らの手で熊を獲った一九二〇（大正九）年三月の熊狩りのことだった。

猟犬のカスリが吠えると同時に、先導のボーが「熊がいるようだ」と告げた。

「何ッ、熊《へべり》!?」と歩みを止めたみなの顔は一様に緊張した。カスリの姿は見えないが吠え声は次第に激しくなってくる。ボーは熊！　熊！と叫んで慌ただしく肩から鉄砲を外しながら駆け出した。ここはスガノ岳の中腹で、周囲はあまり木のない開けた緩い傾斜をしている。ちょっと熊の穴などがありそうにもないところである。「辨開《べんかい》〔勇蔵〕、穴はどこだ」「そこだ、気を付けろ」と山杖《えきんねくわ》で指した。五、六間《けん》下手におよそ二抱えもある腐朽《ふちく》しかけた樺《かば》か何かの株がある。北側は雪が吹き寄せて頭をわずかしか出していないが、南側は五尺〔一・五メートル〕余りも雪の上に出ている。熊の穴は、南側の株の根方に斜めに口があって半ば熊笹《くまざさ》に覆われている。真っ先にこの株まで走りついたボーは鉄砲に弾を装填するや雪の上に突き差しておいて、背負っていた弁当やその他のじゃまになるものを、手早く体から解き捨てながら大声に祈りをあげている。

カムイオツテナ（男熊か）カムイカツケマツ（女熊か）イキナンコラ（いづれにても）エコラボル（汝《なんじ》の家に）エコオシマロク（荒るることなく）シネナ（あれ）カムイウナルベ（ウナルべの神よ）ラツチダラ（静かに）ボルコルクル（家にいるもの）オシロマクニネ（荒れ出す事なく）エエバカシノナ（みちびきたまえ）

陰雪なお暗澹《あんたん》、席捲《しま》く吹雪の裡《うち》に立って祈るボーの声は穴の中に吠える犬の声と共に極めて悲壮、凄然《せいぜん》たるものである。

吾々《われわれ》も走りながら身に付けているじゃまなものはことごとく解き去って、雪の上に放り出して活動のできるように身軽になった。ボーが落ち付いて祈っているので、吾々の心も自然に落ち付いて引き締まった。辨開も犬が吠えているだけでは安心がならないものと見えて、いきなり山杖で、穴の口の雪をがりがり掻《か》き落として覗《のぞ》いている。思わず「辨開、あぶない」と怒鳴ると「うん居る居る」と踊り上がって喜んだ。そして「さあ口を締めるんだ。竹内さん久保田さん。木を伐った。ボー細引《ほそびき》を出してくれ。殿様は上に出て来たら打ってください」という。あいにくなものでこの時は切れない鉈を二挺しか持っていない。しかも近傍には手頃の木がない。やっと見つけたのを切れない鉈で一生懸命に叩いて半分はねじ切ってしまった。一本では足りない。まだ二、三本は要する。容易に木は伐れない。穴の中では熊と犬の闘いは次第に激しくなって、熊は土地も震うようなものすごい唸り声を発する。しかしまだ出ては来ない。

四人は必死になって木を伐っている。はなはだ心細いが殿様〔自分〕はただ一人で熊の穴の番人をしている。ちょうど穴の上に立っているので六尺〔二・八メートル〕とは離れていない。

カスリが穴の口からぽんと飛び出した。いよいよ熊が続いて躍り出すかと思って、銃を肩に付けて、出て来たら一打《ひとう》ちと待っているが、熊は「ううう」と低い唸り声を立てていて容易に出て来ない。

　やっとボーが八尺〔二・四メートル〕ほどの樹を引きずって来た。辨開も五尺ぐらいのものを担いで来た。二人は短い方の木を穴の上の雪に打ち込んでこれに細引を固く括りつけた。そしていよいよ二人がかりで上から長い方の木を穴の口に下ろして雪に差し込み、その頭の方には細引を取って巻きつけ引き締めた。よく見ると木は穴の真ん中に当たっていない。「おい、だめだッ、横に曲がっている。真ん中に直せッ」

「何ッ！　曲がっている。よし直せ」と辨開が直そうとして木に手を掛けると雪がばらばらと穴の内に落ちた。いよいよ怒った熊は「ぐわあ――」と一声、身もすくみ肝も消えるようなどう猛な唸り声を発して木を避けて、横の方から蔽っている熊笹を掻き除け、雪を振るい落としてがさがさ躍り出して来た。「だめだ辨開、出て来た。気を付けろッ」

「出て来たッ、危ないぞッ」。熊の真っ黒な頭が第一に目に映じた。今や全身触れなば火花が散らんばかりに興奮しているが、銃を肩に付けたままくそ度胸を据えて容易に火ぶたを切らない。ボーも手にした細引を捨て銃を執って左側に構えている。秒一秒、たちまち熊は穴の口から半身を現した。さあ今ここだ。射撃の絶好の機会が来た。頭の真っただ中を狙って「バーン」と第一弾を放った。銃声は周囲の静寂を破って木霊《こだま》に響いて轟《ごう》と鳴る。続いて左側からボーが打った。


（『熊狩の旅』）

獲れた熊は五歳ぐらいの雄だった。三年目にして義親候は初めて熊を自らの手で撃ち獲ったのだった。

熊老人伝説

義親候自身が書き残した『熊狩の旅』を読むと、見えてくるものがある。それはまず、アイヌ語が生きて使われていることだ。案内に集められたアイヌは年齢層も異なっていたが、義親候とは日本語で会話しているし、ほぼ同時代の一九二九年に北海道庁が行った調査でも「現在においてはほとんどアイヌ語を用いる者はなく、青年らはおおかた知らない(3)」と結論づけられているから、当時、アイヌ語はほとんど風前の灯《ともしび》だったように読めなくもない。ところが、熊の気配を察したボーが、自分たちが獲ろうとしている熊にアイヌ語で祈りを捧げるひと幕からは、実は言葉はそれほどには廃《すた》れていなかったことが分かる。熊が獲れたあとは、伝統的な熊祭りが八雲のアイヌを集めて執り行われてもいる。

義親候が大正時代に記した『熊狩の旅』から分かるのは、アイヌ語が生きて使われていたことにとどまらない。山行の途上、アイヌの男たちが義親候に自分たちの伝承を物語るその語り口からは、伝承が、昔話や伝説と呼べるほど時代がかったものではなく、いまだ彼らの日常に息づいていたことが感じ取れる。

「テレケ、(4)何か話を聞かせないか」というと暫《しば》らく考えていたが、やがて「では一つ話しましょうか」といってこんな話しをぼつぼつし出した。

「森（地名）の親爺《おやじ》（老人株のアイヌをいう）であったそうだ。アイヌは、昔自分で酒造ってたものだが、ある時酒ができたからこの親爺を呼びにやった。みな待ってたけれど親爺はとうとう来なかったそうだ。それで明日の朝みなかたらって（一緒に）捜しに行ったら親爺の足跡がだんだん山の方に来ている。それを見てくるとカンジキの跡が片足だけ熊《へべり》の足になっている。オニユシ辺《あたり》まで来ると、木に手拭が掛かっていたそうだが、それからは両足とも熊の足跡になってしまってたから、アイヌ達も親爺は神になったのだろうから、捜しては悪いといって帰ったそうだ。それから山に熊獲りに来て穴みな見ても一つも獲れない時には、親爺に頼むときっと獲れるということを言いますね」（『熊狩の旅』）

テレケの口ぶりからは、この伝承を実際に信じている空気が伝わってくる。そもそも「親爺に頼むと獲れるということを言いますね」と現在形で語っていること自体が、今でも狩りで実践していることをほのめかしている。

内容はやや異なるが、同様の話は『アイヌ伝説集』（更科源蔵《さらしなげんぞう》編著）にも収録されている。

八雲と長万部の町境になっているルコッ川の上流に、五〇〇メートルほどのルコッ岳という山がある。昔、日高の沙流から来た人達が、この近くのポンシララというところに住んでいたが、この一族の一番上の兄にあたる老人が、ある日他へお祝いに招かれて行ったきり帰って来ないので、先方に問い合わせたところ、すぐに帰ったという話なので、人々が心配して探しているうちに、老人の足跡を発見してそれをたどって行くと、途中の木の枝に老人の弓が懸《かか》ってあった。それでその弓をもってなおも跡を探して行くと、こんどはいつも老人の持っていた袋がかかってあった。それでいよいよ間違いないというので、一同が元気をつけてどんどん山に登って行くと、老人の右の足跡がいつの間にか熊の足跡に変わってしまい、さらに少し行くと左の足跡も熊になってしまって、その跡はなおもルコッの山に登って行っているので、老人は熊になったのだから、跡をつけることをよそうといって一同は帰ってきた。するとある晩、夢の中にその老人が現れて「ルコッの山の主が年寄りになって天に昇ってしまったので、自分がその代わりになってルコッ山の主になることになったのだ」ということを知らせた。それからこの山に登った老人のことをウレポロクルカムイエカシ（足〔あと〕の大きい神なる翁《おきな》）といって尊敬し、熊の獲れない時には、この熊老人に酒をあげて、熊に獲れるようにと祈りをしたものであるという。

（『アイヌ伝説集』）

同じ道南地方とはいっても、テレケの語りに出てくる「オニユシ」（オニウシ、森町）と伝説集の「ルコツ岳」（五三二メートル、長万部町）は互いに六〇キロも離れているうえに、『アイヌ伝説集』は一九七一年の刊行である。熊老人の伝承が地域を越え、時代を下ってもなお根強く語られていたことが分かる。

興味深いのは、山に分け入る老人が、一気呵成《いっきかせい》に熊になるわけではなく、片足がまず熊の足になり、しばらくしてもう片方の足も熊の足になるという展開である。これは何を意味するのだろうか。

人間の領域と熊（神さま）の領域の間に、中間地帯、つまり人間も入り込むが熊も徘徊する入会地《いりあいち》のようなものが存在することを示唆しているのかもしれない。その中間地帯が、人間が熊を追って狩りをする領域だと考えると、その先は「人が侵してはならないエリア」、つまり熊をはじめとする野生の生き物だけ、あるいは神さまだけが遊び、行き交う領域になるということでもあるのだろうか。そこは「神々《カムイ》の国《モシリ》」と、どこまで重なり合うのか。ちなみに、ルコツ岳は標高こそ五〇〇メートル余りと高山ではないが、今でも登山道がなく、夏場は人を寄せ付けない。どうしても行きたければ、冬から春先にかけて、かんじき（スノーシュー）か山スキーで行くしかない山である。

「あの頂《いただき》に行ってはならない――」

実は人間《アイヌ》が足を踏み入れてはならない領域、平たくいえば「聖域」があることも、義親候はアイヌから聞いている。それは一九二一年、四回目の熊狩りでのことだった。

目の前には崇高なユーラップ〔遊楽部〕岳が聳然《しょうぜん》とひと際《きわ》高く四周の山々からぬきん出ている。

「お爺《やじ》、あの山に登ったことがあるか」とユーラップ岳を仰いでイコトルに聞いた時、お爺は頭《かぶり》を振って、「否《いや》、この年まで登ったことはねえ、また、登ろうとも思わねえ」と言った。そしてイコトルの話によると、いまだかつて頂上を窮《きわ》めた者はないそうである。昔、松前家の役人がアイヌを連れて途中まで登ったことがあるが、その者の話では池があって雪の上には神《かむい》の通った轍《わだち》の跡が深く印せられていたという。その時登った役人もアイヌも帰って来るとみな死んでしまった。そのアイヌは轍の跡の雪を採って身体に塗り付ける呪禁《まじない》を知らなかったためで、そうすれば死なないでもすんだのだろう。それ以来誰も神《かむい》の祟《たたり》を恐れて登るものがないのだそうである。（『熊狩の旅』）

『アイヌ伝説集』にも類似の話「飛竜の沼伝説」がみえる。

遊楽部岳の山麓に沼があったが、大正年代にその沼口が破れて水がなくなってしまった。昔、ある人が春に山狩に行って、これまで見たこともない大きな熊の足跡を見つけたが、熊の後を追うよりも、こんな大きな熊の入っていた穴を見つけて、自分の所有にしようとして、熊の歩いて来た方へ足跡をたどって行くと沼に出た。その沼に近寄ってみると沼ぶちの残雪の上にイルカくらいの動物が並んでいるので、「これは翼のある竜のオヤウカムイらしい。これはとんでもないことになった」と蒼《あお》くなって逃げようとしたが、切り立った沢ばかりなので逃げ場がないのを、やっと木の根や草にすがって山の尾根に出て逃げ帰れたが、連れて行った犬はその動物の近くに行って、それきり帰って来なかった。おそらくオヤウカムイという飛竜の毒にあたって盲になり、沼にでもおちて死んだろうということだったが、その人も間もなく死んでしまったので、この沼には近寄るなといわれていた。

沼が破れたので飛竜も海に下ったのだろうと、シクシレという老人が話をしてくれた。
（「八雲・椎久トイタレケ翁伝」『アイヌ伝説集』）

この話でも遊楽部岳に近寄った人間が「間もなく死んだ」とあり、聖域に立ち入ることは命にかかわることだという警鐘が伝わってくる。ちなみに、古老から聞いたオヤウカムイ（飛竜）の伝承を『伝説集』の編著者に語ったのは、義親侯の熊狩りにも同行したトヨこと椎久年蔵である。「オヤウ」は何を指すのか。年蔵本人の言では「八雲では蛇をトッコニウ、キナストゥンペと呼ぶが、オヤウが古い言葉としてあった。祈りの中でオヤウカムイの語が出てくる。トカゲの大きいので、羽があるという(5)」。

イコトルが語る伝承ばかりでなく、案内の面々が義親侯との熊狩りにおいても遊楽部岳に登ることだけは避けようとしている様子から、一九二〇年代を生きる大正期のアイヌが聖域の存在を心の底から信じ、「行ってはならない」という忌避《タブー》を守り続けていたことが分かる。一方で、年蔵の「飛竜の沼伝説」は大正年間に沼口が破れて沼の消滅とともにオヤウカムイもいなくなったことを伝えており、人々が近寄ることをタブーとしていたのは「それより以前」という含みがある。すなわち、聖域として歴然と認識されていたのは大正期ごろまでで、この時期を境にだんだんと遊楽部岳の山頂や山麓は立ち入ってはならない場所ではなくなっていったということが言えるのかもしれない。

神々に囲まれて生きてきた人々

アイヌは、火や山、川、雷などの自然物・自然現象や、キツネやシャチ、オコジョといった動物、シマフクロウ、ミソサザイといった鳥、貝、クモ、樹木、草に加えて、弓矢の毒として使われるトリカブトの根、天然痘《てんねんとう》（疱瘡《ほうそう》）といった恐るべき病気まで、カムイ（神さま）とみなしてきた。

自分たちの村を見守る神さま（シマフクロウ神）をはじめ、いくつもの神さまが人間の暮らしを気に掛け、人間界が危機に陥った時に祈りを捧げれば、救いの手を差し伸べてくれる。時折起きる災害は、そうした神さまがついつい油断したり、見守りを忘れてほかのことに没頭している隙を突いて、性悪《しょうわる》の神（鬼）が悪さを仕掛けてきた結果であり、神さまに人間の嘆願が届けば、世の中は再び秩序を取り戻すというのが人間と神々とのありうべき関係である。見守りを怠った神さまには人間の側から抗議もするから、神と人間の関係は対等のようにもみえる。

シマフクロウ神や火の神、水の神、樹木（大地）の神などが位《くらい》の高い（重い）神さまと見なされる一方で、位のそう高くない神さまもいるから、神々には軽重がつけられていると言えそうだ。ただし、シベリアのいくつかの先住民族とは対照的に、アイヌの世界観には「あらゆる神を統《す》べる王」のごとく神々の世界に君臨する最高神はおらず、熊や森を統括する主霊がいて人間界に配下の者を差し向けるわけでもない。神さまは、各自それぞれ独立的で、自らの自由意志で人間界を目指して来ると捉《とら》えられているようだ。

地球上で最も美しかった森

こうした世界観が築き上げられた背景として何が考えられるだろうか。

一つ挙げられるのは、広葉樹を主体とした森の密度の濃さであり、それがゆえの山、川、海の生物相の豊かさ、複雑さではないかと僕は思う。例えば、ロシア極東の上空を飛べば、タイガと呼ばれる亜寒帯針葉樹林が眼下に広がる。アムール河沿いのブラーヴァ村を訪ねた時、上空から目にしたのもそうした森であった。針葉樹林帯と広葉樹林帯を比べた時、下草や虫、動物が、より多種多様なのは広葉樹林帯の方である。

ベーリング海峡を渡ってアラスカ側に入ると、樹木がほとんどなく、草だけのツンドラ地帯が広がる。僕が一九八四年の夏、北海道大学の岡田宏明教授や明治大学の矢島國雄助教授とともに考古学調査に参加したアラスカ半島の無人地帯も、ツンドラと括れる地域だった。遺跡を

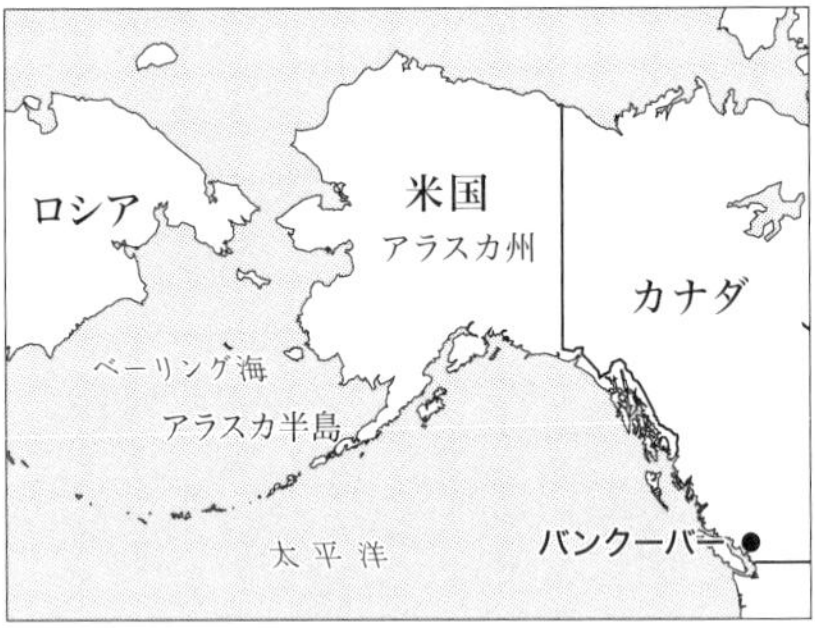

アラスカ半島とバンクーバー

残した人々の形跡が絶えておよそ六〇〇年が経過し、カリブー（野生トナカイ）やヤマアラシ、オコジョ、キツネ、グリズリー（ヒグマ）、アザラシなどが時折、姿を見せた。だが、森のないツンドラの自然は、北海道と比べておのずと密度や複雑性に乏しくなる。

アラスカ州内をずっと南に下っていくと雨量が極端に増え、濃い森と豊かな海を擁する北西海岸（米国の東南アラスカとカナダブリティッシュ・コロンビア州）に至る。生き物が豊穣《ほうじょう》なこの土地に根ざしたハイダ族やクワクワカワクゥ族は、トーテムポールに象徴される重層的、融合的な自然観をはぐくんできた。北海道の自然と近い場所を挙げるとすれば、この北米北西海岸だろうか。一九八九年にバンクーバーでお会いしたハイダ族の彫刻家ビル・リードさんのお話からも、アイヌと共通する自然観を感じ取ることができた。

世界的にも稀少な、広葉樹林と針葉樹林の混交林である北海道の森の特質について、長年、世界各地の山岳や森にレンズを向けてきた写真家の水越武さんがこうつづっている。

ハイダ族の彫刻家ビル・リード氏（1989年）

ビル・リード氏は1989年、バンクーバーのアトリエにも案内してくれた。ハイダ族の神話を元にした彫刻が制作途中にあった

北海道の森林の特徴は、その内容の多様性にある。先日、高橋延清《のぶきよ》先生〔どろ亀さんと呼び親しまれた元東大北海道演習林長、故人〕から森林の話をうかがう機会があった。北の森を知りつくした先生が、温帯林と寒帯林の接点に位置する北海道の森林が北半球で最もすばらしい森林であると、さかんに強調された。樹種が多く、森に生息する動物や菌類も多い。そのうえ植生が多様で、ヨーロッパの森と比較しても一〇倍も豊かな内容を持っている、と語られた。

確かに北海道の森の中に一歩足を踏み込んでみると、目に飛びこんでくる色はじつに多彩で、とくに春と秋にはあふれんばかりの色彩が満ちている。私は北海道の自然にひかれて四年前に信州から道東に移り住み、ずいぶん北海道の森林を見て歩いた。森には個性があり、それぞれ良さを秘めているが、スケールの大きさ、美しさでは、この阿寒《あかん》の森が一番ではないかと思われる。
（『月に吠えるオオカミ』）

阿寒湖の隣、摩周湖《ましゅうこ》のある釧路地方弟子屈《てしかが》町に暮らす水越さんはこうも書く。

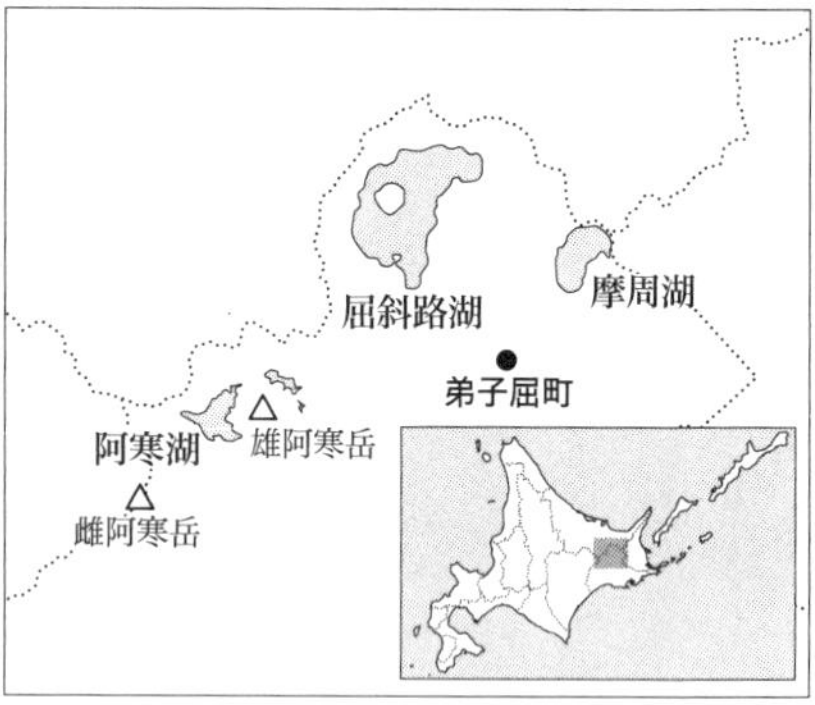

阿寒湖、摩周湖、屈斜路湖

北海道に来てからの撮影テーマが「熱帯雨林」と「生態系から見た日本列島」だったこともあって、北海道に居ながら私の目はいつも南の方を向いていた。赤道周辺の国に旅を重ね、高温多湿な深い森に踏み込み、多様な生き物たちの活動を目にした。阿寒の森から、わざわざ西表島《いりおもてじま》の亜熱帯の森やサンゴ礁に向かい、何度も日本列島を縦断する旅をしてきた。

そして私の中に形として現れてきたのは、十九世紀後半までは北海道に地球上でもっとも美しい自然が見られたのではないかということだ。自然が美しいということは姿、形、色彩が美しいということだけではない。それは厳しさと優しさの両面を持ち、表情が豊かで多様性に富み、緊張感が漂い、無限のリズムに守られているということである。これはまた生態系が豊かで、生物多様性に富み、季節によって激しく移り変わる存在でなければならない。

(『月に吠えるオオカミ』)

北海道出身の僕としても、この言葉はとってもうれしい。ここで言う「阿寒」がどこからどこまでを指すのか、水越さん本人に尋ねると、阿寒湖や雌阿寒岳《めあかんだけ》、雄阿寒岳《おあかんだけ》周辺ばかりでなく、摩周湖や屈斜路湖《くっしゃろこ》も含めた阿寒摩周国立公園一帯の森のことだという。摩周・屈斜路エリアはかつて僕が住み、水越さんと交友を深めた土地でもある。水越さんに言わせれば、「広大な風景に湖と火山と森が配された大雪山も、海岸線と山の対比が美しい知床も捨てがたい。それでも阿寒の森は本当に素晴らしい」ということだ。

苗木まで伐り尽くした御用商人

だが、ここで一つ、注意しないといけないことがある。水越さんは「地球上でもっとも美しい自然が見られた」と、北海道の森や自然の素晴らしさを過去形で語っているのだ。ということは、今はそれが変質し、劣化しているということでもある。

日本列島全体に目を向ければ、各地で築城が盛んに行われた戦国時代、さらには豪華絢爛《けんらん》な建築物を好んだ豊臣秀吉の統治期、そして将軍のお膝元がたびたび大火に見舞われた江戸時代と、数度にわたる木材需要の爆発的な高まりは、木材調達の御用商人を台頭させ、本州以南の山は次から次へと伐採されていった。

御用商人の大きな弊害は、地元の木こりを雇わず、自前の雇い人をよそから連れて来ることだった。雇い人たちに地域への思い入れはなく、資源を持続的に利用していく視点も欠いていた。例えば、クナシリ・メナシの戦いを起こした飛騨屋の出身地、飛騨国の豊かな森は、十七世紀末に幕府の天領となって江戸から御用商人が入ってくると一変したと言われている。

飛騨屋の初代久兵衛倍行《ますゆき》にとって、郷里に居残っても商売の先行きは見通せず、江戸で五年間修行したうえで、さらに北に儲け先を探していく。一方、地元に残った人は残った人で、伐採を禁じられて収入の途《みち》を断たれ、暮らしは困難を極めた。江戸からやってきた御用商人は、反発する地元への腹いせに、雑木から小木、苗木までことごとく切り捨てて行くあくどさだったという。(6) それは地元の反感をさらに強め、飛騨国では幕府が江戸商人の請け負いを廃止するに至る。ただ、そうした強行的な伐採が各地で繰り返された結果、本州では十七世紀末までに、まとまった原生林はほぼ壊滅したとされている。

こうした山の荒廃の余波を受けたのが、蝦夷地の手つかずの森だった。道南・檜山《ひやま》地方の上《かみ》ノ国《のくに》にヒバ（ヒノキアスナロ）の伐り出しを監督する檜山番所が置かれたのは一五九六年で、番所が江差《えさし》に移された一六七八年を機に伐採が本格化する。当初は材木商として蝦夷地に乗り込んできた飛騨屋も、その流れで一七〇二年から先述の漁川《いざりがわ》流域など各地で伐採を請け負った。木こりが千人単位で入って来たことで、ヒバもじき枯渇し、松前藩は一七五〇年代から一七七〇年にかけて、地域住民や木こりを山から遠ざける留山《とめやま》のお触れを出している。

大量伐採のあと、今度は沿岸部で盛んになった鰊粕《ニシンかす》（肥料）や鮭・鱒のしめ粕製造が、森林の荒廃をさらに進めた。大釜で魚を煮込むため、大量の薪が必要とされたのだ。

直訴で悪代官を追放

アイヌが決起したクナシリ・メナシの戦いは江戸中期の一七八九年に起きたが、奇しくもそれは飛騨国で起きた大原《おおはら》騒動と時期が重なる。大原騒動は、一七七一年から一七八八年まで十八年間にも及んだ民衆運動で、飛騨の大原紹正《つぐまさ》代官（のち郡代）と続く息子の大原正純《まさずみ》郡代が幕府の御用木《ごようぎ》を確保するために地元衆の伐採を禁じたり、年貢をつり上げたりしたことが人々を蜂起に駆り立てた。一七七三年の一揆《いっき》は特に激しく、大原紹正代官は幕府とともに近隣五藩の約二千人に鎮圧を命じ、民衆側に四九人の死者を出した。

江戸時代、民衆が窮状を訴えるための最後の手段は、村の惣代《そうだい》が江戸に出て、奉行や老中といった幕府要人が通りがかるのを待ち構えて駕籠《かご》越しに嘆願する直訴《じきそ》、いわゆる駕籠訴《かごそ》だった。非合法であり、善処される事例は決して多くはなかったが、江戸時代には、かなりの頻度で敢行されていた。飛騨からも次々惣代が送り出され、無念の涙をのみ続けたが、ついに老中、松平定信への駕籠訴と巡見使への訴状が日の目を見る。まさにクナシリ・メナシの戦いが起きた一七八九年、江戸の勘定奉行所《かんじょうぶぎょうしょ》は民衆の代表と郡代大原正純おのおのの主張を聴取し、正純を八丈島《はちじょうじま》へ流罪《るざい》とする裁きを下したのだった。それを機に民衆は、親子二代にわたって続いた圧政から解放された。

ここまで長々と大原騒動のいきさつを書いたのは、騒動の決着とクナシリ・メナシの戦いが同じ年だったということからだけではない。アイヌには当時、どれだけの圧政を被っても、それを訴える途がなかったであろうことに思い至ったからだ。

クナシリ・メナシの戦いで和人殺害にかかわった三十七人のアイヌを処刑するに当たって、松前藩の鎮圧隊は「このたびの騒動では、飛騨屋の支配人、稼方〔番人〕の者どもが道理のない行動をしたが、訴えもせず、殺害に及んだことは、法に反している。集団で多くの人を殺した事は許しがたい」(7)と申し渡し、アイヌ側が飛騨屋の非道を「松前藩に訴えなかった」ことを落ち度として挙げている。だが、これはあまりに理不尽な物言いだ。

まず実際問題、アイヌの側には、しかるべき機関や人物と接点が持てる状況そのものがなかった。しかも松前藩は、蝦夷地の全アイヌに対し、あらゆる日本の知識から隔離する「愚民化《ぐみんか》政策」を取っていた。「おまえたちには訴える手立てがあるのだぞ」といった制度面の周知もしかりで、それゆえに、藩や幕府に訴えるなどということは、頭の片隅にもなかったというのが正直なところだろう。愚民化政策にはそもそも、待遇のひどさに目覚め、地位向上などを要求することのないように抑え込む意図もあったのだ[8]。

見識を備えたしかるべき地位の人物が巡回して来れば、声なき声を拾える可能性もあっただろう。クナシリ・メナシの戦いの少し前に幕府が送り出した天明の蝦夷地探検（一七八五年、八六年）や一八五五年の第二次幕府直轄後の箱館奉行の蝦夷地巡察では、松前藩や漁場の支配人、番人がいかにアイヌを抑圧し、アイヌの側が不信感をため込んでいるか、実際に耳に入ってきた場面もあった。だが、松前藩の時代には、そうした巡察は行われてはいなかった[9]。

アイヌが置かれていた立場をより明確にしておくと、徳川家康が一六〇四年に松前藩主に黒印状を発して蝦夷地での交易の独占を認めた際には、アイヌに対しても同時に「蝦夷人は何方へ往来候とも蝦夷人次第」と行き来の自由を保障し、「蝦夷人に対し非分申し懸け候は堅く停止の事」と松前藩からの不当行為を禁じる条項も盛り込まれていた。シャクシャインの戦いから四半世紀たった一六九三年、幕府はさらに「夷人《いじん》を奴僕とするを禁ず[10]」と布告し、アイヌを奴隷化してはならないとも戒めた。

国内の民には認められていなかった「移動の自由」をアイヌに保障したところから、徳川家康は「アイヌは日本の民ではない」、つまり「化外《けがい》の民」との認識を持っていたと解釈できる。(11)とするとなおさら、「アイヌに日本の法を適用できるのか」という観点も含めて、司法的対応には、より慎重にならなくてはいけないはずだった。ところが、松前藩の鎮圧隊は、裁判抜きで「訴えもせずに殺害に及び、法に反した」と現地で断罪し、その場で処刑してしまうという、およそ法治からほど遠い形で幕引きを図ったのである。(12)

訴えの形式こそ非合法であったが、聞き届けられ、勘定奉行所での裁きを通じて善処がなされた大原騒動と、訴える途そのものが事実上、塞《ふさ》がれているにもかかわらず、訴えなかったからといって法に反するとされ、即決で処刑が行われたクナシリ・メナシの戦い。同じ一七八九年という年に決着をみながら、二つの事例は全く正反対ともいえる経過をたどった。

「訴える機会をつくること」と「裁判で解決すること」は、何も近代以降の産物ではない。やたらと死罪や追放刑が乱発されないようにすることも狙いに行刑を明確化し、更生の概念も盛り込んだ幕府の最高法典「公事方御定書《くじかたおさだめがき》」が完成したのはクナシリ・メナシの戦いよりも半世紀さかのぼる一七四二年だった。近代以降の法体系と比べて不備はもちろんあったが、「筋を通した裁きは政治と並ぶ統治の両輪である」という分立の考えさえこの時代には存在してい

たのだ。(13)

人工物が一つもない渓谷

話を北海道の森に戻そう。水越さんが言うように、北海道の森のほとんどは二十世紀までに、かつての美しさを失ってしまったのかもしれない。それは言葉で言い表せないくらい悔しいことだ。だが、そうだとしても、美しさに息をのむような森や渓谷は、今もう存在しないわけではない。

徳川義親侯が熊狩りをした八雲町の隣、せたな町(檜山地方)に、あまりに険しいので、熊さえ途中から引き返す——とされる熊戻《くまもどり》渓谷がある。狩場山《かりばやま》(一五二〇メートル)の登山口に通じる林道沿いにあり、真駒内《まこまない》川が、悠久の歳月をかけて深い谷を削り込んできた。どこもかしこも崖、崖、崖。所によって急勾配を七〇メートルも降りたところに河床がある。しかも道南地方というのに、冬季の林道閉鎖がおおむね六月まで続き、閉鎖期間中は地元の人ぞ知る下《お》り口まで約一・五キロのぬかるんだ道を、時折熊の足跡や糞《ふん》と出くわしながら歩いて行かなくてはならない。

だが、狭い河原に降り立った瞬間、その苦労は報われ、疲れも吹き飛ぶ。苔むした巨岩の間

熊戻渓谷の険しい崖を下りると、1点の濁りもない清流が待ち受ける。緑と水の空間に思う存分浸ることができる

を清らかな水がほとばしり流れ、人工物は一つもない。あまりのすがすがしさ、そして開放感に軽い衝撃さえ覚える。

ただ、両側が切り立っているから、もし向こうから熊が歩いて来たら、こちらに逃げ場はない。向こうが引き返してくれるのを祈るだけだ。幸い、河原にあるのは鹿の足跡だけで、今のところ熊の気配はない。

得意の情報収集能力を発揮してここへの行き方を探り当て、案内してくれたのは、早稲田大学探検部・怪獣ムベンベ捜索隊で一九八八年、コンゴ人民共和国のテレ湖湖畔に三十三日間滞在した向井徹《とおる》隊員だ。アフリカ遠征では、機材愛、道具愛が強く、魚群探知機やスターライトスコープ（夜間暗視装置）、高指向性マイク、8ミリビデオ、カメラなど装備全般の選定・活用に力を発揮したことから、高野秀行隊長から「機材の守護神」と頼りにされた。この日も行きの道すがら、北海道立総合研究機構の道南地区野生生物室がデジタル技術を駆使して作り上げたヒグマ出没情報サイト「ひぐまっぷ」がいかに優れているかをしきりに力説する。

確かに、聞けば、熊がどこで目撃されたか、住民から提供された情報が即座にネット上の地図に反映され、誰もが屋外活動中でもスマートフォンで「近傍の出没地点」を確認できるというから優《すぐ》れものだ。山菜採りに入る人や登山者、釣り人にとってはこの上なくありがたい。「すごいね」と賞賛する僕に「そうでしょ」と、得意げな向井元隊員。だが、頭の片隅に巣くう天邪鬼《あまのじゃく》が時折顔を覗かせる僕は、以前、釧路地方に駐在していた時のことを思い出して、ちょっとチャチャを入れたくなった。

「だけどさ、昔、弟子屈町にいた時、熊の出没地点や痕跡情報を落とした紙の地図を見て思ったんだけどね、ほとんどどこにいてもおかしくないっていう感じなんだよ。『ひぐまっぷ』も、情報が蓄積されて、どこもかしこも熊だらけということになったら、結局、過度に恐怖心をあおったり、外に出ない方がいいっていうことにならないかなあ。たとえて言えばさ、将来、AI（人工知能）が過去の事故地点やリスクの多い場所を蓄積して危険を避けて自動運転とか自動誘導とかしてくれるようになったとしても、むしろ『行き場がないから動けません』なんてことにならないとも限らない。ちょっと例《たと》えとしては外れているかもしれないけど……」

「逆に考えれば、これだけあちこち熊が徘徊しているのに、人との事故がそれほど起きていないのは、熊の方でわれわれを避けているっていうことですよね。そういうことを読み取れるのもこの『ひぐまっぷ』の利点じゃないですかね」

さすがテクノロジーの申し子。逆転の発想で反撃してくる。

「その通りだな。ならば、同時に、ヒグマは警戒心が強くて人との遭遇を注意深く避けながら行動しているということ、ただし（ハンターにけがを負わされた）手負い熊や親子連れ、人間の食べ物の味をしめた人慣れ・餌《え》づけ熊など警戒しなくちゃいけない個体もいるということを認知させる工夫が要るだろうね。難易度は高いかもしれないけど、危険性の高い個体の情報をアラートとして目立つ形で表示する仕組みはあったらいいね」

「自分たちでできる対策もありますよ。熊は藪から藪へと姿を隠しながら移動するから、侵入経路の草刈りをするだけで人里に近づきにくくできる。札幌市内で酪農学園大の学生が地域の人たちと共同で取り組んでいる草刈りなんか、そのモデルになる活動だと思うんですよね」

そう、ヒグマは人との遭遇を注意深く避けてくれているし、その習性を逆手《さかて》にとって近寄らせない手立てもある。今日もきっとそうだと願いたい……。熊との出会い頭《がしら》の事故を避けるために、僕たちは鈴を鳴らしながら真駒内川をさかのぼった。それにしてもきれいな水だ。渓谷の水がきれいなのは、森が健全だからだ。北海道内ではむしろ珍しいブナが主体だが、イタヤカエデやホオノキなど、ほかの広葉樹も見える。

「聖域」によって世界は広がりを持つ

八雲のアイヌにとって、遊楽部岳の山頂は行ってはならない場所、つまり「聖域」だった。聖域とは、平たく言えば侵してはならない土地である。と同時に、「聖域」を持つということは、心の中に守るべき価値を抱くということでもある。聖域は土地であると同時に、価値観でもあるのだ。当然、聖域の木は伐られない。森は守られていく。反対に、聖域を持たない人間、あるいは聖域を失った人間には「行ってはならない山」も「伐ってはならない森」もない。木を皆伐《かいばつ》し、魚を乱獲してきた人々、大地を乱開発してきた人たちは、まさしく聖域を持たない人たちだったという見方ができる(14)。

日本にも先に述べたような「留山《とめやま》」という制度があった。ただ、これは聖域とは発想が異なる。紛争などで一時的に入山を禁じるような事例を除いて、留山は山が伐採で荒れ果て、もうこれ以上切ってしまっては大変なことになる段になってからの保全策であり、言い換えれば「事後の回復策」である。

「聖域」が設けられることは、けっして生きている空間が狭められることではない。単純に見れば、「行けない場所」があれば、行動範囲が狭められると思うかもしれない。だが、「行けないところがある」ということは、生きている空間が閉じてはいないことを意味する。「行けない」場所はイメージとしてのみ語られ、それによって想像が膨らみ、「世界」は、より広がりを持つ。神々の国の実在を疑っていなかった人々は、おそらくは「聖域」も介する形で、自分たちが暮らし、行き来することのできる領域のその先にカムイモシㇼ《神々の国》を見ていた。

ここまで、僕はシーカヤックやリバーカヌーで知床や石狩低地を旅し、交易の民としてのアイヌのかつての躍動に思いを馳せ、森や渓谷を歩いて狩猟民としての自然観も体感してきた。その中で、もう一つ見えてきたものがある。それは、アイヌは歴史的に、狩猟採集民としての生き方と、交易の民としての生き方を両立させてきたということだ。端的に言えば、狩猟採集に根ざした生活は、身の回りの生き物たちを神さまと見なす自然観と、「人間界」「神々の世界」のおおまかに二つで成り立つ重層的な世界像を生み出した。一方で、交易の民としての暮らしは、異文化との接触や圏域の拡大、富の蓄積の傍ら、転じて戦いでの敗退や搾取にあえぐというマイナス面ももたらし、アイヌ社会を大きく変質させてきた。

狩猟と交易が生み出す葛藤《かっとう》

そうなると、ここで一つ疑問がわいてくる。果たして狩猟採集民としての世界観と、交易の民としての生き方に矛盾はなかったのか、何かの葛藤を覚えることはなかったのか――という問いだ。

答えを先に言ってしまえば、程度は異なれど、なにがしかのジレンマに直面した人が少なからずいたのではないかというのが、僕の結論だ。

例えば、前章で触れた釧路地方鶴居村の重鎮、八重九郎さんがそうだった。熊の毛皮は、頭を欠いて胴から下だけだと商品価値が半減する。だが、八重さんはそれを承知のうえで、胴から下だけの毛皮を売り、毛皮商から「むざむざ価値を下げることもないものを」と言われていた(15)。

八重九郎さんの胸中を代弁すれば、こういうことになる。カムイ(霊)を神々の国に送り帰す儀式は、かねてから頭に皮をつけて行われてきた。だから自分は、お金をより多く稼ぐよりも、祖先伝来のしきたり通りに神さまを送り返すことの方を大事にしているのだ、と。

ほかにも、狩猟で得た肉をあくまで集落内で分配・自家消費し、金銭のやりとりを頑固に拒んできた人が最近まで存命だった。それは同じ釧路地方の白糠町《しらぬかちょう》和天別《わてんべつ》で、酪農の傍ら、熊や鹿を獲って暮らしてきた根本與三郎《ねもとよさぶろう》さん（一九一八—二〇一三）だ。穴熊猟を主に、生涯で三十六回もの熊狩りを経験しながら、「われわれはコタン（アイヌ集落）で自分たちが分け合って食べるために獲るわけだから、昔はコタン全体で年に二頭か三頭。それしか獲らなかった。肉を売ったことは一度だってない」ときっぱり言い切った。

白糠の自宅で熊猟の経験を語る根本與三郎さん

商品経済が津々浦々に行き渡った現代においても、そうやって生きてきた人がいたということは心に留め置かなくてはならない。

鹿は、近現代の聞き取りでは、美幌や足寄、浦河など限られた地域を除いて、ほとんどの地域でカムイ（神さま）としての霊送り儀礼は行われておらず、先に述べたように、熊神が自らの意志で人間界を訪れるのとは対照的に、鹿を人間界に下ろしてくれる神さまが別にいるとされている。しかし、道央ニタップナイ遺跡（胆振地方厚真町《あつまちょう》）の十七世紀の遺構から近年、鹿送りの儀礼跡が見つかったほか、幕末期、幕府のお雇い医師として釧路地方の厚岸に三年間暮らした大内余庵《よあん》が「いずれの家にも祭壇に鹿が祀られている（『東蝦夷夜話』）」と記録するなど、神さまとして霊を送り返す儀礼は、かつてはかなり行き渡っていたようである。
その一方、幕末期の十勝《とかち》地方で書かれた別の記録には「鹿を獲った後に猟が絶えることなく続くよう祭方〔儀礼〕があるのに、場所において祭ることもなく処理してしまうので、アイヌが祭神の咎《とが》があるのではと恐れている」との下りがある。[16]
これまでアイヌは鹿を獲っては儀礼を行い、儀礼を通じて鹿が再来し、資源が欠乏することなくきたのに、和人の監督のもと、交易品を「製造」する現場では、鹿を単に殺して処理するだけで、霊を送り返すという神々との決めごとはおざなりにされて一切行われない。これでは鹿が減って飢饉が起きるに違いないと、和人の元で働くアイヌの人たちは心中、恐れている——ざっとこういうことだ。これはどうみても狩猟と交易、というより商品経済との葛藤にほかならない。

今は数を増やしたエゾシカ。かつては激減し、絶滅に瀕した時期もあった

やや模式化して言えば、交易の活発化や場所支配の強化は、個々人や集落に「あなたは神々とどう向き合うのか」という、容易に答えの出ない問いを突きつけたということになる。

真駒内川を右岸に左岸にと何度も渡りながら上流を目指す

と、数十メートルおきに新たな視界が開け、景観が変わる。歩いても歩いても飽きるということがない。しかも、半日歩いても、誰一人会う人もない。

そのうち、水流が、その勢いと歳月の力で岩をくりぬいた天然のトンネルが現れた。水深はかなりあるから水中を歩いて渡ることはできない。両側も、ちょっとやそっとでは巻いて越せる感じがしない。さらに上流に行きたければ水流に逆らって泳ぐのが最善の手段のようだ。

こんな時、熊だったらどうするのか。地名の通り、ここから引き返すのか。それとも崖を登って前進するのか。あるいは泳ぐのか。人間の足しか持たない僕は、熊の頑強な爪がこの時ばかりは欲しくなる。だが、熊の爪を得るためには、ちょうど代替《だいが》わりのタイミングで、山を統治する神さまに見込まれて、新任として召し抱えられなくてはならない。

流れに逆らって、泳いで岩のトンネルを抜けるほどの勇気も自信も持ち合わせておらず、新任として召し上げられる当てもない僕たちは、多少汗はかくとしても最も安全な道を選んだ。林道のある左岸の崖にとりつき、遙か上に切り拓かれた道路に向けて、足だけでなく手も使ってよじ登り始めた。

第五章

「理不尽から逃げる」という生き方

——大《たい》雪《せつ》山《ざん》雪中行——

［章扉］探検家、松浦武四郎が160年以上も前に足跡を印した原始ヶ原（富良野市）を山スキーでたどる筆者。「松浦武四郎通過の地」の碑は下半分が雪に埋もれていた

内陸部への包囲網

生き物の中には、季節に応じてすみかを変えるものがいる。例えば、エゾシカは、冬を前に多雪地帯から少雪地帯へと移動を図る。深い雪を歩くのが得手《えて》ではないし、餌も採りにくくなるからだ。北海道の中央部ではかねて、豪雪地帯の上川地方から十勝地方への移動が繰り返され、標高二二九一メートルの旭岳を筆頭に一〇〇〇～二〇〇〇メートル級の山々が集中する大《たい》雪山系《せつさんけい》がその経路となってきた。そして、人間のハンターたちも、その鹿を追って、おのずと大雪山中を行き来していた。

『ああ、よかった、雪はまだ固い――』。山スキーで第一歩を踏み出した瞬間、ちょっとうれしくなった。大雪山系十勝岳連峰の一座を成す富良野岳《ふらのだけ》（一九一二メートル）の裾野、秋雲橋《あきぐもばし》。積もった雪が締まって歩きやすくなる春先を見計らって、僕は幕末の探検家松浦武四郎が足跡《そくせき》を印した「北海道の屋根」を目指すことにしたのだ。四月に入ってやや寒気が緩んでいたことがあって、僕にとっては雪の状態が一番の気がかりだった。

時刻は午前五時五〇分、気温はマイナス二度で無風。寒くも暑くもなく、これならウールの

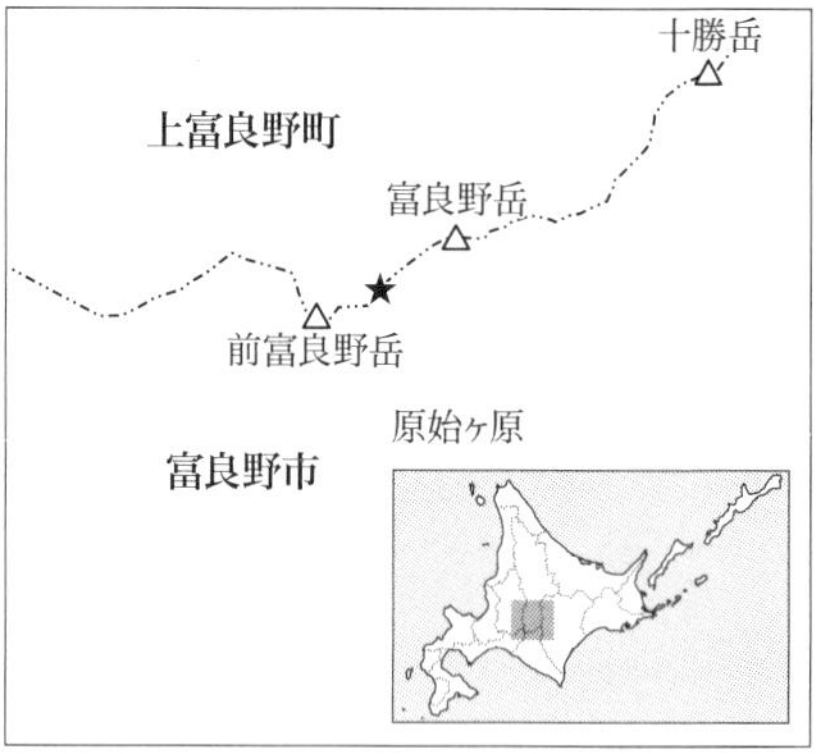

松浦武四郎が幕末に越えた富良野岳の鞍部（★印）

シャツ一枚で登れる。とはいえ、富良野岳と前富良野岳（一六二五メートル）に挟まれた鞍部《あんぶ》（コル）まで高度差約八〇〇メートル、四〜五時間の登りが待ち受けている。往復すると一五キロほどの距離になる。その道のりを思えば、喜びもつかの間だ。

北海道の山は、一月二月の真冬だと往々にして雪が深くて柔らかく、埋まりやすい。先行者がたまたまいて、道をつけてくれていれば別だが、さもなければスキーで雪をはね除《の》け道をつけるラッセル（人力除雪）を強いられる。数人でパーティーを組み、交替で先頭を務めても、汗が噴き出るほどの重労働だ。夏場は夏場で、登山道がある山ならいいが、なければ密生する笹を無理矢理かき分けて進む藪漕《やぶこ》ぎを、これまた覚悟しなくてはならない。それに比べると、堅雪の今の時期は山スキーでもスノーシュー（かんじき）でも、それほど苦労なく入って行ける。だから、かつてアイヌの人々は、この季節の到来を待って穴熊猟《あなぐまりょう》や山越えの交易・交流に出ていた。

とはいっても、陽が昇り、気温が上昇すると、雪は途端に柔らかくなり、時にべたべた、ざくざくになる。だから、この時期はなるべく早い時間帯から登り始めるに限る。

十勝への「峠」を追体験する

江戸幕府・箱館奉行所の御雇《おやとい》などとして蝦夷地を探検すること六回。あまたの紀行文や報告を残した松浦武四郎も、その辺は心得ていて、十勝岳連峰を上川側から十勝地方に越えた一八五八（安政五）年の最後の探査も、春先の堅雪の時期を選び、午前四時ごろ起きて夜明けとともに峠越えを敢行している。武四郎が実際に持ち歩いていた手控《てびかえ》（野帳《のちょう》）を基にすれば旧暦の三月十二日、新暦では四月二十五日に当たる。

松浦武四郎（三重県松阪市松浦武四郎記念館蔵）

「山はいよいよ険しくなり、およそ十丁（一・一キロ）ばかりで椴の木（トドマツ）は絶え、樺《かば》と松ばかりになった。樺は曲がって人形が左右の手を振って踊るようなさまになった。およそ五、六百間《けん》（九〇〇～一一〇〇メートル）も登り行くと、滑ってなかなか登り難い。それでみな杖を横突きにして行くと、それでもまた百間（一八〇メートル）も登ると滑っていかんともしがたい。それで鉞《まさかり》をもってみな足懸《がか》りを作り、

4月の富良野岳はいまだ雪と時に氷の世界。武四郎が「滑って登り難い」と書いた苦労を実感した（通称「ジャイアント尾根」標高1700メートル付近）

これで三、四百間（五五〇〜七〇〇メートル）登ったところ、上が少し平地になるように見えた」と、探査直後に書き上げた「戊午《ぼご》東西《とうざい》蝦夷《えぞ》山川《さんせん》地理《ち り》取調《とりしらべ》日誌《にっし》」にある。

時に武四郎四十歳。壮年期の終盤に差し掛かっていたとはいえ、健脚で知られた探検家である。その武四郎にとってさえ、かなりきつい登りだったようで、大衆向けに書いた『十勝日誌』（一八六二年公刊）には「苦しい登り道にあえぎ、……凍った雪を口に含んだり、立ち止まって息をつぐなどしながら、ようよう登って午前十時を過ぎた頃、峠の上に出ることができた」とつづっている。確かに富良野岳では四月であってもガリガリの凍結斜面（アイスバーン）に泣かされることがある。僕が武四郎と同じ上富良野《かみふらの》町《ちょう》側から別ルートの通称、ジャイアント尾根を山スキーで登った時には、標高一六〇〇メートル付近から一歩を踏み出すのも躊躇《ちゅうちょ》されるきついアイスバーンが現れた。ちなみに『十勝日誌』では日付が旧暦の三月八日になっており、手控より四日早い。

武四郎がこの時、越えた峠は、富良野岳と前富良野岳の鞍部で、標高でいうと一三五九メートル辺りになる。武四郎は上川側（上川地方上富良野町）から登り、原始ヶ原《げんしがはら》（富良野市）に下った。その後、さらに二泊を要して十勝川支流の佐幌《さほろ》川水系沿いに十勝川まで下りている。だが、上富良野側のルートはいま、陸上自衛隊上富良野演習場にかかっていて入れない。だから、僕は反対の原始ヶ原側から登り、コル（鞍部）まで行くつもりで富良野市内に前泊したのだった。

上川盆地から石狩地方を貫く石狩川が北海道第一の川であり、十勝地方に支流を張り巡らせる十勝川もまた劣らぬ大河である――。武四郎はそう見なして「石狩川は雄川、十勝川は雌川と呼ばれ、十勝川の上流には利別《トシベツ》、札内《サツナイ》、音更《オトフケ》、然別《シカリベツ》、芽室《メモロ》、ビバイロ、佐幌《サオロ》などのいずれもかなり大きな支流がある。これらの水源は、釧路、常呂《トコロ》、石狩、沙流《サル》、新冠《ニイカップ》、浦河《ウラカワ》、静内《シツナイ》、様《シャマ》似《ニ》、幌泉等々の山々に連なり、その流域の広大なことは筆にも尽くせぬほどである」[1]と記している。この一文からも、広大な石狩地方と、これまた広大な十勝地方、その二つがつながり、二つの大河が源流を巡らす山岳地帯を見てやろうという意気込みが感じ取れる。

生まれ育った伊勢国《いせのくに》（三重県松阪市）から、自ら思い立って蝦夷地の土を踏んだ一八四五（弘化二）年の初探査以来、武四郎の胸の内には南下するロシアに対する警戒感が強くあった。半世紀前には樺太やエトロフの日本の拠点がロシア軍人に襲撃される文化露寇《ろこう》事件が起きている。三年前に幕府は日露和親条約を結んだものの、樺太の国境画定には至らず、ロシアはその領有を引き続き目論《もくろ》んでいた。

原始ヶ原に向かって右脇には前富良野岳があり、まさに自分がコル(鞍部)にいることが分かる。正面手前はトウヤウスベ山で、奥の白い山頂は大麓山

初回から四回にわたる探査で北海道、樺太南部、クナシリ・エトロフ両島の海岸線をくまなく巡った武四郎は、一八五七（安政四）年の五回目からは石狩川や天塩川をたどる内陸部の調査に着手している。最後となった六回目の探査も、対ロシアの視点を秘めつつ、内陸の地理を詳《つまび》らかにし、「石狩」「十勝」両地方（西蝦夷地と東蝦夷地）を結ぶ人や物流ルートの見当を付ける狙いがあったと見られる。実際、自身がたどった道筋を探査後、箱館奉行所に「新道見込み申上書」として提出している。

富良野岳——百六十二年前と変わらぬ風景

積雪期、樺太アイヌ（エンチウ）はかつてスキーも犬ぞりも使ったが、北海道のアイヌはかんじきで山に入った。ただ、かんじきにも堅雪（締まるか凍った雪面）用と軟雪用の二種類あって、雪の状態や季節によって使い分けていた。

この時代、この時期のことである。武四郎はアイヌに倣って堅雪用のかんじきを履いて峠を越えた可能性がある。僕はといえば、戻りの時間を稼

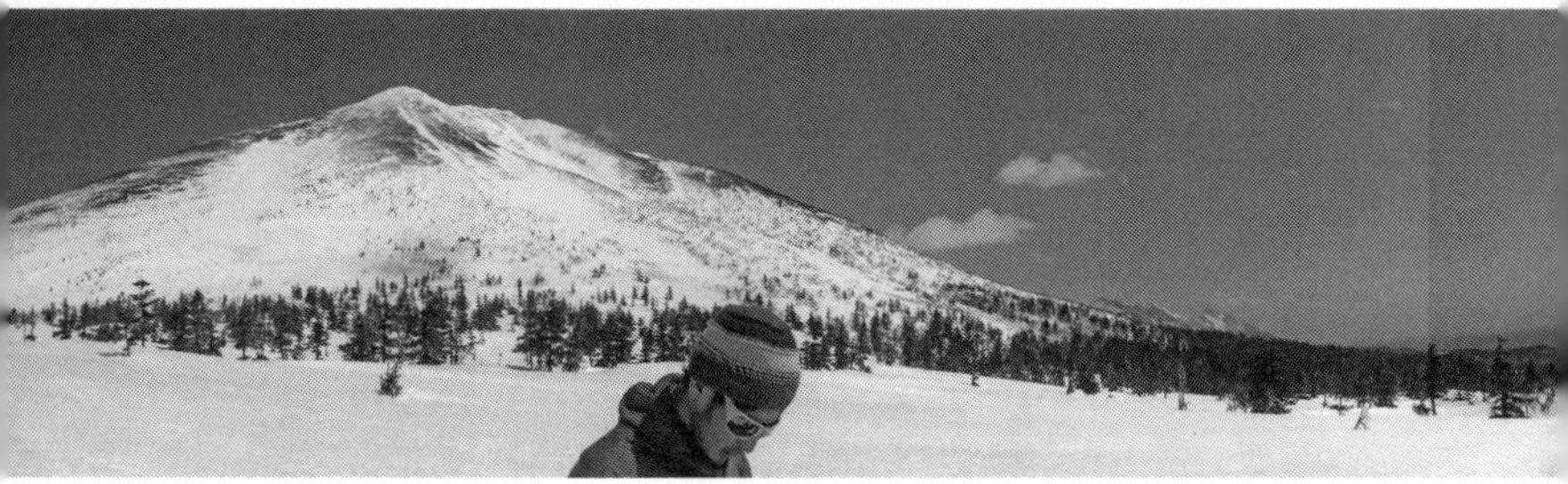

標高1359メートルのコルに立った。原始ヶ原に向かって左脇に富良野岳がある。写っているのは登山ガイドの坪島拓也さん

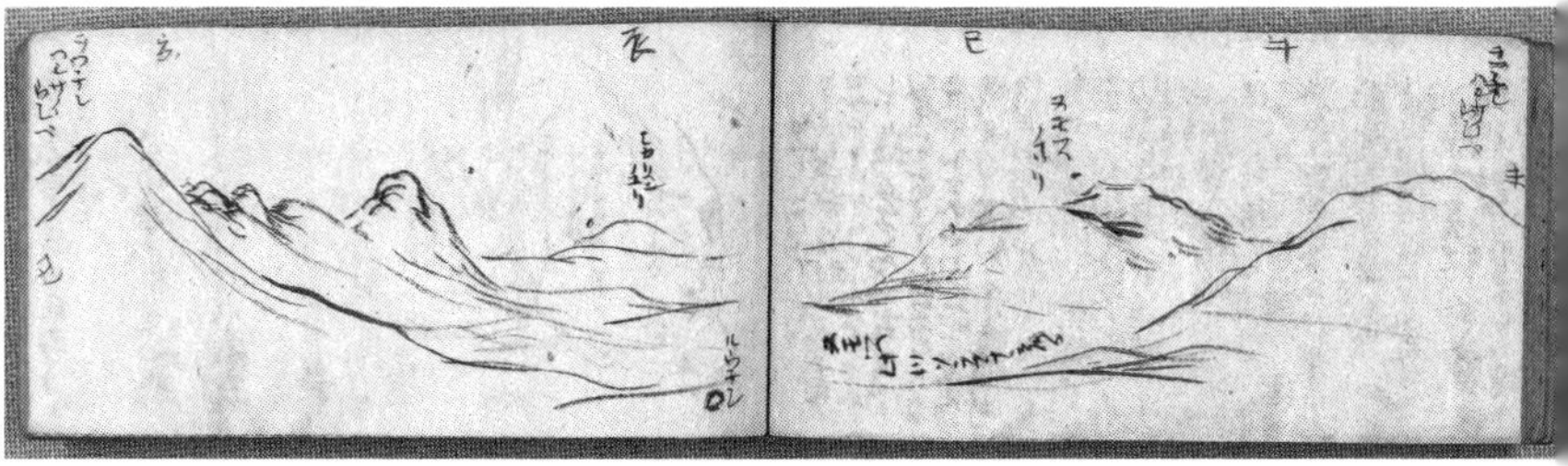

松浦武四郎が1858年（安政5年）、手控（野帳）午第一番に峠で書き付けた絵図。右端が前富良野岳で左端が富良野岳（松浦武四郎記念館蔵）

ぐことも考えて、裏に滑り止めのシールを張った山スキーを履いている。「シール」は英語でいう「アザラシ」で、毛が逆立《さかだ》つので、斜面もまっすぐ登っていくことができるのだ。今はのりが塗られた化繊（化学繊維）のものが主流で、スキーの裏に簡単に張ったり、はがしたりができる。

ガイドを務めてくれる坪島拓也さんの選択で、僕たちは山裾に刻まれた沢の深みを避けるために、沢のかなり上流側から原始ヶ原の中心部へと横断《トラバース》するルートを取った。進むに従って傾斜が増し、スキーが流されて危ない。シーアイゼン（スキー用の鉄の爪）の出番だ。アイヌの堅雪用カンジキにも、鹿の角や尖らせた木を装着できる工夫が施されていたことを思い出す。だが、滑って難儀している武四郎の山行を読むと、それを使ってなお、足をとられ、凍った斜面に足場を切りながら登らざるをえなかったのだろうかと想像しないではいられない。

ようやく原始ヶ原の湿地帯に出ると、真っ白な富良野岳が雄大な全容を現した。夏場はぬかるむ湿地であっても、今は森に囲まれた雪原の広がりで、開放感があって心地よい。

ここからは、富良野岳を真っ正面に見据えながら、比較的緩い斜面をひたすら登る。スタートから四時間半。午前一〇時過ぎに武四郎が「峠」と記したコルに反対側から差し掛かった。時刻は、武四郎が着いたのとほぼ同じだ。右脇に富良野岳、左脇に前富良野岳がそびえ、まさにフタコブラクダの背の真ん中に乗っていることが分かる。武四郎がその場で野帳に描いた風景とも合致する。

コルの平原に立つダケカンバ。曲がりくねった樹形が生命力を感じさせる

今日が二〇二〇年の四月三日だから、武四郎の峠越えから百六十二年という歳月が過ぎている。『松浦武四郎が遥か昔に目にした光景がまさに今、目の前にある』と思うと、感慨を抑えられない。北海道の広大さを実感しつつ、この地の行く末を案じた武四郎の使命感の重さもまた想像された。風の通り道のせいか、樺や松は丈が低く、ところどころ、雪にすっぽり埋もれ

たハイマツが枝葉を頭だけ覗かせている。雪面には風紋《ふうもん》が刻まれ、とっさに「雪の砂漠」という言葉が浮かんだ。

人間にとって、百六十年余の歳月は一人で見届けるには長過ぎ、世代を六つも八つも経ることになる。だが、数百年の寿命を持つ長寿木にとっては、芽吹いて壮年期を迎えるぐらいのスパンでしかない。武四郎は登りながら「樺木曲て甚《はなはだ》おもしろし」と野帳に書き付けたが、いま、コルでも曲がりくねったダケカンバが、たくましい生命力を見せつけている。武四郎が目にしたのと同じ木も、この中にあるに違いない。

峠といっても、富良野・十勝側、上富良野（上川）側の両側が切り立っているわけではなく、幅も奥行きもあるちょっとした平原という感じだ。平坦な雪原を三〇分近く歩いて、ようやく反対側、上富良野の市街地や平野部の連なりが見えた。

「人狩り」の手、上川盆地に延びる

武四郎がこの峠を越えた幕末期、本州以南では、蝦夷地から運ばれてくる鰊粕《ニシンかす》が、綿花や菜種、ミカンといった商品作物の肥料として大量に使われるようになり、北海道を遠く離れた地域の農業経済と連動する形でアイヌの徴発《ちょうはつ》や労働が過酷さを増していた。男性独身者の増加、和人に囲われたアイヌ女性に対する堕胎《だたい》の強要、それに天然痘など疫病《えきびょう》の流行も加わって、蝦夷地沿岸部のアイヌ人口はどんどん減っていく。そうなると、人手不足を補うために、各地の漁場から内陸へ、内陸へと「人狩り」の手が伸びてくる。石狩場所もその例外ではなかった。ついには石狩川を河口から一六〇キロさかのぼった上川地方にまで、有無を言わさぬ連行の手が伸びてくる。一方で、それを嫌い、十勝地方に逃げて、そのまま定住してしまう上川アイヌが多数いることも武四郎の耳に入っていた[2]。

その現状を武四郎は次のように記している。

石狩川上流の辺別《ベベツ》川という支流は、忠別《チュクベツ》川、美瑛《ビビベツ》川などという大きな川と並んでいる。そのほとりの出身のヤエケシユクというアイヌは、今は五十二歳になるという。その妻のシユツチロシは四十七、八歳で夫婦仲よく暮らし、二人の間にはイルカシという十一歳の女の子と、オカケマという十歳の子がおり、さらにその妹たちが二人できた。その下の子供たちが、まだ二、三歳のころ、妻のシユツチロシは漁場で禿頭《はげあたま》のためにカボチャと呼ばれている番人にむりに犯されてしまった。彼女は非常に怒ったのだが、相手が番人のことゆえどうすることもできず、泣く泣く、その言うことを聞いていたが、悲嘆のあまり山中に入って矢毒にするトリカブト(毒草)の根を掘り、これを食べて自殺、操《みさお》を立てたという。

するど夫のヤエケシユクは、子供たちを連れて山へ帰り、今も生きていれば八十三歳になるはずの母親、五十三歳になる姉のトアハヌ、四十八歳になる妹のムイトルマツ、四十三歳の弟シリマシナイ、その妹で三十歳になるトキサシマツ、この一族八人で辺別の地を立ち去り、ビビ（美瑛か?）、忠別などという山を越えて、太平洋岸の十勝川筋の佐《サ》幌《オロ》（現・新得《しんとく》）に移って、今も住みついているという。

ところが、それから五、六年もたってから、蝦夷地が幕府直轄となると聞いた役人たちは、そのままにしておくわけにはいかぬと気づき、通訳の増五郎という者が、忠別付近のアイヌ十人ほどをつれて佐幌に行き、ヤエケシユクに漁場に戻るよう命じた。

だが、ヤエケシユクは少しも聞き入れず、例のカボチャなる番人のしわざを詳しく申したて、ののしって、一向に帰ろうとする様子もないので、空しく引き返したという。

その後も、いろいろな宝物などを持っていき、なだめすかしてつれ帰ろうとしたが、彼はその宝物をつき返して「命は宝には替えられぬ。たった今でも石狩のやり方が改まったならば、すぐにも帰るぞ」と、使いにきたアイヌを笑い、ののしって追い返したという。

この夫婦の正義感の強いことは、まことに筆にも言葉にも尽くせるものではない。

（『アイヌ人物誌』[3]）

ヤエケシユクが言い放つ「命は宝には替えられぬ。たった今でも石狩のやり方が改まったならば、すぐにも帰るぞ」の言葉には、妻を奪われ、命まで取られた悔しさと、おとがめを恐れて急にこざかしいまねをしてきた役人への憤怒《ふんぬ》が込められ、胸に突き刺さってくるものがある。もうこうなれば、逃げられる先があれば逃げて、その先で自分なりの生き方を全うすればいい——彼の生きざまにはそうした発想と覚悟も読み取れるし、それがまた実行、実現できる余地が当時の上川、十勝地方にはあったということだ(4)。

連行逃れ集団で十勝に移住

石狩川上流の上川側から十勝に向かうに当たって、武四郎は十二人のアイヌに道案内を頼んだが、その中にはヤエケシユク同様、連行から逃れるために上川から十勝に逃げた過去を持つシリコツネとイソテクも加わっていた。二人は上川・忠別《ちゅうべつ》の長《おさ》であったシンリキが十勝へ逃れる際に同行し、長じた後、上川に戻っていたのだった。

十勝流域のアイヌたちは、特に石狩川上流の上川地方の忠別、美瑛《ビエ》、辺別《ベベツ》あたりのアイヌたちとは、互いに山中で出会っては猟をし、交流をしてきたということである。

さて、もと上川の忠別の長をつとめていたシンリキというアイヌは、この三年前に亡くなって、今は妻のイクルウェと子供たちが残っているだけだが、生まれつき豪気の人で山中の猟を好み、曲がったことは決してせず、配下のアイヌたちのためには命も惜しまず尽くしてきたという。

ところが、石狩の漁場では、石狩川の神居古潭《カムイコタン》より下流十三カ所でアイヌを使役していたが、日夜酷使をつづけて、なんの保護も加えなかったため、人口は月日を追って減少していった。寛政〔一七八九―一八〇一〕以前には十三カ所で三千二百人あまりもいたものが、文政〔一八一八―三〇〕なかばごろには千二百〜三百人ほどになってしまった。

このため石狩漁場の支配人たちは、それまで上流地方のアイヌたちは人別帳にも入れられず、漁場で使役されることもなかったのを、下流の十三カ所の人別に書き加えてしまった。

シンリキはこのことを大いに怒って、そのころ上川のチクベツフトの番屋にいた利右衛門という番人に対し「この上川地方のアイヌはこれまで交易所の人別帳には入っていなかったのを、いま、書き加えられては、この先、どのようなことが起こるかわからぬ。どうか取り消してほしい」と談判した。

利右衛門は、その道理に負けて一言も言い返せなかったが、それを恨みに思って、旭《アサ》川《カワ》(5)、比布《ヒビ》などの長を呼び集め、「シンリキはけしからぬ奴だ」などとさんざん悪口した。シンリキはこれを伝え聞き、ただちにまた番屋に出向いて、その不当を責めて談判したが、利右衛門はよそから多くのアイヌを呼び集めて「この男はきちがいだ、縄で縛りあげろ」などと命じ、いろりの火箸を執ってシンリキを叩いて追い返した。

その夜、家に戻ったシンリキは、忠別、美瑛、辺別などのアイヌたちを集めてこう告げた。

「こんど石狩の交易所では、十三カ所のアイヌたちの人数がだんだん減ったことに困って、これまで人別帳に入っていなかった上流地方のアイヌたちを、すべて人別帳に書き加えた。そこでわしは番屋に出向き、なぜ、われわれに一言の相談もなく人別帳に書き加えたのか、さっそく抜いてもらいたいと、利右衛門に談判《チャランケ》したところ、彼はわしのことを火箸で叩いたのじゃ。

それはよいとしても、もう一度、利右衛門に会って、上川のアイヌたちの名を、十三カ所の人別帳から削るよう頼んでみるが、もしそれでも承知せぬときは、わしらはこれから十勝へ行って生涯を送ろうと思うがどうか」

この言葉に、だれ一人、一言半句として異議を唱える者がなかったので、再び番屋に出向いてこのことを申し入れた。
だが、この利右衛門という男は、のちに石狩で非常な悪事を働いて長万部《オシャマンベ》領の黒松内越に移ったほどの悪党であるから、シンリキの要求にまともに答えようとせず、またもや不当な返事をして帰したという。（『アイヌ人物誌』）

人口減の嵐の中でも十勝は増加

シンリキの意志は固く、その人柄を慕う五十数人を率いて十勝に移り住む。そして、佐幌など数カ所に分散して山仕事や川漁にいそしみ、十勝の交易所に在勤する和人たちからも一目置かれて平穏な暮らしを保証されることになった。その一団にいたのが、武四郎の峠越えを案内したイソテク、シリコツネの二人だったのである。

武四郎が『近世蝦夷人物誌（アイヌ人物誌）』に盛り込んだシンリキの評伝からは、当時、上川も含めた石狩のアイヌが置かれていた状況がつぶさに読み取れる。本来、持ち場で人口が激減し、働き手が確保できなくなったのであれば、その原因を突き詰め、人を減らさないよう手当を講じるのが筋だが、場所の請負人は「人が減れば、よそから連れて来ればいい」という発想しかなかったことが分かる。

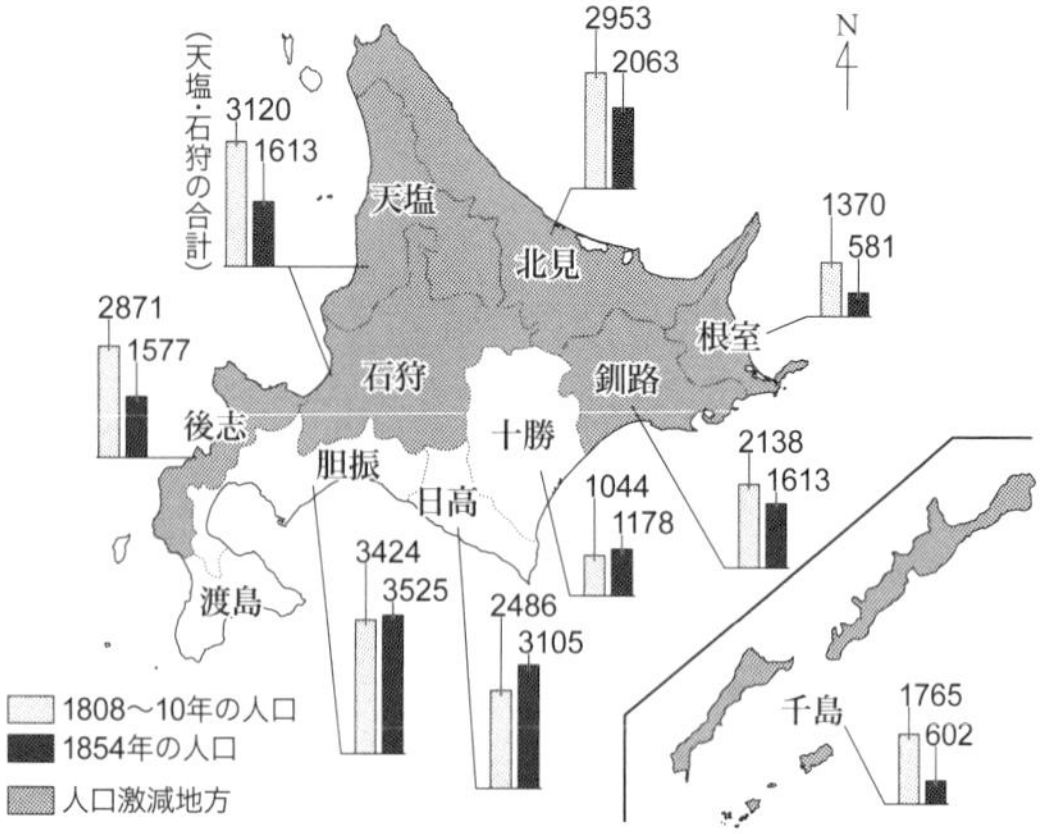

19世紀前半のアイヌ人口と人口激減地域（平山裕人『地図でみるアイヌの歴史』を基に作成）

石狩側とは対照的に、十勝側の交易所はシンリキを手厚く処遇しているから、和人たちが相応の処遇で迎えるほどの人望と勢いが、逃げて来たシンリキや同胞たちにはあったということでもある。しかも、十勝の地にはまだ、連行を免れる自由と、自らの生き方を選べる自立の余地があったことがここでもうかがえる。

十勝地方が人口の衰退を免れていることは、統計の上からも分かる。一八〇八年から一八一〇年にかけて三千百二十人を数えた石狩・天塩《てしお》地方のアイヌ人口が、四十年余りのちの一八五四年、千六百十三人に半減しているのに対し、十勝地方は千四十四人から千百七十八人へとむしろ増加しているのである。ちなみにクナシリ・メナシの戦いがあったメナシ地方を含む根室地方は千三百七十人から五百八十一人へと半数以下に、クナシリ島を含む南千島は千七百六十五人から六百二人へとほぼ三分の一に人口を減らし、目を覆うばかりの惨状だ。ほかに後志、北見、釧路地方が軒並み人口を減らしていることを考え合わせれば、この時期、人口を増やした十勝地方は、生きやすさと相まって、外からの人口流入がそれなりの数あったにちがいない。

ただ、他の地方でも、長の指導力や地域の結束力によって酷使や虐待の横行を一定程度跳ね返せていた地域もあった。たとえば、武四郎は「釧路場所においては、四十一人の番人中、三十六人までがアイヌの女性を強奪して妾とし、その夫たちを仙鳳跡《センホウシ》や厚岸《アッケシ》の漁場に労役に行かせるのがふつうとなっている。だが、白糠ではそのようなことはなく、もし一人でもそのようなことをする番人がいれば四十二軒、三百人余のアイヌたちが一致協力して、その番人を責めたてるのがならわしである[6]」と、同じ釧路地方でも、やりたい放題されていた地域と、頑強に浸食を防ぎ止めていた地域が混在していたことを書き留めている。

樺太では指導者が「防波堤」に

当時、北蝦夷地と呼ばれていた樺太でも、東海岸のシララオロ（白浦、ロシア名・ヴズモーリエ）のノテカリマが異彩を放っていた。

武四郎が彼を訪ねた一八四六（弘化三）年、「すでに七十五、六歳で、髭《ひげ》は赤く髪は白かった」が、「この者がひとたび命ずれば、南海岸のシレトコから奥、北はオロッコからタライカに至るまで従わぬ者とてなく、千余人のアイヌたちが、その一言によって支配される。このため、クシュンコタン（大泊町楠渓、大泊はロシア名コルサコフ）の通辞や支配人たちも、この老人を自由にはできない」状況だった。

アイヌを一人も交易所に行かせずにいてもこれにそむく者はなく、また支配人もその理由を問いただすこともなかったという。

そのためであろうか。西海岸方面で番人、支配人などにひどい目に合わされたアイヌたちで、この者をたよって逃げてくるものが数多くいた。追いかけてきた番人たちも、ノテカリマが彼らを世話し、かくまっていると聞くと一言もなく、空しく帰るのであった。ところが、今度また北蝦夷に渡ってみると、あの老人は七、八年前に亡くなったという。するとこの東海岸においては、足腰の立つかぎり、アイヌたちはすべてクシュンコタンに集められて酷使されるようになり、いくらか美しい女性は、人妻、娘の差別もなく番人たちの妾とされている。

そのために三十歳、四十歳になっても独身の者が数多くいた。

……今はどこへ逃げていこうとも追いかけて、捕え帰るようになった。また、東海岸のアイヌをも、みな狩り出して使うようになった、ノテカリマ存命中とは、アイヌたちへの扱いがどれほど変わったかわからぬほどであるということであった。

（『アイヌ人物誌』）

武四郎が樺太の土を再度踏んだのは一八五六（安政三）年の第四回探査の時だから、ノテカリマは武四郎と会ってわずか二、三年で亡くなったのであろう。「まことにノテカリマ一人の義勇によって、東海岸に住む一千人だけでなく、東西両海岸合わせて二千余人のアイヌたちが、どれほど恩恵を受けていたことであろうか」と、武四郎は偉大な指導者を偲《しの》びつつ、有力な後ろ盾を失った樺太アイヌへの同情心をにじませた。

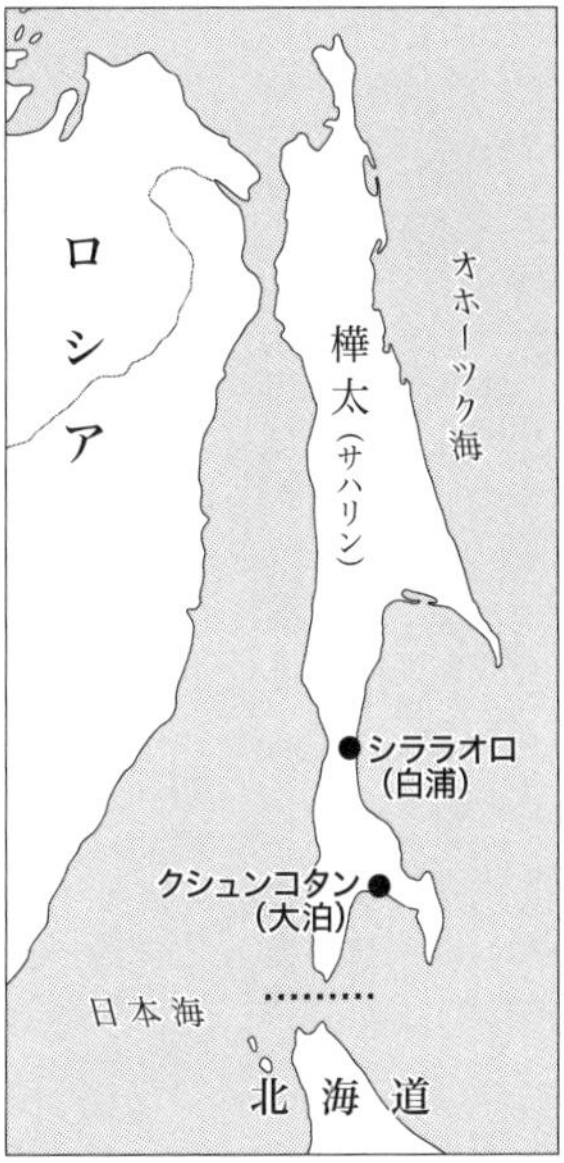

樺太アイヌの実力者がいたシララオロ

北蝦夷地は一八〇九年から主として伊達家、栖原《すはら》家が共同で請け負い、一時代は漁業で年間二〇〇〇～三〇〇〇両もの利益を上げた。だが、それは日が暮れた後も働かせ、椀一杯の飯やニシンだけで空腹を我慢させたアイヌの酷使あってのことだった。在地のアイヌは宵《よい》の明星《みょうじょう》を「スワラノチウ（栖原の星）」と恨《うら》みを込めて呼んだという。一八五五年、松前藩から幕府直轄に移行した後も、状況は改善しなかった。ロシアの南下に抗すべく幕吏を派遣し、東北諸藩に警護を命じたものの、厳寒の地ゆえに病に倒れる者が多く、越年はもとより難しかった。そういう事情もあって、栖原の支配人を幕吏に任命し、番人は栖原家の雇い身分のまま足軽に遇するなど、監督されるはずの側が監督者を兼ねる歪んだ状況が生み出されたからだ。しかも、両家はのちに幕府の直捌《じかさばき》（直営）場所の経営も任されるに至った。この状況で、いったい誰に窮状《きゅうじょう》を訴え出ることができただろう。

樺太への探検・派遣で、幕府が大きな犠牲を払わされてきたのも確かに事実ではある。田沼《たぬま》意次《おきつぐ》の蝦夷地探検では、樺太渡航を成し遂げて宗谷に戻った庵原《いはら》弥六をはじめ五人が冬を越せずに次々病《やまい》に倒れ、北海道最北の地の土となった。武四郎を伴って樺太に渡った箱館奉行支配組頭、向山《むこうやま》源太夫もまた現地で体を壊し、宗谷で果てている。とはいえ、統治や警護のかなりの部分を御用商人に委ねるとは、あるまじき姿勢ではないか。ここでも本当の犠牲者、しわ寄せを最も強く受けたのは誰だったのかと思わずにいられない。

近世漁業史を専門とする田島佳也氏は「栖原家の漁場では先のアイヌ蜂起の教訓は生かされていなかった。松前藩や幕府の黙認がそれをさらに助長、増長させたといってよいであろう(7)」と総括している。これが、松前藩の鎮圧隊が、アイヌたちの蜂起を「訴えもせずに」と断罪したクナシリ・メナシの戦いから六十年余りのちの状況だったのである。

「本当の道を教えなかった」可能性

一八五八（安政五）年、上川地方から十勝地方へと山越えの道を一歩、一歩踏みしめていた武四郎の胸中に、奥地の地理を明らかにするとともに、人や物流における内陸ルートの見当を付ける狙いがあったことは先に述べた。そして、その道案内として、古来から鹿猟などで両地域を行き来していた上川アイヌを頼ったのだった。他地域でも土地の者の先導抜きで探査は成り立たず、武四郎は行く先々で土地のアイヌを案内に頼んでいる。内陸、山越えの、地形が複雑なルートではなおさらで、彼ら抜きでは沢一つの渡渉もおぼつかなかったはずである。

上川―十勝間のアイヌの山道は、原初的には、秋から冬にかけて上川地方から雪の少ない十勝に移動し、春になると戻って来る鹿の道を人間が拝借《はいしゃく》する形で生み出されたと思われる。両地域を何百年という歳月、幾世代にもわたって行き来していれば、歩きやすい道、時間をかけないで拠点と拠点をつなぐ道がおのずと定まってくる。狩猟の民が長年の経験で築き上げたそうしたルートをまず知ることが、将来の陸路建設のヒントになり得るという発想を武四郎が持っていたとしても不思議ではない。

ところが近年、「武四郎がたどったルートは、アイヌが実際に使っていた道ではなかったのではないか」という疑問が提起された。武四郎の記録を丹念に読み込み、実際に内陸部を歩いて実地検証した研究者が、「案内のアイヌたちは、武四郎のほかにもう一人同行していた幕府の役人飯田豊之助が十勝から同胞を連れ戻す役割を帯びているかもしれないと恐れて、本当の道を教えなかったのではないか」との見方を打ち出したのである。

この、いわば「偽《にせ》ルート案内説」を展開したのは、上富良野町松浦武四郎研究会で二十年にわたって調査を続けてきた佐藤輝雄さんだった。武四郎研究の第一人者である秋葉実さんが二〇〇七年、佐藤説を取り上げて、『松浦武四郎選集（五）』に自ら解読した手控（野帳）の翻刻《ほんこく》とともに収録したことから、新説が一般に知られるようになった。

「もう一人の幕府の役人」が同行していたことに加えて、佐藤さんが挙げた偽ルートの根拠はさらに二つある。日常的に行き来して熟知しているはずの道を、武四郎たちを案内したアイヌたちが一時、迷っていること、もう一つはルートが一部で大きく迂回していることで、佐藤説を紹介した『選集（五）』の余録には「安政五年の十勝越えは故意にただの山中を引回《ひき》し」という見出しまでつけられた。武四郎読解の権威である秋葉さんが次のように記しているのを読むと、それはそれで説得力を持つ。

安政五年、松浦武四郎はクウチンコロ《門野》、イソテク《鹿田》等十二人の案内によって、三月九日

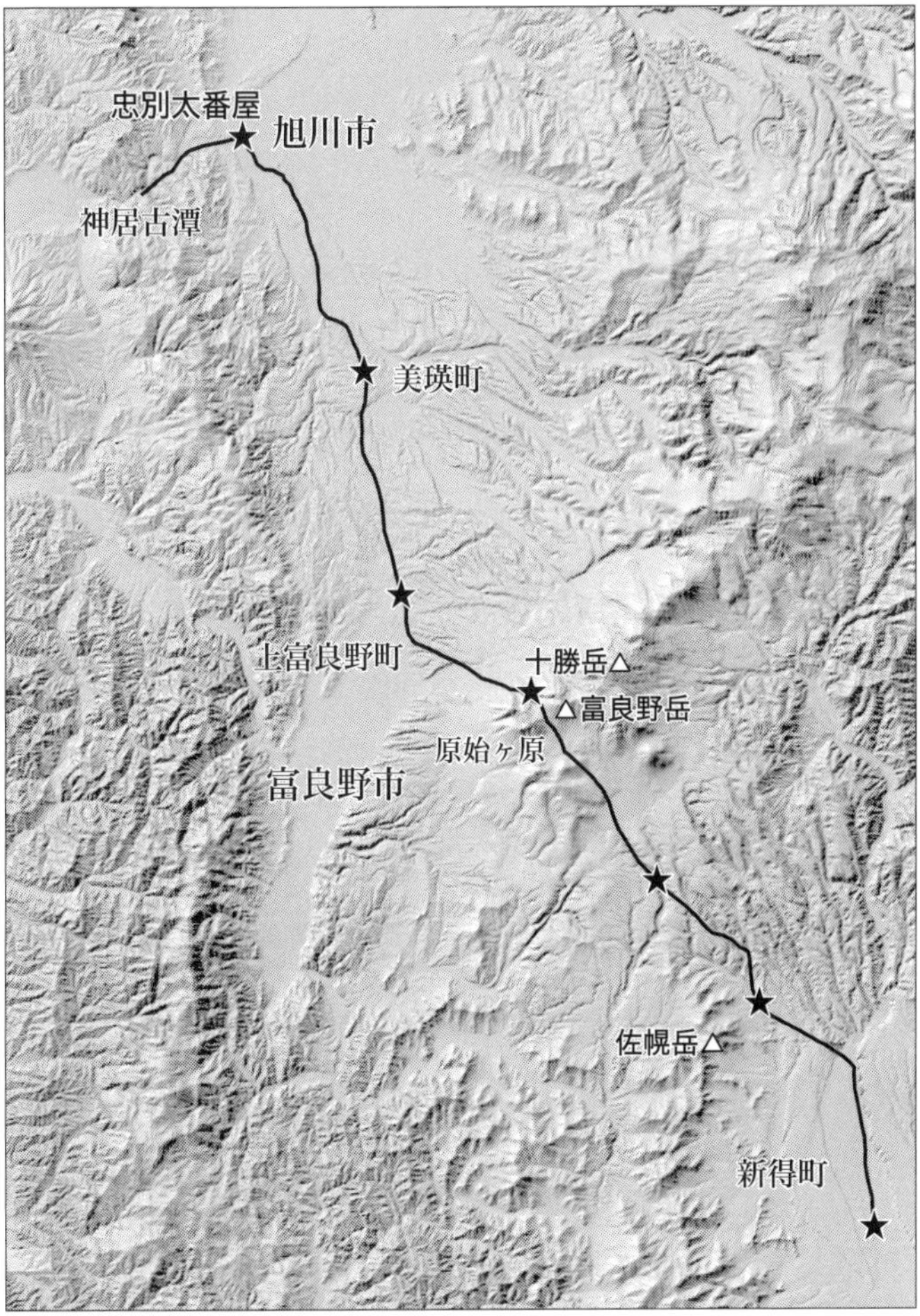

松浦武四郎が 1858 年に探査した上川から十勝へのルートと宿泊地（★印）
（山谷圭司さんの推定を基に作成）

上川チュクベツ番屋を出立、十勝へ向かったが、大湿沢地に行き当たって大きく迂回を余儀なくされたり、十勝佐幌川と思って下がったところ、石狩空知川の源流であったなど、五日間山中を迷い歩き、十四日十勝ニトマプ（清水町）へ到達した。しかし、その道すじはこれまで解明されず、謎とされていたが、上富良野町松浦武四郎研究会会員佐藤輝雄氏（八〇）の執念により、百五十年振《ぶ》りに明らかにされた。

……得られたのは「案内されたのはルウクシ（自然の道）でなく、当てずっぽうに山中を歩かされただけ」というのが結論であった。即ち石狩運上屋の苛酷な扱いに堪《た》え兼ねて、少なからぬウタレ（ウタリ＝同胞）が十勝へ逃避しているが、今回は役人の飯田豊之助が見《けん》分役《ぶんやく》として同行しており、ルウクシを知られると、折角《せっかく》十勝に安住の地を求めたウタレが、石狩へ連れ戻されるおそれがあるため、故意に山中を引回したものである。

武四郎は、イソテクなどの意図は承知していたものの、真意は彼等と同じなので、日誌ではそれに触れず、飯田豊之助は、シリ《平石》コツネなど六人に案内させ、日高の海岸通りから石狩へ帰した。そしてクウチンコロなど六人は、今度は勝手知ったる山のルウクシをたどり、大手を振って上川へ帰ったのである。

佐藤氏によると、上川からの十勝越えは、美瑛《びえい》～白金《しろがね》温泉～美瑛川水源　ルーチシ峰越し　トムラウシ温泉～十勝川筋下りが最も容易なルートであり、彼等の自然な道筋《ルウクシ》だったはずで〔ある。〕

（『松浦武四郎選集（五）』）

「武四郎は騙《だま》されていることを知っていた」

偽ルート案内説の肝《きも》は、武四郎自身は騙されていることを知ってはいたが、十勝に逃げたアイヌを連れ戻させたくないという点では、案内のアイヌと心情を同じくしていたので、知らんぷりをしながら案内されるがままの道を行ったという見解である。武四郎が書き残したものから読み取れるその性格や振る舞いから考えても、さもありなんという感じがする。

だが、この説には最近、反論が出された。「武四郎が案内されたルートは、まさにアイヌが実際に使っていた道と考えて差し支えない」との見方である。

そう主張するのは、佐藤さんと同じくお膝元の上富良野町に暮らす彫刻家の山谷《やまや》圭司さんだ。「トカチルゥチシを歩く会」の代表を務め、春先に陸上自衛隊の一時許可を得て、武四郎と同じ道を通って富良野岳・前富良野岳間のコルから原始ヶ原に下りる「トカチルゥチシ伝承堅雪フットパス」を二〇〇八年から毎年行っている。武四郎の探査から百六十年の節目に当たる二〇一八年には、旭川の神居古潭から十勝・新得町の屈足《くったり》まで、全行程一三〇キロを四回に分けて踏破する企画もやり遂げた。だから、対する佐藤説同様、山谷説も、実地を十分踏んでの見解である。

山谷さんが、実ルート説の根拠として挙げるのは、武四郎を案内した長クウチンコロ（クーチンコロ）が一八七二（明治五）年に改めて「松浦武四郎は、（自分たち）上川アイヌがかねて十勝に通行来たりし通り、神威《かむい》原野から南方鹿道《しかみち》に依《よ》り跋渉《ばっしょう》した」と証言していることだ。時代がすでに変わっており、仮に偽ルートを案内していたとしても、それを隠し、嘘をつき通す必要がなくなっていたわけだから、信憑性《しんぴょうせい》は高いと言える。

加えて、先に紹介した「十勝へ逃げたヤエケシユク」の逸話の中で「通訳の増五郎という者が、忠別付近のアイヌ十人ほどをつれて佐幌に行き、ヤエケシユクに漁場に戻るよう命じたが、ヤエケシユクは聞き入れなかった」とあったように、増五郎なる者がすでに十年も前に、十勝に逃げたアイヌを連れ戻すべく上川アイヌに道案内させた事例があるから、双方をつなぐ道は役人にはとうに知られていた、何も今さら隠す必要はなかったということも根拠に挙げる。

途中、確かに道に迷い、古来から道に通じた者の案内とは思えない箇所はある。しかし、その時は朝靄《もや》が深かったがゆえに迷ったのであり、故意とは言えないと山谷さんはみる。そして、「不自然なのは一行の足取りではなく、松浦武四郎の諸記録、特にその里呈数と方角であると考えた方が合理的なのではないだろうか」と言うのである。つまり、武四郎の記録を突き合わせ、つなぎ合わせても、なかなか実際のルートを割り出すことは難しい、回り道しているようなルートさえ想定しかねないということである。山谷さんが上川から十勝への全行程を一カ所、一カ所自分の足で検証した結果、それを確信したと聞くと、山谷説にも説得力を感じてくる。

確かに武四郎が残した記録に関しては、秋葉さんらの尽力で史料が新たに解読され、世に出るたびにこれまでの記録と食い違う箇所が見つかり、研究者やファンの頭を悩ませてきたというのが事実である。十勝越えで言えば、武四郎の記録で最初に出たのは『十勝日誌』で、これは探査から三、四年後に、誰でも読める一般出版物の形で刊行された。相前後して、武四郎は『石狩日誌』など「異国」情緒にあふれ、読み物としても優れた紀行文を次々公刊し、俗な言い方をすれば、「人気の旅行作家」としての側面も持つようになる。

幕府の雇いとして探査をしているわけだから、当然、報告書もお上に提出している。十勝越えについては、箱館奉行の蔵書印が押された実物こそ見つかっていないが、その草稿ないし控えの『戊午登加智留宇知之誌《ぼごとかちるうちしし》』が松浦家に伝来し、一九八五年に秋葉さんが解読を終え、『戊午東西蝦夷山川地理取調日誌（上）』に収録して初めて世に知れた。

一次史料として最も重要な「手控（野帳）」もまた、秋葉さんが解読を進め、二〇〇七年に『松浦武四郎選集（五）』に収録したことは先に述べた通りである。

では、武四郎が調査に持ち歩いていた手控が絶対か、と言えばそうではないと山谷さんはみる。たくさんの地名などを聞き書きしているわけだから、アイヌ語の聞き違いや書き間違いな

原始ヶ原に立つ「松浦武四郎通過の地」の碑。武四郎の一行は162年前、左奥の前富良野岳と右奥の富良野岳の間を抜けてこちら側に下りてきた

どがあってもおかしくない。アイヌがどの道を山越えの一般ルートとして使っていたのか、ということは今後も容易に決着が付けられず、それがゆえに興味もかき立て続けるに違いない。雪が多い土地に暮らすがゆえに、アイヌは行き先によっては夏の道と冬の道を使い分けていたし、同じ季節でもその時々のさまざまな条件で複数のルートから一つを選んでいたことも大いに考えられる。

いずれにおいても、武四郎が安政五年の最後の探査で富良野岳と前富良野岳の間を通ったことは武四郎自身が残した絵図からも確認でき、こればかりは歴史的事実として疑問を差し挟む余地はない。さらに、そこからは原始ヶ原に下りていくほかないから、そこにも足跡を印したことは確かである。

山スキーで武四郎と同じコルを踏んだ僕たちの復路は、未踏の雪面に思いのままのシュプールを描けて爽快だった。ただし、場所によっては樹林の間を縫って滑らないといけないので、気は緩められない。原始ヶ原の湿地帯に出てほっとしたところで、往路では通れなかった「松浦武四郎通過の地」の碑に寄った。雪はまだ深く、下半分の「通過の地」の文字は隠れて見えない。振り返ると、ついさっきまで僕たちがその中間に居た前富良野岳と富良野岳が並んで見える。復路は沢に下りてスキーを担いで小川を渡るルートを採った。

「将来、武四郎が十勝に至った全行程を、泊まりがけで歩き通したい」との思いが募り始めると、『むしろ近代装備の方が武四郎の時代よりも不利かもしれない』という気持ちも同時にわき起こった。何しろ、持って行く荷物の量、重さが全然違うのだ。

野営と言えば、現代人はテント、寝袋、マットの三点セットをまず思い浮かべる。だが、千歳のアイヌ猟師姉崎等《あねざきひとし》さんも、前章で触れた白糠の根本與三郎さんも、テントも寝袋も持たずに山中《さんちゅう》を歩き回り、雪の季節も露営《ろえい》しつつ獲物を獲っていた[8]。泊まったのは、冬も葉が落ちないために下に空洞ができる、斜めに生えたり倒れたりした松の大木の下などで、マット代わりに松の葉を敷き詰め、そばでたき火をゆっくり絶やさず燃やしてさえいれば十分暖かく眠ることができたという。また、岩が屋根のように上部にせり出した天然の岩屋

猟の途中、寝泊まりに使われてきた岩屋（恵庭市・漁川の本流のシラッチセ・小坂康撮影）

（シラッチセ）も寝泊まりに利用された。

もう一つ大きいのが、食糧の問題だ。アイヌの猟師は動物や魚といったタンパク源を現地調達できたし、鍋は白樺《しらかば》の樹皮で急ごしらえもした。武四郎の時代は鉄砲ではなく、弓矢で狩りをしたから、なおさら身軽だったはずである。これに対し、僕たちは米からおかずの具材（レトルトや軽いフリーズドライ食品も出ているが……）までザックに詰めて背負って行かなくてはならない。当然、鍋やバーナー、燃料も併せて持参することになる。僕は軽量化をかなり意識して装備をそろえてきたが、それでもザックと一人用テント、冬用寝袋、エアマットだけで約五・七キロ。日数プラス一日分の食糧・行動食、調理器具、ヘッドライト、停滞用のダウンジャケット・ダウンパンツ（ズボン）、スコップ、雪崩遭難者捜索用のプローブ（ゾンデ棒）といった最低必需品を足すだけでもずっしりと重さが増す。

もっと軽量化を試みるのなら、テントは必ずしも必要ではない。が、アイヌ式を実践するか、雪洞《せつどう》掘りやイグルー、スノーマウント（かまくら）づくりに習熟しなくてはならないし、燃料を持たない選択ではたき火の技術は必須だ。

上り下りのある雪原を、かんじきをはいて一日一五キロも二〇キロも進んだ武四郎と同じ距離を、重たいザックを背負って果たして歩けるかというと、僕自身、全く自信がない。かんじき（スノーシュー）の代わりにスキーをはいて、何とかそれだけ進めるかどうか、といった感触である。ただ、重たい荷物を背負ってのスキーは、起き上がれないような体勢で転ぶと、体力を無駄に消耗するばかりでなく、時間も浪費してしまう。待っても待っても仲間が降りて来ず、実はその状態でもがいていた――ということが、過去の冬山行ではあった。

軽い羽毛（ダウン）を高密度に詰めた冬用寝袋や最軽量金属であるチタン製の鍋やカップが手に入るようになり、登山やキャンプの道具はずいぶんと軽くはなった。だが、「もっと軽く」の志向を極限まで突き詰めても、道具をほとんど何も持たずに何とかしてきた先人たちには、どこまでいっても追いつけない。

佐幌川の岸辺に立つ松浦武四郎野宿之碑の傍らで、この場所を特定した経緯を説明する松浦武四郎研究会の秋山秀敏さん

富良野から戻った二週間余り後、十勝地方新得町の松浦武四郎研究会会員、秋山秀敏さんに、町内の佐幌川沿いに立つ「松浦武四郎野宿之地」の碑を案内してもらう機会を得た。富良野岳、前富良野岳の間を越えた後、二泊目の地である。

案内板には「箱館奉行から東西蝦夷地山川地理取調の命を受けた幕末の探検家松浦武四郎は安政五年、六度目の蝦夷地入りをし、同年三月十三日（太陽暦の四月二十六日）

に残雪きらめく狩勝《かりかち》国境を越え、新内《にいない》の一の沢を下ってこの地に足を踏み入れた。和人としては、初めての狩勝越えである。……箱館を出発して五十日目、ときに武四郎四十歳であった……」などと書かれている。

十勝アイヌを飢餓に追い込んだ明治政府

徳川幕府の瓦解《がかい》が、明治政府という近代国家の成立をもたらした時、武四郎は五十歳になっていた。上川アイヌにはこの時、さらなる厄災が降りかかろうとしていた。一八六九（明治二）年十二月、石狩、小樽などを管轄することになった兵部省石狩役所から使いの者が来る。「札幌の開拓使にではなく、石狩（兵部省）に軽物（熊の毛皮など）を納めよ。そして来春になったら上川を引き払って川下に移転せよ。従わない者は今後撫育《ぶいく》はもちろん石狩川での鮭漁を禁ずる」との通達を持ってきたのだ。この時、指導者のクウチンコロはすでに七十歳近かった。が、寄る年波《としなみ》を押して談判のため石狩に向かう。猛烈な抗議を行い、移転を事実上、撤回させた。この逸話は、談判を繰り返し、聞き入れられないと分かると十勝に移住してしまった先述のシンリキにも通じる「服従しない意志の力」を感じさせる。

上川アイヌは何とか難を逃れた。だが、今度は十勝が大変なことになる。「十勝川筋のアイヌが困窮している」との報せを受けて、開拓使の後身である札幌県が栂野四男吉を派遣したのは一八八四（明治十七）年だった。

訴えは本当だった。栂野の報告によれば「飢饉が最も酷だったのは昨年（一八八三年）冬末から今春、野草が生えるまでで、アイヌの言によれば現に十数人の死者があった。ただし、餓死かどうかは定かではない。食糧不足の例を挙げれば、一度棄てたシカの骨を煮てその汁をすすり、サケやシカの皮切れも食べ尽くして、寒中、沼池に入って貝を探り、銀世界の中でヤドリギを求めてその緑の葉を食べたという[9]」。

役人流の慎重な言い回しで「餓死」の断定を避けてはいる。だが、このような状況下、死因がそれ以外だったと推測する方が難しい。アイヌの酷使が極まった幕末期でさえ、一定程度の自立と平安を保っていられた十勝でなぜ、明治に入ってわずか十六年で飢饉が起きたのだろうか。

飢餓の背景には、明治に入って相次ぎ出された法や規則による締め付けがあった。川での鮭漁は禁じられ、鑑札（免許）制度の導入で、アイヌが鹿猟に参入すること自体が難しくなった。加えて、鹿の数そのものが激減した。開拓使による鹿肉缶詰の製造や入植者の乱獲で数を減らしたところに大雪が見舞い、大量死したのだ。鮭と鹿はアイヌにとって二大食料源である。両方を一度に失えば、飢餓に陥るのは時間の問題だった。奇しくも十勝のアイヌが飢餓に見舞われた一八八四年には、原料不足から開拓使美々《びび》鹿肉缶詰製造所（苫小牧市）が閉鎖に追い込まれている。

官によるアイヌへの圧迫が強まる中、わずかに光明が見いだされるとすれば、近傍で過酷な開墾作業に身を置いた和人入植者とアイヌの間に築かれた相互依存の関係だろう。まさにアイヌが飢餓にあえいでいた一八八三年、伊豆の依田勉三《よだべんぞう》に率いられて十勝に入植した晩成社《ばんせいしゃ》は、食べられる山菜の見分け方など酷寒の地で生き延びる術《すべ》を土地のアイヌから教わる一方、地域の役人と交渉して当座、アイヌの鮭漁を黙認させたのだ。

「開拓余録」(10)によると、役人と談判したのは晩成社三幹部の一人、渡辺勝《まさる》で、「今アイヌは鮭が捕れぬために飢えている。鮭を守るために餓死してもよろしいのか。あなたは役人であるから正式に許すわけにはいかないでしょうが、どうぞしばらくの間見てみぬふりをしていてくださいませんか」と頼み、役人から了承を得たという。こうした経緯があってか、札幌県は十勝川への看守、つまり密漁監視員の派遣をわずか一年で廃止している。

「自由の天地」は過去のものに

漁場の経営を商人任せにして、支配人や番人らの横暴を招いた江戸時代が「いい時代だった」

とはけっして言えない。しかし、その時代はまだ、商人や役人の手が延びず、アイヌが自立的に生きられる空白地帯が一部にあった。その一つが十勝地方だったと言っていい。また、場所請負制度に絡め取られず、あるいはその労働の合間を縫って狩猟や漁撈で自身や家族を潤わせる自分稼《じぶんかせぎ》の余地も一部のアイヌにはあった。だが、明治以降、政府は「法」や「規則」の網を北海道全域にくまなく張り巡らせ、アイヌから主食の鮭や鹿を取り上げ、守らない者を密漁者として冷酷に取り締まっていく。そうした明治以降の現実を見るにつけ、誰一人として見逃されることを許さない近代の方が、もしかしたら、江戸時代よりさらに残酷だったかもしれないと思わずにいられない。

明治維新から半世紀も経つと、同化政策が極まり、狩猟を主体としてきた暮らしぶりも、アイヌ語も文化・儀礼も、どんどんと失われていく。繊細な感性で、その切迫した状況をひしひしと感じ取っていたのが、登別に生まれ、旭川で少女時代を過ごしながら、一九二二（大正十一）年に十九歳の若さで夭折《ようせつ》した知里幸恵《ちりゆきえ》だった。没後に出版された『アイヌ神謡集《しんようしゅう》』の序を、彼女は「その昔この広い北海道は、私たちの先祖の自由の天地でありました」という一文から書き起こしている。アイヌが被《こうむ》ってきた歴史を知れば、それはけっして大げさな表現ではなく、幸恵が胸の内に抱えていた哀しみもまた重くのしかかってくる。

その昔この広い北海道は、私たちの先祖の自由の天地でありました。天真爛漫《てんしんらんまん》な稚児《ちご》の様《よう》に、美しい大自然に抱擁《ほうよう》されてのんびりと楽しく生活していた彼等《かれら》は、真に自然の寵児《ちょうじ》、なんという幸福な人たちであったでしょう。

冬の陸《おか》には林野をおおう深雪を蹴《け》って、大地を凍らす寒気を物ともせず山又《また》山をふみ越えて熊を狩り、夏の海には涼風泳ぐみどりの波、白い鷗《かもめ》の歌を友に木の葉の様な小舟を浮べてひねもす魚を漁り、花咲く春は軟らかな陽の光を浴びて、永久に囀《さえ》ずる小鳥と共に歌い暮らして蕗《ふき》とり蓬《よもぎ》摘み、紅葉の秋は野分に穂揃うすすきをわけて、宵まで鮭とる篝《かがり》も消え、谷間に友呼ぶ鹿の音を外に、円《まど》かな月に夢を結ぶ。嗚呼《ああ》なんという楽しい生活でしょう。平和の境、それも今は昔、夢は破れて幾十年、この地は急速な変転をなし、山野は村に、村は町にと次第次第に開けてゆく。

（『アイヌ神謡集』序）

「喪失の時代」のただ中を幸恵は生きた。とはいえ、幸恵の足跡《そくせき》を知れば、彼女自身はアイヌ語もアイヌの精神《こころ》も失っていなかったことが見て取れる。熊狩りに来た徳川義親候を案内した同時代の八雲の若手もそうだった。これは、同胞の中に同じく大切なものを持ち続ける人たちが少なからぬ数いたことを示している。そう、同化政策の嵐がいかにすさまじく吹き荒れたとしても、「民族の魂」はそう易々《やすやす》とは失われないのだ。

第六章

今も誰かが闘い続けてる

○土人《どじん》給與地《きうよち》掠奪《りやくだつ》されんとす
上川郡鷹栖村字《かみかはぐんたかすむらあざ》近文《ちかぶみ》に於《お》ける舊土人《きうどじん》給與地《きうよち》は今回《こんくわい》大倉組《おほくらぐみ》及《および》東京《とうきやう》八尾新助《やをしんすけ》の兩者《りやうしや》に於《おい》て土人《どじん》の無智蒙昧《むちもうまい》なるを奇貨《きくわ》として甘言《かんげん》以て彼等《かれら》を瞞着《まんちやく》し移轉《いてん》請願書《せいぐわんしよ》に調印《てういん》せしめ少許《せうきよ》の黄白《くわうはく》を與《あた》へ數萬圓《すまんゑん》の價格《かかく》ある該《がい》土地《とち》を押領《あうりやう》せんと專《もつぱ》ら奔走《ほんそう》中にして其筋《そのすぢ》も既《すで》に許可《きよか》せんとする場合《ばあひ》なりといふ爲《た》めに鷹栖村《たかすむら》及《およ》び旭川地方《あさひかはちはう》の人士《じんし》は非常《ひじやう》に憤慨《ふんがい》し不日《ふじつ》一大有志《だいいうし》懇親會《こんしんくわい》を開《ひら》き其《その》結果《けつくわ》大《おほい》に運動《うんどう》する處《ところ》あるべしとて目下《もくか》其準備《そのじゆんび》中なり

［章扉］近文の給与予定地が略取されようとしていることを報じた1900（明治33）年2月10日付の北海道毎日新聞。「給与地横奪されんとす」とのこの記事を発端に、近文の土地を死守する闘争が活発化した

「熊の餌食《えじき》」避け、馬でも越せぬ難路へ

「浜益に行くには三つの交通路がある」と、小樽新聞の記者、河合裸石は一九三三（昭和八）年の現地ルポ「浜益遍路《へんろ》」に書いている。この浜益が断崖の続く要害で、アイヌの英雄叙事詩発祥の地とされていることは第二章で見た通りである。

> 〔三つの交通路のうち〕一つは小樽から海路四時間を豆のような発動機船に乗って、荒浪を乗《のり》切るのであるが、これは海上平穏の日に限る話で毎日というわけにはゆかぬ。その二は石狩から厚田を経由して、名だたる難嶮《なんけん》濃昼《ごきびる》山道越えをしなければならぬのだが、山道は安政以来ほとんど手入れが施されていないので、途中山崩れがあったり、橋梁《きょうりょう》が破損したままになっていたり、あるいは丈《たけ》なす雑草が路面を覆っていて、現在では熊よりほかに通るものはなく、全くの廃道である。その三は滝川から徳富川渓谷を縫《ぬ》うて四番《よんばん》川《がわ》、泥川《どろかわ》の山隈《さんわい》をたどって行くのであるが、その間約十五里〔六〇キロ〕、人煙稀《じんえんまれ》なる深山《みやま》路《じ》で、道とは名のみ車はおろか馬でも越せぬ難路であるという。
>
> で私たちは海はアテにならず、濃昼山道の熊の餌食になるにはまだ少々浮世に未練も

あるので、結局第三の道を選ぶことにした。
（『蝦夷地は歌ふ』）

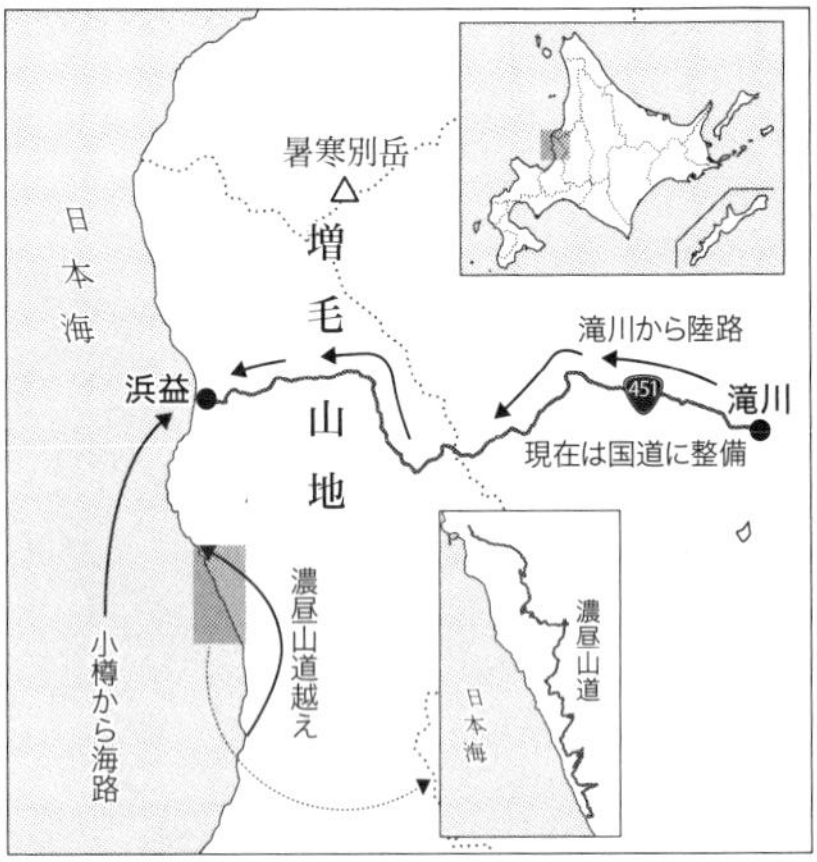

河合裸石が検討した浜益への3ルート

昭和の初期でも浜益はこのような状況で、消去法によって、裸石は「馬でも越せぬ難路」を最善の道と選んだのだった。

午前九時十三分に滝川《たきかわ》駅で下車し、雨の中、手配してあった車に乗り込んだが、二時間後、三二キロも手前で土砂が崩壊していて車は乗り捨てざるを得なくなる。幸い、連れが地元、浜益の出身だったので、青年団に渡りをつけ、荷馬車を提供してもらって先を目指したところ、浜益村役場から派遣された出迎えが、馬を三頭引いて向こうからやって来た。だが、馬に乗り換えたものの、ぬかるみに足を取られ、道行きは一向にはかどらない。

道とは名のみ、泥濘《でいねい》の川だ、泥田だ、馬も路を選んで進もうとはしない。雨はともかくとして道の悪さ、日本にもこんな悪路がまたとあろうか。四番川という駅逓《えきてい》でズブ濡れになった服をストーブで乾かしたり、渋茶でひと呼吸《いき》入れたりして、午後三時疲れ果てた馬をいたわって、際限もない泥地獄の前途に向かった。進むにつれて道は一層深刻に悪化してくる。この調子だといつになったら目的地に着くやら見当がつかぬ。

夕闇せまる午後五時半、名もふさわしい泥川部落の駅逓に着いた。ここから浜益まではまだ一里半〔六キロ〕ある。

午後九時、前方遙《はる》かの闇に、自動車のヘッドライトを認めた時の嬉《うれ》しさ。

「ずいぶん遅いでしたなァ、私たちは三時間も前から待っていました、どんなにかお疲れのことでしょう」

そう言いながら私たちを車に乗せてくれた。

（『蝦夷地は歌ふ』）

濃昼山道から遙かに望む日本海

裸石がここまでして浜益を目指したのは、どうしても会いたい人物がいたからである。その人物とは、幕末一八六四年生まれのアイヌの長老、天川《あまかわ》恵三郎（アイヌ名ヱシャラ）。石狩川を一六〇キロ遡った旭川のアイヌが丸ごと集落を奪われそうになった明治後期、この隔絶の地、浜益から出立し、救済に走った義の人である。

旭川の給与地、略取の危機

旭川（上川）のアイヌにとって、苦難は江戸後期、石狩十三場所の人別帳に名が載せられ、過酷な漁場労働に駆り出されるか、十勝地方や山中に逃げるかの選択を迫られた時期に始まっていた。前章で触れたように、明治時代に入ると今度は兵部省から下流への移転命令が発せられる。それはクウチンコロの体を張った抗議で何とか撤回させたのだった。

とはいえ、旭川市が現在、北海道第二の都市であることを見ても、上川盆地は地理上の要地で、道路建設や都市造成が進むと、各地のアイヌ集落をまずは一カ所に集約しようという話になった。集約先は旭川駅の北東三～四キロに位置する近文《ちかぶみ》（当時は鷹栖《たかす》村近文）で、一八九四（明治二十七）年に三十六戸への土地給与が決まった。

ところが、六年後の一九〇〇年、近文の近くに陸軍第七師団が移転することになると、にわかに身辺が騒がしくなる。二月十日、『北海道毎日新聞』が「給与地横奪されんとす」の見出しで、大倉組と東京の八尾新助なる者が近文のアイヌを騙して給与予定地を横領しようとしていると報じた。

事の次第はこうだった。前年、何かと世話をしてくれていた近隣の和人から「お上《かみ》は天塩の土地を、今の近文の給与地とは別にアイヌに給与すると言っている。すぐ願書に判を押して出すがよい」と勧められた当時の長、川村モノクテらは、文字が読めなかったためにその言葉を信じ込み、判をついてしまった。ところが、書類は実は「移転嘆願書」で、給与が予定された近文を放棄して天塩に移るという内容だった。

騙されたことに気づいた近文の人々は騙した男を告訴した。審理を進めるため、訴えた側のアイヌに、札幌の地方検事局から呼び出しがかかった。思いの丈《たけ》を開陳したい。だが、日本語が不自由では裁判を闘えるはずもない。それで、日本語堪能な切れ者として聞こえていた浜益の同胞、天川恵三郎に援護を頼んだのだった。

天川は小樽の生まれで、一八七三（明治六）年、小樽の量徳《りょうとく》小学校に一期生として入学すると、その頭の良さで、視察に訪れた参議兼大蔵卿《おおくらきょう》の大隈重信《おおくましげのぶ》、当時陸軍少将でのち文部卿、陸軍卿、農商務卿などを歴任する西郷従道《さいごうじゅうどう》（つぐみち）、内務官僚の白仁武《しらにたけし》らを驚かせた。大隈から「成長して東京に出たら必ず自分のところに寄れ」と目を掛けられたほどだった。

小樽郡のアイヌは江戸時代、漁場のあったクッタルシ（小樽市入船町）に集められ、天川もまたそこを第二の居住地とし、小学校に通った。次いで一八八〇年、市街化に伴って二十一戸六十七人全員が高島郡ウマヤ（小樽市手宮三丁目）に移転させられる。しかし、そこに鉄道が開通

天川恵三郎（左）**と河合裸石**（『蝦夷地は歌ふ』より転載）

すると和人が増え、一八八六年ごろには高島郡からも追われて浜益に入植する。商業都市として栄え始めていた小樽から隔絶の地、浜益へ。天川恵三郎は、自身が生まれ育った集落を失い、何度も移住を強いられるという体験をしていただけに、陰謀の匂いがぷんぷんする上川アイヌの移転問題にも他人事とは思えない共感がわいたと思われる。

上川アイヌの訴えは、言葉に長《た》けた天川を伴いながらも「不起訴」と敗北に終わり、支援に立ち上がった鷹栖村の和人、板倉才助らが北海道庁長官、園田安賢《そのだやすかた》に出した留住請願書も却下され、八方ふさがりになる。新聞が報じた大倉組といえば大倉喜八郎が率いる財閥系であり、陸軍大臣桂太郎の影もちらついていた。留住請願書を却下した園田長官もそちらの側に立っているように見える。しかるべき人たちに訴えなくては解決は望めないと判断した天川らは、訴えの場を首都東京に移す決意を固めた。

一九〇〇年四月十三日、天川は旭川の川上コヌサアイヌ、のち鷹栖村の村長となる板倉才助とともに旭川を出発し、天川は単独で大隈重信と会って窮状を訴えた。東京に滞在すること二週間余り、五月三日にようやく、内務省の白仁武北海道課長とともに園田・北海道庁長官に会うことができた。園田長官から「留住は差し支えない」という言質《げんち》を引き出し、問題はいったんは決着をみる。

だが、この時、長官は書面での確約に応じず、そこに「次なる謀議」の芽があった。給与予定地開墾のために天川が工面した借金が問題視され、近文の三十八人が「貸借関係清算のために移転する」との嘆願書を提出。それを機に、旭川町の町会（町議会）は近文のアイヌ地を町の保護下に置くよう北海道庁に求めた。一九〇五年五月には、天川が「委託金を騙し取った」として警察に引っ張られ、札幌に収監される。二度の収監を経て翌年、予審免訴《よしんめんそ》で釈放された天川は、川村モノクテらと園田長官を相手に貸付地確認訴訟を起こすが敗訴し、アイヌ地は各戸一町歩に減らされ、残りは旭川町の管理となった。

全アイヌ地の返還運動が起きたのは、それから四半世紀も経った一九三一（昭和六）年。翌三二年、近文の指導者、荒井源次郎や天川が上京したり、北海道庁に陳情したりして、三四年、旭川市旧土人保護地処分法の制定で、近文はようやく上川アイヌ安住の地となった。

人のために人生を費やした天川恵三郎

河合裸石が「馬でも越せぬ難路」を踏み分け、天川を訪ねたのは、この最終決着を見る前の年だった。

天川の旭川給与地問題とのかかわりを、裸石は次のようにまとめている。

大隈伯は非常に喜んで天川を迎え、事情を聴いて内務省へ渡りをつけてくれた。時の内務大臣は顔見知りの西郷従道さんであったので、すこぶる好都合に話がついて、掠奪された土地が開墾を条件にキッパリともとのごとくにアイヌに下付されることに確定した。喜び勇んで郷土に帰ると同族は感泣《かんきゅう》してその労苦を謝した。アイヌらは馬を入れたり機械を入れたりして懸命に開墾をつづけ、二年の後にはりっぱに開墾してハイ出来ましたと下付の指令を求めた。ところが時の長官園田安賢や町長らが旭川のために、この給与地をアイヌに付与しては将来に禍根《かこん》をのこすという見解から、またしても変な策動となって、天川は今度は私印盗用、官文書偽造というとんでもない罪名で投獄となった。もとより天川には身に覚えのないことなので、九カ月目に冤罪《えんざい》が晴れて出獄したが、苦《く》心惨憺《しんさんたん》した給与地は旭川町の所有となっていたのに驚き、天川は決然町長を相手に告訴した。正義争いは最初から天川の勝ち目であったので、形勢不利とみた町長はある条件で告訴を取り下げさせた。

齢七十歳になろうとする天川翁は、訪《と》う人ごとにこの苦しかりし日の思い出を縷々《るる》として物語るのを一つの誇りとも、御馳走ともしていた。

炉辺《ろへん》を囲み、玉蜀黍《とうもろこし》を食べながら、莽蒼《ぼうそう》〔もうそう〕たるアイヌ王と対談していると、身は太古の世界に在《あ》るかの思いがする。かくして夕陽がオサツナイの高原に戦《そよ》ぐブシの花を彩る頃、天川邸を辞した。

(『蝦夷地は歌ふ』)


裸石が「身は太古の世界に在るかの思いがする」と感想をつづったのは、天川翁の話の中に、熊の追跡をめぐる知恵比べがあったからである。熊は追われていることを察知すると、自分の足跡を踏みながら逆戻りして、ひょいと横飛びに藪に入り、追っ手をやり過ごしたり、別の方角に逃げたり、あるいは背後から追っ手を襲ったりする。熊撃ちの経験を積んでいた天川翁は、この「止《と》め足《あし》」を見抜き、熊のさらに上手《うわて》を行って対決してきたというのである。

未決監に長期間収監されたり、警察の常時監視を受けたり、世間の権謀術数《けんぼうじゅっすう》の怒濤《どとう》をかいくぐってきたとはいえ、天川恵三郎という人の本質はやはり狩猟の民だったかもしれない。だが、怪傑《かいけつ》と言っていい働きをしてきた天川も、河合を自宅に迎えた翌一九三四年、札幌で急死する。まさに旭川の給与地問題が最終決着を見たその年だった。自分のためというよりも、人のために費やした生涯だった(1)。

木洩れ陽がスポットライトのように模様を織りなす夏の濃昼山道

裸石が八十七年前、艱難辛苦《かんなんしんく》の末、滝川から浜益へとたどった悪路は今、国道となって往時とは隔世の感がある。裸石が十二時間かけて行った道を、わずか一時間余りで行き着ける。旭川と浜益の間を何度も往復した天川恵三郎、その天川を旭川の手前、滝川から訪ねた河合裸石の気概に少しでも近づくために、僕は裸石が「熊よりほかに通るものはない」と、避けた濃昼山道（一一キロ）を歩くことにした。

裸石が言う「名だたる難嶮」から想像していたのとは違って、道は細いなりにも歩きやすく、緑が多くさわやかだ。荒れ果てていたのをみかねた有志が濃昼山道保存会を結成し、二〇〇五年に復元にこぎ着けたうえに、その後も継続的に草刈りをしてくれているという。とはいえ、一時間歩いても、二時間歩いても全く人っ子一人会わない。ここまで人の気配がない道も珍しい。もしもここで何か事が起きたら、発見されるまでいったいどのくらい時間がかかることだろう。国道からかなり内陸に入るからか、海岸沿いの国道を通行する車両の音も一切聞こえない。下界に下りたら、人という人が消えていた――なんていうSFチックな想像も脳裏をよぎる。

どこまでも癒《い》えない悔しさ

人跡隔絶《じんせきかくぜつ》された古道をひたすら歩いていると、キツネ神《ケマコシネカムイ》の悔しさをつづったアイヌの口承「ケマコシネカムイの嘆き」が思い浮かんだ。人間の村を見守るために神々の国から人間界に派遣されたものの、彫り物に夢中になっていた隙に何者かによって人間が滅ぼされ、役割を果たせなかったことを悔やみに悔やみ続ける物語である。

人間の村を治めるために、天上の国から私〔キツネ神〕は下ろされて、人間の村　村のはずれに神の山、山の頂上に大きな板造《いたづくり》の家　大きな家を神々がたてて、そこへ私は下ろされました。

そこに落ち着き、人間の村に目を向けて、人間の立派《りっぱ》な男たち、女たちを治めて暮らし、刀の鞘ほり　模様彫りに没頭していましたが、ある日、カケス男が「これ、偉い神よ。尊いお方よ。人間のおかげであなたは木幣〔イナウ〕を受け取り、あなたは得意になっている。人間の立派な男たちが死んでしまいそうなのに、どうしているのですか。何をしているのですか」と意見する。悪い神が私をだまそうとしているのかと思ったので、聞かないふりをしていると、今度はミソサザイの神が「ほんとうにまあ、この偉い神さまよ。あなたが尊敬された人間の村が消えてしまったのに、何をしているのですか」と言ってくる。

悪いお方たちがだましているのだと思いながら、人間の村を振り向き、見ると、まったくそのとおりで、煙の影も形もなく、人影もない。私は泣きながら「かわいそうに。人間の立派な男たちが、人間の淑女たちが、ちょっと私が何かをして、私の仲間たちに目を向ける合間に、悪い神がだまして人間がみんな殺されたのだろうか」と山を下り、浜に下りました。

（「ケマコシネカムイの嘆き」）

動揺を抑えられず、キツネ神は泣きながら「どうしてここにおまえはいるんだ」と自問し、身を投げ出し、手で砂の地面をたたく。そして猟場を飛び回って木の葉とフキの葉を集めると、その葉で三十人の女と三十人の男を作り、大きな舟もこしらえて海に出た。

「仲間よ、さあ漕ぎなさい」とキツネ神は言い、舟の中でも泣きながら手で舟底を叩き、「かわいそうなことに、人間の立派な男や淑女たちを私は殺してしまった」とふて寝し、起き上がることもしないでまた泣いていた。

舟はついに、天地の果てるところに至った。そこまで行ってもキツネ神は泣き続けていた。

するると、仲間たちが声を上げる。

「大変です、尊い神さまよ。起き上がって見て。太陽の神さま、女神さまがずっと遠くから私たちの方へ降りるのですよ」

海岸線を歩くキツネ

私〔キツネ神〕が泣いていると、仲間たちは男も畏《かしこ》まって座っているようです。私は聞いた。この舟のそばに女神が着く音を。女神は「偉い神。偉いお方。家を建てて、ここにいなさい。そうしたら一年に一度ずつ人間の村を、人間の世界をあなたに見せに私が連れて行くから。尊い神よ、気持ちを落ち着けなさい。あんまり泣かないで。顔を上げて仲間たちに家をつくるよう命じなさいよ」と言う。なんとまあ、私は感謝して、感謝の涙を流して、頭を上げることさえできない。仲間たちは一緒に走り回り、私は感謝しました。尊い神さま。尊い女神さま。太陽の神さまのおかげで広いところに私たちはいることができる。その広いこと広いこと。猟場もいいし水もいい。ということで、私の仲間たち、女たちが草を刈り、男も木を伐って毎日家をつくるのを私は聞きながら泣いていました。

（「ケマコシネカムイの嘆き」）

人が変わってしまった大首長

人間の村がこうも簡単に滅んでしまうものなのか――。この物語からは、そういう思いを禁じ得ない。とはいえ、現実の歴史を振り返れば、天川恵三郎少年が住んでいた小樽の集住地しかり、明治初期にあった札幌中心部の四つのコタンしかりで、なくなってしまったコタンや集住地は、すぐにでもいくつか数え上げることができる。

すでに江戸時代から、和人の圧を受けてコタンが滅ぼされる事例は起きていた。例えば、松浦武四郎は次のように書き残している。

厚岸漁場は、寛政・文化（一七八九―一八一八）のころまでは、人口が増え続けて、ますます栄え、文政五年（一八二二）、幕府から松前藩にお引渡しとなった当時も人家百六十四軒、人口八百四人もあったという。その後、悪徳商人たちの手に落ちてからは、アイヌたちが昼夜の差別もなく酷使された。その証拠には、去る辰年（安政三年、一八五六）に聞いたところでは、人家はようやく四十八軒、人口は二百六人残っているだけとなり、ノコベリベツは今は一軒残らず死に絶えて無人の地になったという。
（『アイヌ人物誌』）

滅んでしまったノコベリベツは、今の釧路地方浜中町円朱別《はまなかちょうえんしゅべつ》に当たるようだが、厚岸漁場（厚岸場所）といえば、一七八九年のクナシリ・メナシの戦いでアイヌ側と松前藩の間に立って帰順《きじゅん》を説いた大首長イコトイの根拠地である。戦いのあと、松前藩は、鎮静化に功績のあったイコトイのほか、クナシリ島のツキノエ、根室地方（メナシ地域も含む）のションコといった指導者層を「御味方《おみかた》蝦夷（アイヌ）」と呼んで処遇した。イコトイは戦いの当時、三十歳ぐらいの若さだったから、武四郎の記述からは彼が健在だった時代は人口が増え、それなりの繁栄を享受していたことがうかがえる。だが、その後、地域がこれほどまでに衰退したのだとすれば、イコトイがつなぎ止めたものも、長くは続かなかったことになる。

地域のアイヌ指導者たちが、いきり立つ同胞たちを諌《いさ》めたのは、松前軍と真っ正面から戦っても勝ち目はない、自分たちからも相手方からも多くの血が流れるばかりでなく、のちに、より過酷な弾圧が待っている——との読みがあってのことだったと思われる。だから、矛を収めるように説得しつつも、指導者たちは松前藩に心から服していたわけではなかった。

だが、同胞の処刑という結末を迎えたことにはどうだっただろう。人の上に立つ才覚を備えた人たちであったがゆえに、極刑はある程度、予測し、覚悟もしていたのだろうが、戦わずして武器を捨てる道を説いた自身の行動に、動揺はなかったか。中には自分の息子を差し出す形で刑場に送ってしまったツキノエのような指導者もいたのだ。その後、表立っての批判はなかったかもしれないが、こうした首長層に対して、残された者たちから恨み辛みの視線が向けられたこともまた想像に難くない。その首長の中でもイコトイは、戦いのあと、常軌を逸した行動を取るようになった。

もともとはそんな男ではなかった。目先が利き、行動力もあって、戦いの三年前に当たる一七八六年には、蝦夷地を探検に来た幕府の役人に「米やタバコを自前で栽培したいので種を渡してほしい。江戸からの船は歓迎する(2)」などと持ちかけ、松前藩や場所請負商人との縁を絶ちきり、頭越しででも江戸と直接的な関係を築こうとする気概をみせている。

この探検に加わっていた最上徳内の記述も好意的だ。偽物の熊の胆《い》をつかまされた松前藩の役人が、イコトイを呼び出して不行き届きを詰問したところ、イコトイは「これはクナシリ島に渡って求めてきたものであって、クナシリ島のアイヌの成したことである」などと申し開きをした。役人は「このような弁舌をアイヌがするとは思えない、通辞《つうじ》（通訳）が言葉を飾って伝えているにちがいない」と、和人の通訳の方を捕らえて仮牢に入れてしまった。すると、イコトイらは「この難はアイヌの側から起きたことで、このまま捨て置くことはできない」と、秘蔵していた太刀《たち》など宝物の数々を差し出して、通訳の解放を嘆願したというのである。これには藩の役人も応じないわけにはいかなかった。

戦いの時、イコトイはエトロフ島にいて、戦いの勃発を伝聞で知ったが、厚岸場所からクナシリ島に出張していた和人の伝七、吉兵衛の二人に関しては、彼らが殺されることのないよう百七十〜百八十人もの手下《てか》を付けてアッケシ（厚岸）まで護送させた。

ところが、戦いのあとのイコトイは、一七九八年以来、幕命《ばくめい》で蝦夷地を探査した近藤重蔵から「悪党」と呼ばれるほど人が変わってしまった。この時、「蝦夷地を幕府の直轄にする」と伝えに来た重蔵を「お前程度の男にそんな言い方をされることはない(3)」といなし、重蔵本人の心象をまず悪くしている。

戦いの記憶がまだ生々しかったであろう一七九五年、イコトイは口論になった同胞のクランベを打ち殺し、さらにはクランベ一族の女性もウルップ島に連れて行って亡き者にしてしまう。島では越冬食糧が不足する折、イコトイの干し魚に手を付けようとした手下もいて、その男もイコトイは殺してしまう。この冬の飢餓は深刻で、引き連れてきたうちの四十〜五十人を死なせてしまった……。近藤重蔵はほかにもいくつかの悪行をあげつらっている。ただし、クナシリ、エトロフを引き揚げて拠点のアッケシに戻った一八〇〇年を境に「イコトイは心を改めた」

とされている。以後、目立った行動は記録されず、四十歳代になって以降の消息はおぼろになる。とすると、クナシリ・メナシの戦い後、約十年間にわたってこの大首長は「心がすさみ、荒れていた」ということになろうか。戦いの収拾に当たった重圧をひきずっていたからか、和人の侵食に対して自分たちはもはや抵抗できなくなった無力感、絶望感からか……。さらに言えば、ウルップ島との間を自在に行き来できたイコトイは、自分たちはロシアにかしずく者でもなければ、日本に組み込まれた者でもないという矜持《きょうじ》を持っていた。それが突き崩されてゆく閉塞感も大きかったのではなかろうか。

勢いのあった時代のイコトイは「エトロフまでは日本の役人も居るようになり『日本地』ということかも知れないが、ウルップ島は違って『外国の形』である。ロシア人の『運上屋《うんじょうや》』もある。しかし、ウルップ島は古く『度々《たびたび》の合戦』をして〔われわれアイヌが〕ロシア人を『勝ち伏せ』て、『我所領《わが》』にしたところである。『運上屋』も『運上』を〔われわれが〕とり立てて、置かせてやっているのだ」と言ったと伝えられている。[4] それが、一七九九年に東蝦夷地が幕府直轄とされたあとはエトロフ島にも幕府の役人が派遣されるようになり、イコトイは「ウルップ島で取り引きしてはならぬ、必ずエトロフ島に戻って来て売買するように」との条件をのまされる。そうした状況を受けて、イコトイは一八〇〇年、クナシリ、エトロフを引き揚げてアッケシに戻って来るのだ。傍目《はため》からは「心を改めた」ように見えたというが、そんなひと言で括れるほど単純な心理状況ではなかったはずである。

日露の条約でエトロフ島とウルップ島の間に国境線が引かれ、ウルップ以東がロシア領、エトロフ以西が日本領とされるのは一八五五（和暦では一八五四）年である。だが、この半世紀も前から、アイヌにとっては越えるに越えられない境界線がそこに引かれつつあったのだ。

集落丸ごとの消滅

かくて松前藩や幕府の目をかいくぐって行き来できるグレーゾーンがなくなり、集落の消滅も起き、上川地方や十勝地方の内陸部にあった逃げ場も狭められていく。明治維新後、近代に入ると、その流れはさらに加速する。集落丸ごとの移住政策さえ抵抗なく行われていったからだ。明治前期に札幌や小樽からコタンが消えたことはすでに述べた通りで、小樽の場合は行政から集落全体の移転が命じられている。一八七五（明治八）年の樺太千島交換条約では、政府が樺太アイヌ、北千島アイヌ双方を甘言《かんげん》・虚言《きょげん》を弄《ろう》したり、威圧を加えたりして集団移住させた。(5)

一八八五（明治十八）年には、今の釧路に暮らしていた二十七戸が、農耕・授産で自活させるとの名目で雪裡川《せつりがわ》上流のセツリ原野（釧路地方鶴居村）に移住させられている。先述の熊撃ち、八重九郎さんの一族も、この二十七戸に含まれていた。事前に署名捺印《なついん》のある「移住願」が出

されてはいるが、郡役所の係官が代筆して拇印《ぼいん》を押させたとみられている。(6)

道央・空知地方のコタンも移住政策による廃村を免れなかった。大水害に見舞われた奈良県十津川《とつかわ》村の約二千五百人を移民として迎え入れるため、一八八九(明治二十二)年前後、石狩川中流域の徳富、浦臼《うらうす》、雨竜などのアイヌ二十六戸が石狩川右岸ウシスベツの給与地に集められた。場所は今の新十津川《しんとつかわ》町内に当たる。だが、その後、給与地の所有権はことごとく和人に移ってしまう。土地を失った中には、元は雨竜のフシココタンに暮らしていた杉村キナラブックの父親、つまり杉村京子さんの祖父に当たる稲高トンビンもいた。(7) 土地を失ったアイヌの多くはワッカウェンベツ(新十津川町吉野地区)の山奥に新たな土地の給与を受けて移り住んだが、地名からして「ワッカ(水)ウェン(悪い)ベツ(川)」である。僕が訪ねた二〇一六年、ワッカウェンベツの奥地には、もはや誰も住んではいなかった。

一九一四(大正三)年には、新冠御料牧場《にいかっぷごりょう》の用地確保のために姉去《あねさる》(日高地方新冠町大富)コタンの七十戸約三百人が、二年以内に五〇キロ内陸の上貫気別《かみぬきべつ》(平取町旭《びらとりちょう》)に移転するよう命じられた。一九一六年までに姉去コタンは消滅。入植先は未開地で、開墾に困難を極めた結果、離散が相次いだ。僕は新十津川と同じ二〇一六年、上貫気別も訪ねたが、かつての集住地は更地と化していた。重要なのは、これらはあくまで全体の一部に過ぎないということだ。

なぜゆえに人間の村が消滅する物語、その失態を悔やみ続けるキツネ神の物語が生まれたのかは分からない。だが、この物語が語られる時、集落を失った当事者であれば、涙なしには語ることができず、聴く者からも嗚咽《おえつ》が漏れたのではなかろうか。

キツネ神の物語は、果ての地にたどり着いて終わりではない。キツネ神は、新たな安住の地でも泣きながら食べるものも喉を通らず寝てばかりいたが、そうこうするうちに、太陽の女神が約束した、人間の村を訪ねる年に一度の日がやってくる。

私は泣きながら、手を取られて外に出た。女神さま、太陽の女神が「尊い神さまよ。どこまでもあなたが惜しんで泣いても、人間の立派な男たちは蘇《よみがえ》らないのに、あなたは泣いてばかりいるのですか。さあ、私が連れて破壊された村をあなたにお見せしますよ」と言いながら私の手を取って、それから私は泣きながらどこへなのか、連れられて……女神が、太陽の女神が「目を開けて、見なさい」と、私に言いました。

「ずっとあなたが惜しんだ村、一軒の家、人間が一人二人いるようで、煙が立つよ。見なさい見なさい」と。涙を拭って真下を私が見ると、たくさんの家。その一軒の家、二軒の家から煙が出るさまを私は見ました。

（「ケマコシネカムイの嘆き」）

滅ぼされた村は今はもう無人の廃村ではなかった。ほんのわずかではあったが、キツネ神は人が新たに暮らし始めた形跡を認める。年に一度の訪問を繰り返すうちに、たくさんの煙が出て、男も女も歩き回るのが目にできるようになった。キツネ神はそれでも、自分の落ち度で村を滅ぼしてしまった過去を悔やみ、泣き続けるが、女神から励まされ、叱られ、ついには「私は安心した。天に帰る」と、果ての地を去る決心をする。

キツネ神が、失われた人間たちの命をこれほどまでにいとおしみ、泣き暮らし、その心の痛みを太陽の女神が少しずつ癒やしていく展開からは、カムイ《神さま》たちがどれほど人間の行く末を案じ、一人一人の命を重く受け止めているのかが伝わってくる。だが、命の重みに加えて、もう一つ肝心なメッセージは、人間の国土や集落は、たとえどれほど荒廃したとしても自律的に再生する力を持っているということだ。

鮭を迎える儀式の復活

札幌にあった四つのコタンが四つとも消滅しておよそ一〇〇年たった一九八二年九月。札幌市中心部を流れる豊平川の河川敷に、神々に感謝するアイヌ語の祈りが響いた。札幌の木彫家、豊川重雄さんが、釧路出身でアイヌ解放同盟代表の結城庄司《ゆうきしょうじ》さんとともに、鮭を迎える儀式「アシㇼチェプノミ」を、およそ百年ぶりに北海道内で復活させたのだ。

豊川さん自身は石狩川河口に近い石狩町（現・石狩市）の生振《おやふる》コタンで生まれ育ち、家業の漁師を一時、継いだ。だが、祖先は北大農学部近辺にあったサクㇱコトニコタンに暮らしていた。まさに消滅した札幌のコタンの直系だったのである。

札幌・豊平川河川敷でアシㇼチェㇷ゚ノミの祭司を務める静内の葛野辰次郎エカシ（1993年）

札幌のコタンの末裔が儀式を復活させたその意義は小さくなかった。熊の霊送り儀礼といったアイヌの重要儀礼は、川筋のいくつもの集落から主《おも》だった人たちを招いて行われてきた。(8) 主催するには財力や指導力の裏打ちも必要で、札幌での熊の霊送りに関して言えば、一八七〇（明治三）年にハッサムコタンで行われたのが記録に残る最後のようである。(9) この時も他集落から人が招かれたに違いない。そこからは、明治の初めのこの時期、札幌のコタンがそれなりの資力や暮らしの上の余裕を保っていたことがうかがえる。儀礼が、川筋集落間のつながりを再確認し、結束を維持する役割を果たしていたのだとすれば、コタンの消滅は、一つの集落の消滅や儀礼の喪失にとどまらず、川筋各集落の連携、

儀式用の鮭を捕る許可を勝ち取り、鮭を迎える儀式に向けて石狩川河口で網を掛ける豊川重雄さん（「アシㇼチェㇷ゚ノミ　30年のあゆみ」から転載）

コミュニティーもまた崩壊させていく元凶となったと考えられる。裏を返せば、鮭を迎える儀式の復活は、広範囲の人々を巻き込んでの「コミュニティーの再生」をもまた予兆させる出来事だったのである。

とはいえ、「川で鮭を捕ることはまかりならぬ」という明治以来の御法度に変わりはない。鮭を自らの手で捕って神々に感謝を捧げてきた一〇〇年以上前のやり方を再現することは依然、できない相談だった。翌年、相方の闘士、結城庄司さんが亡くなるが、豊川さんは儀式の完全復活を諦めなかった。札幌アイヌ文化協会の会長として各方面に働きかけた結果、復活から五年後の一九八七年、「儀式や伝統技術の継承に限って」という条件つきで、鮭を捕る特例措置（特別採捕）を横路孝弘《よこみちたかひろ》知事から認められた。それがかつてのメナシ地方、標津町の薫別川で伝統漁具を使って捕った五匹の鮭だったのだ。

その後は石狩川の河口に網を入れて捕るようになった。僕が豊川さんの工房をよく訪ねていた一九九〇年代、儀式が行われる九月が近づいてくると、「今年は何日に鮭が上がって来るかなあ」「いつ石狩川の河口に網を入れようか」とそわそわするのが常だった。木彫りの手を休めて「参加してくれる人に、鮭を一匹ずつお土産に持たせたいんだ」とも口にした。そんな豊川さんに、僕はアイヌの血がたぎるのを感じ取った。さらに進んで、みなで鮭を捕って家に持ち帰り、食卓で鮭料理を囲む日が再び来ることを切望していた。儀式にとどまらず、自家消費のための捕獲権を取り戻すことが次なる願いだったのだ。加えて、札幌で熊の霊送りを復活させることも思い描いていた。だが、どちらも日の目をみることのないまま二〇一五年二月、八十代半ばで亡くなってしまった。

捕ろうとする長老　阻止する警察

先駆けを失っても、鮭の捕獲権を巡る闘いは終わらなかった。

亡くなった豊川さんの遺志を受け継ぐかのように、三年後の二〇一八年八月、「自分たちアイヌはもともと川で自由に鮭を捕ってきた。自らの意思で鮭を捕る権利があるんだ」と、札幌から二五〇キロ離れたオホーツク海沿岸のまち、紋別《もんべつ》から声が上がった。訴えの主は、七十六歳になる紋別アイヌ協会の畠山敏《さとし》会長(10)だった。

「おれは許可のお伺いを立てずに捕る」と、畠山さんが儀式用鮭の捕獲申請を出さずに鮭を捕る決意を固めたことを耳にした僕は、八月三十一日の午前三時、札幌の自宅から車で紋別に向かった。着くと、バッコヤナギをくり抜いてつくった丸木舟を、畠山さんがまさにトラックに積み込むところだった。畠山さんや儀式の参加者と一緒に藻別《もべつ》川の河口に行くと、コンクリートの護岸を一〇人前後の警察官が固めている。

「畠山さん、許可を取ってください。許可がないと捕らせることはできません」。その一点張りだ。警察も北海道庁も、畠山さんの動きを徹底的に封じた。

2019年9月1日、鮭を迎える儀式に供える鮭を藻別川で捕る紋別アイヌ協会の畠山敏会長。北海道庁に許可申請を出さなかったことを咎められ、密漁として告発された

その行為に対し、「紙一枚出せばいいだけだ。なんでそれをしないのか」と疑問を差し挟む人もいるだろう。実際、そんな声がのちに僕の耳にも入ってきた。確かに申請書を出しさえすれば制度上、許可は下《お》り、あくまで儀式用としての限られた数ではあるが、大手を振って捕ることはできる。だが、知事に許可をあえて求めないのは、自由に鮭を捕ってきた過去を持ちながら、禁じられ、主食を奪われた先住民族の尊厳の問題であり、自分たちの自己決定権を問いたいという思いからなのだと畠山さんは言う。だから、居並ぶ警察官にも、畠山さんはこう訴えた。

「われわれの祖先はここでサケを捕って暮らしてきた。それを再現して何が悪いの。あんた方が、どやどやと北海道に入ってきて、勝手に法律つくったんじゃないか。アイヌに聞いてつくったか。日本政府はアイヌを先住民族と認めた。おれは世界の先住民族の一人だ。世界で認められている自己決定権もある。法律法律って言うなら、国連の（先住民族）権利宣言が十何年も前に出て、つい先ごろは日本政府が国連人種差別撤廃委員会から（「アイヌ民族に対して、土地や資源利用の権利を十分保障していない」との）勧告まで受けて、なんで（法律に反映）しないのよ」

翌二〇一九年も畠山さんは許可申請を出さなかった。前年と違ったのは警察が出動しなかったことだ。だが、北海道庁の職員が、畠山さんが鮭を捕るところを一部始終録画して、水産資源保護法違反（密漁）、北海道内水面漁業調整規則違反として北海道警察に告発した。網などを押収され、書類送検された畠山さんは、取り調べの心労がたたってか、ついには脳梗塞《こうそく》で倒れ、入院した。

コミュニティー、あるいはコタン

だが、そこからさらに新しい運動が始まった。二〇二〇年三月、アイヌのエカシ（長老）、フチ（媼《おうな》）の有志が新たに「アイヌ《ひと》の権利をめざす会」と称する団体を結成し、「カムイチェプ＝

サケに対するアイヌの権利回復を！」を旗印に署名活動を始めたのだ。共同代表に名を連ねたのは、日高地方平取町で萱野《かやの》茂さんとともに二風谷ダム訴訟の原告になり、勝訴した貝澤耕一さん、茂さんの息子で萱野茂二風谷アイヌ資料館の館長を継いだ萱野志朗《しろう》さん、二十代で上京し、一九七二年に新聞の読者投稿欄で同胞の団結を呼びかけて首都圏にアイヌ民族初の組織「東京ウタリ会」を誕生させた宇梶静江さん、エンチウ（樺太アイヌ）の先人たちが被った過酷な歴史を伝え、主権の回復を訴え続ける樺太アイヌ（エンチウ）協会の田澤守会長、樺太アイヌの伝統楽器トンコリの奏者で、「OKI DUB AINU BAND（オキダブアイヌバンド）」を率いるＯＫＩ（オキ）さんの五人。さらに、北大の研究者に持ち去られた祖先の遺骨を訴訟で取り戻した「コタンの会」代表の清水裕二さん、その訴訟の原告で日高地方浦河町出身の小川隆吉《りゅうきち》さん、紋別の鮭を迎える儀式「カムイチェプノミ」で祭司を務めた札幌在住の石井ポンぺさん、平取「アイヌ遺骨」を考える会共同代表の木村二三夫《ふみお》さんら十四人が呼びかけ人になった。木村さんはこの活動だけでなく、北海道大学に対し、キャンパス内にかつてアイヌのコタンがあり、鮭が遡上し、その恵みをいただいた暮らしがあったことを案内板などで伝えるよう求める運動の先頭にも立っている。

地域を越えた横の連帯とも言えるこの活動は、コミュニティーの再興と言っていいかもしれないと、僕は感じた。一カ所に集まって暮らしてきた伝統的なコタンとは違った形ではあるけれども、二〇二〇年という年に、少なくとも何かが復活を遂げたのだ。関心を持つ市民や研究者がアイヌの人たちとともに結成した「アイヌ政策検討市民会議」や市民が学び合う場「さっぽろ自由学校『遊《ゆう》』」も、長老や重鎮たちの活動を強力に後押しした。それは、和人が支援者として共同歩調を取った百二十年前の近文給与地問題を思い起こさせた。近文での経緯を詳しく調べた地元の元高校教師、金倉義慧《かなくらぎけい》さんは「それは稀にみるほどの、近文アイヌと鷹栖村、旭川町有志との文字通りの『共闘』であった。鷹栖村有志の微動だにしない意志の強固さは、近文アイヌへの同情、支援から発しただけではなかった。彼らの正義感であり、反骨精神そのものであった[11]」とつづっている。天川恵三郎や川上コヌサアイヌ、板倉才助らがいざ上京するというその日は「(旭川の)停車場前は見送人と見物人とにて人山を築きたり」と報じられ、和人とアイヌが合同で送別の宴を催した。

畠山さんの鮭捕獲を巡っては、アイヌと和人が連帯して運動したことも効いたのだろう。旭川地検は二〇二〇年六月三十日、畠山さんを不起訴にした。とはいっても、それは畠山さんを喜ばせなかった。むしろ畠山さんは「裁判で堂々と自分の考えを述べたかった」と悔しさを口にした。支援してきた人たちの中には「裁判になれば、この時代のことだから、すぐに世界に発信される。そうなれば、国連の先住民族権利宣言に加えて、各国がそれぞれ先住民族の権利を前進させているなかで、日本の後進性が際立つことになる。その辺は関係者も分かっているから、起訴はしなかったのではないか」との見方もあった。

この見方の通り、書類送検という手続きで社会的、国内的には制裁を加えるが、裁判にはせずに公的な場での発言や国際社会からの批判は封じるという判断がもしも背景にあったのだとすれば、アイヌの長老が自身の正当性を裁判で主張する場が不当に奪われたと言われても仕方ないだろう。

鮭捕獲権を求めて提訴

そんなもやもやを支援者に感じさせた一カ月半後の二〇二〇年八月、今度は十勝地方浦幌《うらほろ》町《ちょう》のラポロアイヌネイション（旧・浦幌アイヌ協会）が、「江戸時代から祖先が浦幌十勝川の下流で鮭漁を行ってきた。だが、明治政府は、祖先が集団として有していた諸権利を無視・侵害して捕獲を禁じた。現行の法や規則に合法的な理由はなく、自分たちは祖先の権利を受け継いで今でも捕獲ができるはずである」として、国と北海道を相手取る裁判を札幌地裁に起こした。(12)

会長の差間正樹《さしままさき》さんは、鮭の捕獲権を勝ち取った米国ワシントン州の先住民族を訪問し、二〇二〇年秋の紋別アイヌ協会の鮭を迎える儀式には、自分たちが捕った鮭を供物として持参して参加している。地元同胞の思いに突き動かされ、さらには国内外の動きにも触発されての提訴について、差間さんは「私たちはサケを生活のため、また経済活動のために捕獲したいと思っています。それによってアイヌが自立し、生活できることを望んでいます。十勝川の生態系を保全し、サケ資源をはじめとする豊かな自然環境を守っていかなければならないとも思っています」と語ったうえで、「アメリカでも自分たちの権利を守るために先人たちが大変な努力をしていたことを知りました」と、自分たちの立ち位置を国際的な視点で指し示した。

確かにその通りだ。他国の状況を見渡しても権利の獲得は攻防の繰り返しで、時間をかけて少しずつ前に進んできた。問題は、攻防を経てなお、停滞し続けるのか、それとも少しずつでも前進していくのかということだろう。

事実上、訴える途《みち》そのものが閉ざされていた江戸時代、クナシリ・メナシの戦いのころの状況からみれば、前進の可能性は格段に増してはいる。あらためて、あの時代に目を凝らせば、戦いを終息させた松前藩の鎮圧隊は一七八九年七月二十六日、ツキノエ、イコトイ、ションコの指導者三人に「今後、番人の非道は城下へ訴えると良い(13)」と申し渡して松前に引き揚げている。だから、この言葉だけで判断すれば、訴える手段は保障されたのだ。だが、その後も請負人の横暴にさらされ続け、漁場労働に駆り出されて衰退していった各地の状況を知れば、誰もが同じ結論を導き出すだろう。「この申し渡しは空手形《からてがた》だった」と。しかも、日本国民の外に置かれていたがゆえに享受できたはずの自由往来の権利や自発的な交易活動はいつの間にか形骸化され、一方的に剥奪され、アイヌは従属を強いられていった。そういう時代を知れば知るほど、あるいはそういう時代があったがゆえに、「法」や「裁判」がまっとうに機能することがいかに重要か、身に染みて感じられるのだ[14]。

騙して判を押させ、形の上では「法的」に土地・財産を奪おうとした策略から上川アイヌを救ったのも、まずは地方刑事局への訴えであり、天川恵三郎らによる大隈重信ら中央の政治家、重鎮、上級役人への訴えであった。これは直訴と呼んでもいい行動だ。その後の天川の動きを封じようとしたのも予戒令《よかいれい》という当時の「悪法」だったことは覚えておかなくてはならないが、最終的に旭川に安住できることになったのは、不十分な内容ながらも旭川市旧土人保護地処分法という法律が制定されたからだった。

伝統的に聖地とされてきた土地が二風谷《にぶたに》ダム（日高地方平取町）の建設で水没することに反発した土地所有者、萱野茂さんと貝澤耕一さんの裁判は「ダム建設は違法」との勝訴を札幌地裁で勝ち取った。判決は一九九七年だ。アイヌ遺骨返還訴訟も、北海道大学の教授（故人）らに「研究用」に持ち去られた祖先の遺骨が、裁判で北大を訴えなければ返還の実現は困難な状況だったからこそ、子孫たちが札幌地裁に提訴した。その結果、和解で、二〇一六年の日高地方浦河町をはじめ各地のアイヌ団体が祖先の遺骨を取り戻せたのだ。

一方で、「アイヌ民族は自分たちで管理する能力が不足している」との名目で明治以来、北海道庁長官（知事）が管理してきた共有財産の返還手続きをめぐるアイヌ民族共有財産裁判は二〇〇六年、最高裁で退けられ敗訴が確定した。とはいえ、「共有財産は適正に保管されてきたのか。物価や貨幣価値が大幅に変わったのに当時の額での返還は妥当と言えるのか。『自分たちの財産が含まれている』と自ら手を挙げなければ返還審査の対象にならないのは、本来あるべき『返還』の主旨から外れているのではないか」といった訴えは『百年のチャランケ　アイヌ民族共有財産裁判の記録』として出版をみた。裁判に負け、原告が満足するような返還はついぞ行われなかったが、提訴したことでその「主張」は後世に伝え残されることになったのだ。

二風谷ダム判決で勝訴の会見に臨む萱野茂さん（中央）と貝澤耕一さん（右）。左は田中宏弁護士
（萱野れい子さん提供）

　思えば、紋別アイヌ協会会長の畠山さんがあえて許可申請を出さずに鮭を捕った行為も、HTB（北海道テレビ放送）やNHK（日本放送協会）などテレビ各社や新聞各社の報道陣が撮影する中で行われたことで、形を変えた「直訴」だったと言ってもいい。

　こうみてくると、クナシリ・メナシの戦いを「アイヌ最後の戦い」のようにとらえ、その見方をもって「アイヌ民族はそれ以後、抵抗をやめたのだ」とイメージを固定するのは、まったくの誤りだということになる。

近現代に少し目を凝らすだけでも、言葉の力によってアイヌの地位向上を目指した違星北斗《いぼしほくと》、森竹竹市《もりたけたけいち》、バチェラー八重子（バチラー八重子）の三歌人、『アイヌ新聞』を発行した高橋真や新聞『アヌタリアイヌ　われら人間』の平村芳美をはじめとする若手執筆陣、さらには社会運動家として名を残した吉田菊太郎や荒井源次郎、結城庄司、アイヌ新法の制定を求めた野村義《ぎ》一《いち》や裁判闘争を率いた小川隆吉、萱野茂と一緒に二風谷ダムの建設に反対した貝澤正《ただし》といった各氏の名が浮かぶ。たとえばバチェラー八重子は「国も名も　家畑まで　うしなふも　失はざらむ　心ばかりは」「亡びゆき　一人となるも　ウタリ子よ　こころ落とさで　生きて戦へ」と詠んで、強い思いを同胞《ウタリ》に発した。

ラポロアイヌネイションの提訴から二年。二〇二二年は、『アイヌ神謡集』をまとめた知里幸恵が十九歳の若さで世を去ってちょうど百年の節目の年でもあった。アイヌの少女が自らアイヌ語でつづって初の出版にこぎ着けた幸恵の功績と、差別に苦しんだ学校生活をあらためて振り返ろうと、旭川市内では当時の彼女の通学路、片道約六キロを歩き通す催しが九月に開かれた。旭川区立女子職業学校跡地（七条通一六丁目）を出発し、自宅のあった錦町《にしきまち》一五丁目を目指す道すがら、同胞として参加した葛野次雄《くずのつぎお》さん（日高地方新ひだか町）は、政府がサケ漁をはじめとするアイヌの暮らしを法律で縛り始めた明治以降一五〇年間の圧迫に触れつつ、思いを口にした。

「葛野家には六代前までの家系図がある。ざっと百八十年前までさかのぼることができるっていうことだ。だとすれば、あんたたちの法律は適用しませんっていうことじゃないのか。新しい法律（二〇一九年施行のアイヌ施策推進法）ができた。そこでアイヌは先住民族と認められたけど、それに伴うおれたちの権利、先住権は明記されていない。つまり、皿は出てきたけど、ごちそうはそこに上がってなかったっていうことさ。まさに皿だけ。そんな料理、いったいどこにあるんだ」

葛野さんは一六六九年、松前藩に対して決起し、和睦の場で謀殺されたシャクシャインの法要に携わり、僕自身も何度か参列させてもらったことがある。三百五十年が経ってもシャクシャインの法要は続けられ、二百三十年を経てもクナシリ・メナシの戦いの慰霊は根室のノッカマップと標津町の二カ所で行われている。おそらく今からさらに百年経っても、知里幸恵の名前は忘れられてはいないだろうし、シャクシャインの法要、クナシリ・メナシの慰霊も続いているに違いない。百年以上前に僕の曾祖父が札幌で「山之神《やまのかみ》　熊之神《くまのかみ》」と石碑に刻んでアイヌの信仰に理解を示し、僕がいま、知里幸恵を偲び、アイヌの知人たちが覚える憤りに共感するのと同じように、百年後にもアイヌの文化や心情を理解しようと努める和人は絶えることがないだろう。
　これからも抑圧の力は働き続けるにちがいない。だが、それに抗する人たちも現れ、支援する人たちも必ずや出てくる。たとえ小さな一歩でも、ぶれずに目標を見定め、何かを積み上げられれば、それは歴史となり、記憶となって刻まれる。闘う人、まつろわぬ人があの時代にもこの時代にもいた――。その記憶の蓄積が、次の時代の担い手にさらなる一歩を踏み出させる力になる。

「どこまでもあなたは泣いてばかりですが、目を開けて見なさい。人間の国土には煙が出ているよ」と、太陽の女神は、その意に反して人間の集落を滅ぼしてしまったキツネ神を励まし続けた。一筋の煙が二筋になり、さらに三筋になり、いつかそれが束となって、集落をよみがえらせる。

目を開けて見なさい。人間《アイヌ》の国土《モシリ》には、たくさんの煙が出ているよ。

謝辞

思い返せば、知床の夏、なお冷たい海にシーカヤックで漕ぎ出した二〇一九年の夏から三年を超える月日が過ぎた。半島一周七〇キロの途上では、寒々とした空の下《もと》、体温を奪う風と雨に見舞われた一方で、晴れ上がった日には、青緑がかった透明な海と深紅《しんく》の夕暮れが、命の危険と隣合わせの自然環境に身を置いていることを忘れさせてくれた。

石狩低地一〇〇キロのカヌー行では、数百年、千年という長きにわたって行き通っていた人々の息づかいを感じることができた。美々川源流部では秘境感を覚え、石狩川本流の河口域では水流の圧倒的なパワーにおののかずにはいられなかった。打って変わって、清流の清涼感に浸った道南地方の渓谷美、「世界で最も美しかった」と賞された道東地方、阿寒や摩周、屈斜路の森の幽玄にも心を打たれた。

だが、これまでの道のりは、感動ばかりではなかった。アイヌ民族と和人が複雑にかかわり合い、歴史を織りなしてきた北海道の「過ぎ去りし日々」を肌感覚でたどる旅は、悲しみとやるせなさ、そして時に憤りさえ伴った。

そのうち、「近世のアイヌ支配は二重構造だったのではないか」という思いが頭をもたげてきた。蝦夷地を「化外《けがい》の地」として、徳川家康は「アイヌはいずこへ行くのも彼ら次第」と、その自由を保障した。だが、実際は松前藩も幕府も次第に蝦夷地とアイヌの支配を強め、コタン（集落）から人々を引きはがす「連行」が横行し、漁場での酷使が日常風景となった。表向きは「自由な外界の民」と位置づけつつ、実際は支配下に置いて抑圧する。そんな二重構造を、誰も咎める者がなかった。一方で、一七八九年にアイヌが決起すると、法の外に置かれた化外の民であることをこの時ばかりはいいように使って、その場で処刑してしまうという乱暴な判断が躊躇なく採られた。同じ年に幕府の公平な裁きで決着をみた本州・飛騨地方の大原騒動と比べることで、蝦夷地での対応の理不尽さがいっそう克明に浮かび上がった。考えてみれば、一六六九年のシャクシャインの決起で、和睦の場でシャクシャインを謀殺した松前藩のやり方も、「だまし討ちはしない」という武士としての倫理をアイヌに対しては完全に無視した事例と言える。「化外の民」としての地位を一方で形骸化させつつ、都合良く使える時にはそれにのっかって荒っぽい手段に訴える。まさにそんな二重構造がまかり通ったのが、近世、江戸時代だったのだ。

明治維新後、こうした二重構造は消滅し、明治政府の一元的で一貫した政策が敷かれることとなった。だが、それは同化政策一辺倒の、より過酷とも言える支配の始まりだった。

だが、先住の民アイヌは、抗《あらが》うこともせずに言いなりになってきたわけではない。例えば、明治に移行する前の一時期、北海道内陸部の上川・十勝地方で、徴発を逃れて山岳地帯に向かい、新たな場所でコミュニティーをつくったアイヌがいたことを知ることができた。これは、中国南部から東南アジアの山岳地帯に生まれた「ゾミア」と括られる地域や、米大陸に連れて来られた後の逃亡奴隷が築いたマルーン共同体にも共通する世界史上の大きなムーブメントの一つと見なすことができるかもしれない。山岳地帯を背に暮らしていた人々は、権力に絡め取られることを回避する脱統治的なコミュニティー志向を持ち、その時代までは何とかそれが実現できる余地が残されていたのである。規模は小さいかもしれないが、その「生き方としての存在感」には、無視できない重みがある。

現代史をアイヌの側から描けば、伝統儀式の復活を機に、先祖たちが日常としていた「生活のための鮭の捕獲」が許されないわけがないと主張したり、裁判という手段で捕獲権の確認を求めたりと、近年、権利回復の気運が盛り上がりを見せている。「聖地を水没させまい」とする二風谷ダム建設反対訴訟では萱野茂さんと貝澤耕一さんが勝訴を勝ち取り、遺骨返還訴訟では和解という形で北海道大学から祖先の遺骨を取り戻した。そうみてくると、一七八九年のクナシリ・メナシの戦いを「最後の戦い」とする歴史感覚には到底、くみすることはできない。

二一世紀に入ったいま、われわれは近代以降の開発ですっかり形を変えてしまった北海道の大地を見つめ直すにとどまらず、和人の側から一方的に書かれた歴史から脱却して、アイヌ側の視点を取り込んだ新しい歴史観を構築しなくてはならないのだろう。

本書には、懇意にしてくださったアイヌのエカシ（長老）、フチ（媼）をはじめ、多くの方々からいただいた数々の言葉や出会い、体験が反映されている。鬼籍に入られた方もいらっしゃるが、こうした方々とのお付き合いを抜きにしては、本書で伝えたような歴史観や自然観を私は持つことができなかった。特に旭川の杉村京子さん（故人）には、たくさんのことを教わった。拙著『アイヌを生きる　文化を継ぐ』を通じて、京子さんと母親のキナラブックフチが生きた軌跡と上川アイヌの歴史をまとめられたことが、本書にも活かされている。

本書を書くに当たって、お世話になった方々、施設のお名前を記して感謝したい。

秋山秀敏さん、石井ポンぺさん、石原誠さん、井上勝生さん、岩井直樹さん、宇梶静江さん、宇仁義和さん、榎本洋介さん、榎森進さん、大塚和義さん、岡田淳子さん、岡田宏明さん、尾形信さん、小川悠治さん、小川隆吉さん、小田博志さん、貝澤耕一さん、貝澤零さん、加藤九祚さん、加藤博文さん、加藤好男さん、川上淳さん、川崎勝さん、川村兼一さん、萱野茂さん、萱野志朗さん、菊池勇夫さん、木村二三夫さん、切替英雄さん、葛野辰次郎さん、葛野次雄さん、葛野大喜さん、小泉雅弘さん、差間正樹さん、椎久健夫さん、ジェフリー・ゲーマンさん、清水裕二さん、市立函館博物館、新谷暁生さん、菅豊さん、榿田光明さん、杉村京子さん、スチュアート・ヘンリさん、関口明さん、高瀬克範さん、田澤守さん、谷上隆さん、谷本晃久さん、知里森舎、知里むつみさん、知里幸恵銀のしずく記念館、坪島拓也さん、手塚薫さん、豊川重雄さん、中川大介さん、中村齋さん、中村和之さん、楢木貴美子さん、根本與三郎さん、野本正博さん、函館市中央図書館、長谷部一弘さん、畠山敏さん、平田剛士さん、平山裕人さん、広瀬健一郎さん、藤野知明さん、北海道大学附属図書館、前沢卓さん、松澤直樹さん、丸山博さん、三重県松阪市松浦武四郎記念館、水越武さん、向井徹さん、八重清敏さん、矢島國雄さん、山崎ひとみさん、山田伸一さん、山田直佳さん、山本命さん、山本融定さん、山谷圭司さん、結城幸司さん、横山孝雄さん、渡辺千秋さん、Welt Museum Wien（ウィーン世界博物館）。

また、妻の潮、息子直寛の理解なくしては、今回の体験紀行自体、実現することはなかった。アイヌ民族の歴史・文化、生き方、人物像に広く関心を持ち、本稿を世に出してくださった藤原書店の藤原良雄社長、編集者の藤原洋亮さんにも感謝を捧げたい。

二〇二二年　晩秋の札幌にて

小坂洋右

注

序章　クナシリ・メナシの戦いが「最後の抵抗」だったのか

（1）日本常民文化研究所編『日本常民生活資料叢書第七巻』五九―七〇頁「第六章シリカップ獲り」に幌別（現登別市）で行われていたメカジキ漁の詳細な聞き取りがある。メカジキに銛先が刺さってからはやはり引っ張られるに任せ、「大抵十時間位《ぐらい》で斃《たお》れてしまふな」（板久孫吉氏）との経験談が収録されている。

（2）高瀬克範「続縄文文化の資源・土地利用」三二一頁。

（3）椙田光明「寛政元（一七八九）年メナシのアイヌ集落と番屋そしてチャシ」『日本をめぐる北の文化誌　岡田淳子先生米寿記念論集』。「夷酋列像」展実行委員会『夷酋列像　蝦夷地イメージをめぐる人・物・世界』。

第一章　モンゴル帝国を恐れさせた強者たち——カヤック知床一周

（1）『古代蝦夷からアイヌへ』三六〇―三六九頁。

（2）同書三六〇頁。

（3）平山裕人『シャクシャインの戦い』四六―四七頁。

（4）中村和之「北の『倭寇的状況』とその拡大」一八七頁。

（5）中村和之「北からの蒙古襲来」『アイヌの歴史と文化II』四―一三頁。

（6）中村和之「『諏訪大明神画詞』の「唐子」をめぐる試論」『国際日本学一八巻』一八〇頁、二〇二一年。

（7）榎森進『アイヌ民族の歴史』六〇―六一頁。

（8）ブレット・L・ウォーカー『蝦夷地の征服』一九七―二〇四頁。

（9）小坂洋右『流亡』一六二頁。樺太千島交換条約前後の北千島アイヌ、アリュートに関する公文書をロシア側で多数保管しているのは、ロシア国立極東歴史文書館（ウラジオストック）である。

（10）Bobrick, Benson. *East of the Sun* p. 64.

（11）山下恒夫編『大黒屋光太夫史料集第二巻』四〇三―四〇四頁。

（12）ロシアの国を背負ってはいるが、リーダーはドイツ人ないしドイツ系の可能性がある。『魯西亜国《ろしあこく》漂船聞書巻之三』四〇五頁に、生き残りの磯吉の証言をもとに「此の島に来りしヲロシャ（ロシア）人はネメツ（ドイツ）と云ふ国の百姓、ツヱヌシ（ミの書き誤りか）ハイロイチ（フョードル・ミハイロヴィチ）と云ふもの頭《かしら》となりて」と記述がある。

(13) 平山裕人『アイヌ史を見つめて』三三七―三四四頁。

(14) 佐々木史郎「東アジアの歴史世界におけるアイヌの役割」『北東アジアのなかのアイヌ世界』六四―七六頁。

(15) 新谷暁生『アリュート・ヘブン』一八一頁。

(16) 新谷暁生『バトル・オブ・アリューシャン』一〇六頁。

第二章　物語世界で暴れまくる
――「敵地」アムールランド滞在記

(1) アイヌ語ラジオ講座テキスト平成一八年Vol. 4の七頁「シャマニの昔話――様似川の名前」に、岡本総吉氏、岡本ゆみ氏、沢田金次郎さんら伝承者によると、様似川のアイヌ語名は「トミエサンペッ」で、トミ＝富、エ＝そこに、サン＝下りる、ペッ＝川と分解できるとある。連想される土地柄は「トメサンペッ」に通じるかもしれない。

(2) 太田弘毅『蒙古襲来――その軍事的研究』三二四頁。

(3) 大林太良『北方の民族と文化』二三九―二四〇頁。

(4) 「原教界」二〇一九年四月号の「愛努文學」八六頁で丹菊逸治氏は「（アイヌの叙事詩は）四行一連・頭脚韻を基本とし、形式的にも内容的にもモンゴルの叙事詩との類似があります。戦いの描写が続く勇壮な物語です」と指摘している。

(5) 荻原眞子編『北方文化の中のアイヌ』四八―四九頁、Смоляк, А.В. *Сибирский Этнографический Сборник V.* p. 158.

(6) 北海道の時代区分は時代を追って「縄文→続縄文→擦文→アイヌ文化期」とされるが、人間の大きな交替はなく、あくまで暮らし方・文化による区分である。五世紀から十世紀にかけては北から渡来したオホーツク文化人が沿岸部に住みついた。オホーツク文化はのち、擦文文化と融合し、トビニタイ文化を形成した。

(7) 関口明「中世日本の北方社会とラッコ皮交易　アイヌ民族との関わりで（改訂版）」『北海道大学総合博物館研究報告6』五四―五五頁。

第三章　人にも鮭にも川は「道」ではなくなった
——太平洋から日本海へ漕ぎ通す

(1) 小田賢一「消えた街道」二七頁。
(2) 宮夫靖夫「勇払から石狩への道」一七一頁。
(3)『新札幌市史　第一巻通史一』八一〇頁。
(4) 福沢諭吉『福翁自伝』二九〇頁。
(5) 根室シンポジウム実行委員会編『三十七本のイナウ』二六―二七頁。
(6)『アイヌ語地名研究11』四四頁。
(7) 松浦武四郎『新版蝦夷日誌（下）』二三六―二四五頁。
(8) 曾祖父の名は野口岩松《のぐちいわまつ》で、明治時代に父親とともに石川県から札幌に移り住み、今の南区石山の穴の沢で石工として暮らし、のち野口石材店を開いた。「山之神《やまのかみ》　熊之神《くまのかみ》」の石碑は現在、南区澄川四条十一丁目の開拓記念之碑の敷地内に立っている。赤羽正春『熊神伝説』によると、熊を神と見なす信仰は和人にはない。故に、曾祖父はアイヌの自然観に共鳴していた可能性がある。筆者が調べた限り「熊の神」と刻んだ石碑はほかに見当たらない。
(9)『札幌市史』三七頁、『開拓判官島義勇伝』一二七頁。
(10) 前掲『新版蝦夷日誌（下）』一八五頁。
(11)『新札幌市史　第一巻通史一』八六八―八七〇頁。
(12) 松浦武四郎『丁巳東西蝦夷山川地理取調日誌（上）』三九八頁。
(13) 同書三九八―四〇五頁。日誌にはモニオマらに米二～三俵とあるが、「手控え（野帳）」『松浦武四郎選集四』一三一頁には米一俵とあり、秋葉の註記に「八升儀」「『米三俵モニオマ』は筆耕者の誤記であろう」とある。
(14) 幸前伸『史説　開拓判官　島義勇伝』一四三頁。
(15) 高倉新一郎「島義勇、札幌開設の苦労を語る手紙」。
(16) 加藤好男『19世紀後半のサッポロ・イシカリのアイヌ民族』四五頁。
(17) 前掲『新札幌市史　第一巻通史一』八七二頁。
(18) 河野常吉編『さっぽろ昔話——明治編　上』一五頁。
(19)『新札幌市史第六巻史料編一』六一〇頁。
(20) 各コタン盛衰の詳細は加藤好男『19世紀後半のサッポロ・イシカリのアイヌ民族』を参照のこと。
(21) 前掲『さっぽろ昔話——明治編　上』九〇―九一頁。
(22) 山田伸一『近代北海道とアイヌ民族』一六三―二〇五頁。
(23) 太政官『公文録』庚午正二月刑部省伺明治三年一月二十五日。榎本洋介「島義勇、判官解職の理由」

二二頁。
(24) 照井壮助『天明蝦夷探検始末記』二七八頁。
(25) 菊池勇夫『十八世紀末のアイヌ蜂起』の第三章二「『口書』の比較検討――惣乙名サンキチの死をめぐって」で菊池氏は諸史料を精査したうえで「勘平自身の関与は、松前藩がアイヌ側の証言を巧妙に利用して否定しようとしても、かぎりなく黒に近いのではないか、というのがここでの判断である（一〇九頁）」と述べている。
(26) 同書一一七頁。
(27) 前掲『天明蝦夷探検始末記』二七三―二七四頁。元となった「蝦夷地一件」の翻刻は『新北海道史第七巻史料一』四九二―四九六頁。
(28)『天明蝦夷探検始末記』を著した照井壮助氏がその立場を取っている。
(29) 松平定信『宇下人言《うげのひとこと》・修行録』に「いま蝦夷に米穀などおしへ侍らば、極て辺害をひらくべし。ことにおそるべき事なりと建義してその義は止にけり。〔本多〕忠籌《ただかず》朝臣初めはその国をひらく事をのみ任とし給ひしが、これも予がいひしによて止めて、今にてはその蝦夷の人の御恩沢にしたひ奉るやうにとの建議なり。これらものちにはいか様成る弊をや生じぬらんともおもふなり」（一四五頁）とある。
(30) カムイチェプ・プロジェクト研究会『カムイチェプ読本』一八―一九頁。
(31) 瀬川拓郎「上川盆地におけるサケの生態と漁法」『旭川市博物館研究報告第七号』一頁。同稿の注に「元北海道さけ・ますふ化場長小林哲夫氏の講演会「石狩川のサケマスについて」（大雪と石狩の自然を守る会・二〇〇〇年十月二十六日・旭川）の講演内容および同氏のご教示による」とある。
(32) 八重九郎『アイヌ民俗文化財口承文芸シリーズ11 八重九郎の伝承』一〇四―一〇五頁。

第四章　奪われることのなかった「心の中の聖域」――羆吼ゆる山と熊戻渓谷

(1) 島義勇著、藤井祐介編『島義勇入北記』一三六―一三七頁。
(2)『アイヌ民俗文化財調査報告書（平成六年度）アイヌ民俗調査（補足調査1）』八―九頁。
(3) 小川正人『近代アイヌ教育制度史研究』二七八頁。
(4) 例えば、八雲・遊楽部の指導者「トイタレキ」が、アイヌ語名のほかに「椎久年蔵」という和名を持ちつつ、仲間からは「トヨ」と呼ばれていたように、「テレケ」もこうした仲間内での呼び名と思われる。この章の冒頭に河合裸石の記事から引用した「テルキ（和名・冷田三次郎）」と同一人物の可能性があるが、『熊狩の旅』で徳川義親は同行したアイヌの名前の多くを呼び名だけで書いているので、確認はできない。「ボー」も同様である。

（5）服部四郎編『アイヌ語方言辞典』一九〇頁。

（6）徳川林政史研究所編『森林の江戸学』三六―四〇頁。

（7）「寛政蝦夷亂《らん》取調日記」一七八九年七月二十一日『日本庶民生活史料集成第四巻　探検・紀行・地誌（北辺篇）』七一一頁。前掲『十八世紀末のアイヌ蜂起』で菊池氏は「訴えもなく殺害に及んだのは『毎々被仰出候御法度』（三カ条の将軍朱印状をさすか）や、寛文年中より『年々被仰出候御書付の趣』（シャクシャインの戦い後の起請文をさすか）に背くものであるとして死罪の判決を下し現地で処刑している」としたうえで、「通常の裁判とは違って、鎮圧隊が全権委任されていたことになる」（九四頁）と述べている。

（8）一七八五年、老中、田沼意次の命を受けた天明の第一回蝦夷地調査の報告書で佐藤玄六郎は「遠い昔から和人の文化を移すことなく、未開のままで押しすくめておくわけは、全く商人どもが彼らから産物を掠《かす》めやすくしておくためと察せられる。松前家の役人どもも、一体が武士とも思われぬ商人かたぎの者たちなので、万事商人どもの申立てにまかせて取り扱ってきたゆえであろうと思われる」（『天明蝦夷探検始末記』一一三頁）としている。翌一七八六年の蝦夷地調査で最上徳内は、イコトイ配下のアイヌ少年フリウエンを同行させ、道中、アイヌ語を教わるとともにフリウエンには日本語や文字の綴り方を教えたが、松前藩にそのことが知られ、「古来から禁制である」と大いに憎しみを受けたと『蝦夷草紙』（五九―六〇頁）に記している。徳内はそのうえで、「近年はロシアからロシア人が多数やって来ており、ロシア国の法令を示して撫育《ぶいく》教導すれば懐《なつ》いてロシアの風俗に化し、〔わが方は〕大海を手で防ぐような事態に陥るだろう」と松前藩の方針に危機感をあらわにしている。佐藤玄六郎はまた「アイヌの口から、請負商人や松前役人のことについて、いろいろな讒《ざん》訴《そ》（訴え）がわれわれに対して告げられる。このことから察するに、アイヌは平常から、彼らにひどい仕打ちをされているのを怨《うら》んでいると考えられる」といったことも報告している（『天明蝦夷探検始末記』一一九頁）。

（9）クナシリ・メナシの戦い前、一七五八年にキイタップのアイヌがソウヤのアイヌを襲撃した事件をめぐって、松前藩士の湊覚之進が調停した事例があり、アイヌの集団同士で紛争が起きた際に松前藩が間に立った事例はないわけではない。幕府が二度目の蝦夷地直轄を行った一八五五年以降には、西別川の上流側で鮭を捕っていたクスリ（釧路）アイヌが、下流側のネモロ（根室）アイヌの捕り方が鮭を上流に上がらなくしているとして、幕府のアッケシ（厚岸）会所に訴え出るといったこともあった。こちらもアイヌの集団同士の問題ではあるが、この時点では会所が司法の役割を果たすことが認知されていたと言える。再直轄後、箱館奉行が三人ずつ任命され、うち一人は江戸詰、もう一人は在箱館、残りの一人は蝦夷地を巡察することとなったので、本文でも取りあげたように堀利熙巡察時の場所請負支配人による狼藉《ろうぜき》への対処や石狩場所請負人、阿部屋村山伝次郎の罷免といった「気づき」や「気づかせ」のチャンスが生じたといえば生じていた。

（10）前掲『三十七本のイナウ』一九六頁。

（11）北海道史の専門家、海保嶺夫氏は一九九四年、徳川家康自筆の松前藩への「黒印の制書」の「附」に、現代語にすれば「アイヌ民族のことは、どこへ往来するのも彼らの自由である」と書かれていることを取りあげ、当時、幕府の支配が及ぶ地域では自由な通行、往来は認められていなかったことから、「幕府は蝦夷地を国の外と考えていたことが分かる」などとした。『北海道新聞』一九九四年五月十八日付。

（12）松浦武四郎の研究で知られる故秋葉実氏は『三十七本のイナウ』の中で「非道を禁じているのが幕府の仕法であり、それをないがしろにした第一の罪は飛騨屋支配人であり、そして取締の責にある松前藩である。従って定法によれば松前藩は裁かれる立場であり（尤《もっと》も後日幕府による一応の吟味は行われているが）ましてや現地鎮圧隊の一存に任せて、降伏した蜂起集団を皆殺しにするなど、言語道断といわねばならない。……（中略）……然《しか》るにクナシリ・メナシ蜂起後二百年を経た今日まで、鎮圧隊長による降伏人皆殺しの不法裁判が、取り立てて言及されたことがないらしいのは、遺憾《いかん》の極みという外《ほか》はない」（二〇二―二〇三頁）と述べている。

（13）公事方御定書《くじかたごさだめがき》は、八代将軍、徳川吉宗が中国の明《みん》律《りつ》などの研究を通じて制定。原典の閲覧が幕府の最高幹部のみ認められており、公布を前提とする罪刑法定主義とは呼べないものの、死罪や追放を主としたこれまでの「厄介者《やっかい》の排除」の発想から、更生できる者はさせるという発想の転換が行われた意義は小さくないと言われている。写本の流通で内容は漏れ伝わり、諸藩の参考にもされた。クナシリ・メナシの戦いと同じ時代を生きた尾張藩右筆《ゆうひつ》の職にあった書家、学者丹羽《にわ》勗（丹羽盤桓子《にわばんかんし》、一七七三—一八四一）が「平理策」に「民を治るの急務は、政を平にすると、訴訟を明に裁断するとの二ツに有《ある》なり」と書いていることからも、司法の重要性や独立性が一定程度、認識されていたことがうかがえる。ちなみに丹羽は政治においては、代官の選定が極めて重要であることも述べている。「平理策」は『日本経済叢書』二十一巻に所収。

(14) 佐々木高明『新版　稲作以前』には福井県の事例として「いまでもヒチムツシとよばれる手をふれてはならない樹林があちこちに残っている。そこは山の神の住む森だという。こうした山の神の宿り給う杜《もり》や神木に手をふれるものは、山の神の厳しい怒りをこうむるという信仰もまた根深く、広いものである」（二五八頁）との記述があり、本州以南にも聖域として守られてきた山林があったことが分かる。

(15) 更科源蔵『アイヌと日本人　伝承による交渉史』二二〇—二二一頁。近藤泰年『釧路湿原を歩く』三四八—三四九頁。

(16) 秋野茂『秋野茂樹論集』一八九—二一二頁。

第五章　「理不尽から逃げる」という生き方——大雪山雪中行

(1)『アイヌ人物誌』青土社、一八六頁。

(2) アイヌの集落（コタン）については、江戸期、場所請負制度のもとでの連行・集約・集住によって造られた「強制コタン」と、それ以前、和人の圧を受けない状況でのいわば「自然コタン」の区別がまず大事だろうが、コタンに関する記録が多く残されているのが請負制度下という制約から、もともと自然コタンがどれくらいの流動性を持っていたのかについては明瞭ではない。武四郎がここに書き残した事例は、「強制」を嫌っての「逃避」という状況ではあるが、「逃げる」という決断ができた背景に、もともとの流動性がどのくらい働いていたのか、今後の研究が待たれる。

(3)『アイヌ人物誌』は、松浦武四郎の『近世蝦夷人物誌』の通称で、本書では読みやすさを重視して現代語に読み下した更科源蔵・吉田豊共訳を引用したが、高木崇世芝編『近世蝦夷人物誌』（北海道出版企画センター）と比べて人名の表記などが一部、異なっている。原文に即して読みたい方は高木崇世芝編著を参照していただきたい。

（4）松浦武四郎は、松前藩を排除したい思惑や場所請負制度への嫌悪、アイヌ民族への共感から、ともすれば書きぶりに偏《かたよ》りや誇張があった可能性が指摘されており、東俊佑「松浦武四郎『近世蝦夷人物誌』とカラフトアイヌ」（『北海道博物館研究紀要』第七号）など、記述を慎重に読み込んだ論文もある。ただ、漁場でアイヌの酷使や女性の陵辱《りょうじょく》があり、逃亡者も出した実例は、幕末期に道北のテシホ場所を幕府から引き継いだ庄内藩の公文書にもみえる。だから、虐待や逃亡があったという骨格の部分は揺らがない。五十人余の同胞を十勝に逃したシンリキを武四郎は「人の上に立つ者としては、このようにありたい」と評し、逃げてくる同胞を次々かくまった樺太のノテカリマを「一人の義勇によって、アイヌたちがどれほど恩恵を受けていただろうか」と讃えている。その口ぶりからは、幕府の雇いでありながら、アイヌの逃散をむしろ肯定しているかのような印象さえ受ける。繰り返し蝦夷地を踏査する中で、武四郎は苦境に屈せず自立的に生きる人々の存在にも気づき、「生き延びる強靭《きょうじん》さへの感嘆」もまた持つに至ったということであろう。

（5）『アイヌ人物誌』（青土社）には「旭川」に「アサカワ」とルビが振られているが、高木崇世芝編著『近世蝦夷人物誌』の方はカタカナ地名「アサカラ」だけである。現在の「旭川（市）」の地名は明治以降につけられた新しいもので、この時代の文献地名を「旭川」と比定するのは不適切と思われる。

（6）前掲『アイヌ人物誌』青土社、二五八頁。

（7）田島佳也『近世北海道漁業と海産物流通』五六頁。

（8）姉崎等さんの露営方法は、姉崎等・片山龍峯『クマにあったらどうするか——アイヌ民族最後の狩人姉崎等』七八—八九頁。根本與三郎さんの露営に関しては、藤村久和編集、北海道教育委員会発行『アイヌ民俗技術調査1〈狩猟技術〉』四一—四三頁。

（9）山田伸一「札幌県による十勝川流域のサケ禁漁とアイヌ民族」二一〇—二一一頁。

（10）北海道さけ・ますふ化放流百年史編さん委員会編『北海道鮭鱒ふ化放流事業百年史』一〇二—一〇四頁。

第六章　今も誰かが闘い続けてる

（1）小川正人・山田伸一編『アイヌ民族　近代の記録』に「近文アイヌ給与地紛争記録」が収録されており、そこに天川恵三郎自身が書いた手記が掲載されているる一方で、「天川はアイヌ地の小作料を横領着服した」などと告訴・糾弾した同胞、栗山国四郎の手記も入っており、「義の人」という評価ばかりではないことがわかる。近文出身の砂沢クラは「土地問題では、天川さんという人が部落のために尽くしてくれました。ところが、そのうち天川さんに対して『自分の土地が欲しいのでやっているのだ』とか、『よそ者なのに近文の問題に口を出すのはおかしい』といった噂や悪口が流され、部落の人の心もバラバラになってゆきました。どうしてみんなで天川さんを大事にして、昔からのアイヌ地やアイヌの暮らしを守らなかったのでしょう。いまも、くやまれてなりません」（『クスクップ　オルシペ』六八―六九頁）と回想している。

（2）平山裕人『アイヌ史を見つめて』三三九頁。経緯が複雑なので、詳しくは、金倉義慧『旭川・アイヌ民族の近現代史』、榎森進『アイヌ民族の歴史』四八一―五〇一頁を参照のこと。

（3）田端宏「近世のアイヌ民族史」一四一頁。原典は『華夷記抜書』で「貴殿式の御方に左程可被言詰様なし」とある。

（4）同書同頁。

（5）樺太千島交換条約にかかわる日本側の樺太アイヌ、千島アイヌ政策については『対雁の碑』『流亡　日露に追われた北千島アイヌ』に経緯が記されている。ロシア側の北千島アイヌへの対応もひどく、ウラジオストクのロシア国立極東歴史文書館の公文書には、一八七七年九月に七十人のアリュートと十二人の北千島アイヌの「引き渡し」を受けたカムチャツカ・ペトロパブロフスクの郡警察署長が困惑もあらわに、東シベリア沿海州総督に宛てた文書（一八七七年九月二十七日付 Фонд (Fund) 701, Опись (Inventory) 1, Дело (File) 48, Листы (Sheets) 1-14 並びに Фонд 1, Опись 5, Дело 258, Листы 33）が保管されている。「漁業のできる〔カムチャツカ半島南部〕アヴァチャ湾に彼らを送り届けるのは来春まで不可能である。であるから異民族資金からライ麦粉と塩、火薬と弾丸を貸し出したが、移住者向けの手当が予算化されていないので最低限度以上の資金は貸し出せない」と訴えており、彼らが劣悪な環境下で冬越しせざるを得なかったことが想像できる。文書館にはほかにも樺太千島交換条約前後の北千島アイヌ、アリュートの関連公文書が Fund1, 87, 701, 712, 1133 に数多く保管されている。

(6) 浦田遊「釧路アイヌの鶴居強制移住」一二九頁。

(7)『新十津川町史』八八頁に転載された土地台帳によると、稲高トンビンは一八九九年十二月四日に五町(約五ヘクタール、一万五千坪)を給与されたが、その土地がわずか一カ月後の翌年一月十二日に丸ごと和人の手に渡っている。

(8) 渡辺仁『アイヌ文化の成立』五三—五四頁。

(9) 加藤好男『19世紀後半のサッポロ・イシカリのアイヌ民族』三九頁、五六頁。

(10) 紋別アイヌ協会の畠山敏会長は、鮭の定置網漁を行う一方、冬場はイシイルカ漁に携わってきた。アイヌ民族の鯨漁復活に向けた思いや、地域の森が伐られることへの危機感を語った講演録が、アイヌ政策検討市民会議ホームページの「市民会議の記録」第三回市民会議に収録されており、誰でも閲覧できる。祖先の遺骨返還を求める札幌地裁での意見陳述は、北大開示文書研究会ホームページの「アイヌ遺骨返還訴訟」のうち「紋別事件」にアップされている。また、二〇一八年、一九年の鮭を迎える儀式に向けた特別採捕許可申請抜きの捕獲(一八年は北海道警察に阻止された)をめぐる経緯は小坂洋右『アイヌ、日本人、その世界』の一四五—一五〇頁(英文は同書の英語版七四—七七頁「Restration of Ritual to Receive the First Salmon」)及び『カムイチェㇷ゚読本』八—一一頁に記されている。

(11) 金倉義慧『旭川・アイヌ民族の近現代史』九七—九八頁。

(12) 提訴の背景などはラポロアイヌネイション、北大開示文書研究会編『サーモンピープル　アイヌのサケ捕獲権回復をめざして』に詳しい。北大開示文書研究会のホームページにあるラポロアイヌネイション「サケ捕獲権確認訴訟」支援センターで、訴状や口頭弁論の記録を読むことができるほか、コロラド大学ロースクールのチャールズ・ウィルキンソン教授講演録、オンライン連続学習会にもアクセスできる。また札幌在住の映像作家、藤野知明氏が、畠山敏氏の活動とともに長編ドキュメンタリー「カムイチェㇷ゚　サケ漁と先住権」として映像化している。筆者もかかわったカムイチェㇷ゚・プロジェクト研究会編『カムイチェㇷ゚読本　北海道の新しいサケ管理』も参考になる。

(13) 鎮圧隊を率いた新井田孫三郎の「寛政蝦夷亂取調日記」『日本常民生活史料集成第四巻　探検・紀行・地誌（北辺篇）』七一四頁。

(14) ここでいう「法」や「裁判」は、法治国家としての法、裁判にとどまらず、日本国内ではほとんど議論にのぼっていない部族、民族自身の「法」や「裁判権」「警察権」も視野に入っている。米国などではすでに認められているところもある。

参考文献

日本語文献

アイヌ文化保存対策協議会編集『アイヌ民族誌（上、下）』第一法規出版、一九六九年
アイヌ無形民俗文化財記録刊行シリーズ5『オイナ（神々の物語）2』北海道教育委員会、一九九二年（「ケマコシネカムイの嘆き」織田ステ語り所収）
「アイヌ民族共有財産裁判の記録」編集委員会編『百年のチャランケ　アイヌ民族共有財産裁判の記録』緑風出版、二〇〇九年
『アイヌ民俗文化財調査報告書（平成六年度）アイヌ民俗調査（補足調査1）』北海道教育委員会、一九九五年
赤羽正春『熊神伝説』国書刊行会、二〇二〇年
秋野茂樹『イヨマンテ　アイヌの霊送り儀礼　秋野茂樹論集』秋野茂樹論集刊行会、二〇一七年
秋葉実編『北方史史料集成　第一巻』北海道出版企画センター、一九九一年（「文化六年従蒼谷松前迄駅路抵記（宗谷から松前までヌプシャ越え）」所収）
姉崎等・片山龍峯『クマにあったらどうするか――アイヌ民族最後の狩人　姉崎等』木楽舎、二〇〇二年
旭川市史編集委員会編『旭川市史　第一巻』旭川市役所、一九五九年
天野哲也、小野裕子編『古代蝦夷からアイヌへ』吉川弘文館、二〇〇七年
網野善彦、石井進編『中世の風景を読む　第一巻「蝦夷の世界と北方交易」』新人物往来社、一九九五年
荒井源次郎著、加藤好男編『荒井源次郎遺稿　アイヌ人物伝』一九九二年
井口利夫「伊能間宮蝦夷図の石狩――勇払横断線の地名（1）」『アイヌ語地名研究（10）』アイヌ語地名研究会、二〇〇七年
――「伊能間宮蝦夷図の石狩――勇払横断線の地名（2）」『アイヌ語地名研究（11）』アイヌ語地名研究会、二〇〇八年
――「伊能間宮蝦夷図の石狩――勇払横断線の地名（3）」『アイヌ語地名研究（12）』アイヌ語地名研究会、二〇〇九年
「夷酋列像」展実行委員会『夷酋列像　蝦夷地イメージ

をめぐる人・物・世界』北海道博物館、二〇一五年
岩崎奈緒子『日本近世のアイヌ社会』校倉書房、一九九八年
――「前近代アイヌの「宝」とその社会的機能」『史林第七八巻第五号』史学研究会、一九九五年
宇梶静江『大地よ！　アイヌの母神、宇梶静江自伝』藤原書店、二〇二〇年
浦田遊「釧路アイヌの鶴居強制移住」松本成美編『久摺第3集』釧路生活文化伝承保存研究会、一九九四年
エヴヌーヌ・ロット＝ファルク著、田中克彦・糟谷啓介・林正寛訳『シベリアの狩猟儀礼』弘文堂、一九八〇年
榎本洋介「島義勇、判官解職の理由」『札幌市公文書館講演会講演録』札幌市公文書館、二〇一八年十月二十七日
――『島義勇』佐賀偉人伝5、佐賀県立佐賀城本丸歴史館、二〇一一年
榎森進『アイヌ民族の歴史』草風館、二〇〇七年
太田弘毅『蒙古襲来――その軍事的研究』錦正社、一九九七年
大林太良『北方の民族と文化』山川出版社、一九九一年
岡本一平『一平全集　第九巻』一九二九年、先進社（一九九〇年に大空社から再版）
小川正人『近代アイヌ教育制度史研究』北海道大学図書刊行会、一九九七年
小川正人・山田伸一編『アイヌ民族　近代の記録』草風館、一九九八年
オギュスタン・ベルク『風土の日本――自然と文化の通態』筑摩書房、一九八八年
荻原眞子『北方諸民族の世界観――アイヌとアムール・サハリン地域の神話・伝承』一九九六年、草風館
荻原眞子編『北方文化の中のアイヌ』（千葉大学社会文化科学研究科研究プロジェクト報告書　第96集）千葉大学大学院社会文化科学研究科、二〇〇五年
尾崎功『「東西蝦夷山川地理取調圖」を読む』北海道出版企画センター、二〇一七年
小田賢一「消えた街道――旧長都街道を中心とした風景」『新千歳市史』機関誌『志古津』四号、二〇〇六年
海保嶺夫翻刻・解説『北方史史料集成　第四巻』北海道出版企画センター、一九九八年（「津軽一統志」所収）
帰山雅秀・永田光博・中川大介編『サケ学大全』北海道大学出版会、二〇一三年
加藤好男『19世紀後半のサッポロ・イシカリのアイヌ民族』サッポロ堂書店、二〇一七年

金倉義慧『旭川・アイヌ民族の近現代史』高文研、二〇〇六年
カムイチェプ・プロジェクト研究会『カムイチェプ読本　北海道の新しいサケ管理』NPO法人さっぽろ自由学校「遊」、二〇一二年
萱野茂、田中宏編集代表『アイヌ民族ドン叛乱　二風谷ダム裁判の記録』三省堂、一九九九年
樺太アイヌ史研究会編『対雁の碑――樺太アイヌ強制移住の歴史』北海道出版企画センター、一九九二年
河合裸石『蝦夷地は歌ふ』富貴堂書房、一九三五年
川上淳『近世後期の奥蝦夷地史と日露関係』北海道出版企画センター、二〇一一年
――『千島通史の研究』北海道出版企画センター、二〇二〇年
「寛政蝦夷亂《らん》取調日記」『日本庶民生活史料集成第四巻　探検・紀行・地誌（北辺篇）』三一書房、一九六九年
菊池勇夫編『蝦夷島と北方世界　日本の時代史19』吉川弘文館、二〇〇三年
――『十八世紀末のアイヌ蜂起：クナシリ・メナシの戦い』サッポロ堂書店、二〇一〇年
――「松前藩の上乗・目付について――一七・一八世紀におけるアイヌ交易」『宮城学院女子大学附属キリスト教文化研究所研究年報第五二号』二〇一九年
金田一京助『採訪随筆』人文書院、一九三七年
――『アイヌの研究』八洲書房、一九四〇年
――『アイヌ叙事詩　ユーカラ概説』青磁社、一九四三年
――『アイヌの神典』八洲書房、一九四三年
――『アイヌ叙事詩　虎杖丸の曲』青磁社、一九四四年
――「アイヌの佐倉宗五郎〈惣五郎〉の話――問題の旭川土人地の一件」『金田一京助全集 14巻』一九九三年、三省堂
幸前伸『史説　開拓判官　島義勇伝』島判官顕彰会、一九七八年
合田一道『開拓判官　島義勇、北を拓く』北海道青少年叢書30、北海道科学文化協会、二〇一二年
河野常吉編『さっぽろ昔話――明治編　上』みやま書房、一九七八年
――『さっぽろの昔話――明治編　下』みやま書房、一九七八年
小坂洋右『流亡　日露に追われた北千島アイヌ』道新選書二四、北海道新聞社、一九九二年

――『アイヌを生きる　文化を継ぐ――母キナフチと娘京子の物語』大村書店、一九九四年
――『大地の哲学　アイヌ民族の精神文化に学ぶ』未来社、二〇一五年
――『アイヌ、日本人、その世界（日本語版英語版合冊）』藤田印刷エクセレントブックス、二〇一九年
Kosaka, Yousuke. *The Ainu and the Japanese: Different Ground Gives Life to Different Spirits.* Kushiro: Fujita Insatsu Excellent Books, 2019.
近藤泰年『釧路湿原を歩く』福音館書店、一九八八年
今野保『羆吼ゆる山』朔風社、一九九〇年
――『秘境釣行記　生きていた川と北の奥地の物語』朔風社、一九九一年
コンラッド・タットマン著、熊崎実訳『日本人はどのように森をつくってきたのか』築地書館、一九九八年
佐々木高明『新版　稲作以前』ＮＨＫブックス１２２５、ＮＨＫ出版、二〇一四年
佐々木史郎「山丹交易」榎森進編『アイヌの歴史と文化Ⅰ』創童舎、二〇〇三年
――「東アジアの歴史世界におけるアイヌの役割」榎森進・小口雅史・澤登寛聡編『アイヌ文化の成立と変容―交易と交流を中心として（下）』北東アジアのなかのアイヌ世界』岩田書院、二〇〇八年
札幌市教育委員会編集『新札幌市史　第六巻 史料編一』札幌市、一九八七年
――『新札幌市史　第一巻 通史一』札幌市、一九八九年
札幌市史編集委員会編集『札幌市史』札幌市、一九五三年
ザヨンツ・マウゴジャータ『千島アイヌの軌跡』草風館、二〇〇九年
更科源蔵編著『アイヌ伝説集』北書房、一九七一年
猿払村史編纂発行委員会編『猿払村史』猿払村役場、一九七六年
ジェームズ・C・スコット著、佐藤仁監訳『ゾミア――脱国家の世界史』みすず書房、二〇一三年
島義勇著、藤井祐介編『島義勇入北記』佐賀城本丸クラシックス1、佐賀県立佐賀城本丸歴史館、二〇二一年
『ジャンガル――モンゴル英雄叙事詩2』（若松寛訳）東洋文庫五九一、平凡社、一九九五年
ジョージ・B・ダイソン著、徳吉英一郎訳『バイダルカ　ザ・カヤック』情報センター出版局、一九九二年
『新十津川町史』新十津川町、一九六六年

『新北海道史　第七巻 史料一』北海道、一九六九年
新谷暁生『バトル・オブ・アリューシャン』須田製版、二〇〇五年
――『73回目の知床』須田製版、二〇〇六年
――『アリュート・ヘブン』須田製版、二〇〇八年
――『骨鬼《クィ》の末裔』須田製版、二〇一〇年
新谷行『増補アイヌ民族抵抗史』三一書房、一九七七年
榾田光明「寛政元（一七八九）年メナシのアイヌ集落と番屋そしてチャシ」『日本をめぐる北の文化誌　岡田淳子先生米寿記念論集』岡田淳子先生米寿記念論集編集委員会、二〇二〇年
杉村キナラブック口伝、中川裕校訂、大塚一美編訳『キナラブック口伝　アイヌ民話全集1　神話編1』北海道出版企画センター、一九九〇年
杉谷昭「〈幕末維新史料拾遺〉その（1）――安政四年蝦夷地調査記録『入北記』の史料的研究」『研究論文集第22集』佐賀大学教育学部、一九七四年（島義勇「入北記（施の巻）」翻刻所収）
――「〈幕末維新史料拾遺〉その（2）――安政四年蝦夷地調査記録『入北記』の史料的研究（続）」『研究論文集第23集』佐賀大学教育学部、一九七五年（島義勇「入北記（行の巻）」翻刻所収）
――「〈幕末維新史料拾遺〉その（3）――安政四年蝦夷地調査記録『入北記』の史料的研究（続々）」『研究論文集第24集（I）』佐賀大学教育学部、一九七六年（島義勇「入北記（雨の巻）」翻刻所収）
砂沢クラ『ク　スクップ　オルシペ　私の一代の話』北海道新聞社、一九八三年
須藤隆仙『高田屋嘉兵衛伝』国書刊行会、一九八九年
瀬川拓郎「上川盆地におけるサケの生態と漁法」『旭川市博物館研究報告　第七号』二〇〇一年
関口明「中世日本の北方社会とラッコ皮交易：アイヌ民族との関わりで」『北海道大学総合博物館研究報告6』北海道大学総合博物館、二〇一三年
関根達人『中近世の蝦夷地と北方交易――アイヌ文化と内国化』吉川弘文館、二〇一四年
高倉新一郎『北の先覚』北日本社、一九四七年
――「島義勇、札幌開設の苦労を語る手紙」北海道史研究協議会会報第三十六号、一九八五年
高瀬克範「続縄文文化の資源・土地利用」『国立歴史民俗博物館研究報告　第一八五集』、二〇一四年
田島佳也『近世北海道漁業と海産物流通』清文堂、二〇一四年
――「近世期～明治初期、北海道・樺太・千島の海で

操業した紀州漁民・商人」『知多半島の歴史と現在(16)』日本福祉大学知多半島総合研究所紀要論文十九巻、二〇一五年
田端宏「近世のアイヌ民族史　18世紀の強豪アイヌ」（講演採録）『普及啓発セミナー報告集 平成13年度』アイヌ文化振興・研究推進機構、二〇〇二年
玉蟲左太夫著、稲葉一郎解読『蝦夷地・樺太巡検日誌入北記』北海道出版企画センター、一九九二年
H・チースリク編『北方探検記　元和年間に於ける外国人の蝦夷報告書』吉川弘文館、一九六二年（宣教師アンジェリスの報告を所収）
知里真志保『分類アイヌ語辞典　第一巻植物篇』日本常民文化研究所彙報第六四、日本常民文化研究所、一九五三年
――『分類アイヌ語辞典　第二巻動物篇（遺稿）』日本常民文化研究所彙報第八七、日本常民文化研究所、一九六二年
――『知里真志保著作集　第一巻』平凡社、一九七三年
知里幸惠編訳『アイヌ神謡集』岩波文庫赤80―1、岩波書店、一九七八年
都築省三『村の創業』実行之日本社、一九一七年（一九六八年に徳川家開拓移住人和合会から増補・改訂版）
手塚薫「千島列島への移住と適応――島嶼生物地理学という視点」『エミシ・エゾ・アイヌ　アイヌ文化の成立と変容――交易と交流を中心として（上）』榎森進・小口雅史・澤登寛聡編、岩田書院、二〇〇八年
照井壮助『天明蝦夷探検始末記　田沼意次と悲運の探検家たち』影書房、二〇〇一年
東京大学史料編纂所編纂『近藤重藏蝦夷地関係史料(二)』東京大学出版会、一九八六年
富樫利一『ラメトク（勇者）起つ――クナシリ・メナシの戦い』彩流社、一九九七年
徳川義親『熊狩の旅』精華書院、一九二一年
徳川林政史研究所編『森林の江戸学』東京堂出版、二〇一二年
豊富町史編さん委員会編『豊富町史』豊富町、一九八六年
中川裕『アイヌの物語世界』平凡社ライブラリー190、平凡社、一九九七年
長澤政之「場所請負制下のアイヌ社会――場所における生産と労働」『アイヌ文化の成立と変容――交易と交流を中心として（下）北東アジアのなかのアイ

ヌ世界』岩田書院、二〇〇八年
中村和之「北の『倭寇的状況』とその拡大」入間田宣夫・小林真人・斉藤利男編『北の内海世界――北奥羽・蝦夷ヶ島と地域諸集団』山川出版社、一九九九年
――「北からの蒙古襲来」榎森進編『アイヌの歴史と文化II』創童舎、二〇〇四年
――「『諏訪大明神画詞』の「唐子」をめぐる試論」『国際日本学　一八巻』法政大学国際日本学研究所、二〇二一年
名取武光『噴火湾アイヌの捕鯨』北方文化出版社、一九四五年
――「アイヌ捕鯨記」『ドルメン　第四巻第九号（再刊第一号）』岡書院、一九三八年
西村三郎『毛皮と人間の歴史』紀伊國屋書店、二〇〇三年
日本常民文化研究所編『日本常民生活資料叢書　第七巻』三一書房、一九七三年
『根室市史〈史料編〉』根室市、一九六八年
根室シンポジウム実行委員会編『根室シンポジウム「クナシリ・メナシの戦い」三十七本のイナウ――寛政アイヌの蜂起２００年』北海道出版企画センター、一九九〇年
服部四郎編『アイヌ語方言辞典』岩波書店、一九六四年
『浜益村史』浜益村役場、一九八〇年
平山裕人『アイヌ史を見つめて』北海道出版企画センター、一九九六年
――『アイヌ語古語史料集成』自費出版、二〇一二年
――『アイヌ地域史資料集』明石書店、二〇一六年
――『シャクシャインの戦い』寿郎社、二〇一六年
広瀬龍太「晩成社の渡辺カネとアイヌの人びと――昭和9年の小学校講演を中心に」『帯広百年記念館紀要第22号』二〇〇四年
福岡イト子『アイヌと植物』旭川叢書第二一巻、旭川振興公社、一九九三年
福沢諭吉『新訂　福翁自伝』岩波文庫、岩波書店、一九七八年
藤村久和『アイヌ、神々と生きる人々』福武書店、一九八五年
藤村久和編集、北海道教育委員会発行『アイヌ民俗技術調査1〈狩猟技術〉』平成二十年度アイヌ民俗文化財調査報告書、二〇〇九年
ブレット・L・ウォーカー著、秋月俊幸訳『蝦夷地の征服　1590-1800　日本の領土拡張にみる生態学と文化』北海道大学出版会、二〇〇七年

北大ヒグマ研究グループ『エゾヒグマ　その生活をさぐる』シリーズ日本の野生動物3、汐文社、一九八二年
北海道さけ・ますふ化放流百年史編さん委員会編『北海道鮭鱒ふ化放流事業百年史』北海道さけ・ますふ化放流百年記念事業協賛会、一九八八年
星野紘・齋藤君子・赤羽正春編『神々と精霊の国　西シベリアの民俗と芸能』国書刊行会、二〇一五年
A・ポロンスキイ著、駐露日本公使館訳、林欽吾補註『ロシア人日本遠訪記』内外社、一九五三年
松浦武四郎著、解読者秋葉実『丁巳東西蝦夷山川地理取調日誌（上）』北海道出版企画センター、一九八二年
――、解読者秋葉実『丁巳東西蝦夷山川地理取調日誌（下）』北海道出版企画センター、一九八二年
――、吉田常吉編『新版蝦夷日誌（下）』時事通信社、一九六二年
――、翻刻・編秋葉實『松浦武四郎選集　四』北海道出版企画センター、二〇〇四年（安政四年の手控＝野帳を所収）
――、高木崇世芝編『近世蝦夷人物誌』北海道出版企画センター、二〇二一年
――、更科源蔵・吉田豊共訳『アイヌ人物誌（『近世蝦夷人物誌』改題訳）』農山漁村文化協会、一九八一年
――、更科源蔵・吉田豊共訳『アイヌ人物誌　新版』青土社、二〇一八年
松田伝十郎著、松永靖夫監修、中俣満編・訳『北夷談（現代語訳）』新潟日報事業社、二〇〇八年
松平定信著、松平定光校訂『宇下人言《うげのひとこと》・修行録』岩波文庫、岩波書店、一九四二年
水越武『月に吠えるオオカミ　写真をめぐるエセー』岩波書店、二〇一三年
宮夫靖夫「勇払から石狩への道――古道・旧道のルートを求めて」『郷土の研究第一〇号』苫小牧郷土文化研究会、二〇一六年
最上徳内著、須藤十郎編『蝦夷草紙』MBC21、一九九四年
八重九郎『アイヌ民俗文化財口承文芸シリーズ11　八重九郎の伝承』北海道教育委員会、一九九三年
――『アイヌ民俗文化財口承文芸シリーズ12　八重九郎の伝承（2）』北海道教育委員会、一九九四年
山下恒夫編『江戸漂流記総集別巻　大黒屋光太夫史料集第二巻（「魯西亜国漂船聞書」所収）』日本評論社、

二〇〇三年
山田伸一「札幌県による十勝川流域のサケ禁漁とアイヌ民族」『北海道開拓記念館研究紀要　第三七号』北海道開拓記念館、二〇〇九年
――『近代北海道とアイヌ民族　狩猟規制と土地問題』北海道大学出版会、二〇一一年
山田孝子『アイヌの世界観「ことば」から読む自然と宇宙』講談社学術文庫、講談社、二〇一九年
山田秀三『アイヌ語地名の研究　第四巻』草風館、一九八三年
山谷圭司「十勝越えアイヌ古道　トカチルゥチシの行方カムイコタン（石狩川）～カムイロキ（十勝川）」第一〇回「トカチルゥチシ伝承堅雪フットパス」記念版（報告書）、二〇一七年
『ラーマーヤナ（上・下）』（河田清史訳）第三文明社、一九七一年
ラポロアイヌネイション、北大開示文書研究会編『サーモンピープル　アイヌのサケ捕獲権回復をめざして』かりん舎、二〇二一年
リコルド、ピョートル・イヴァノヴィッチ著、斉藤智之訳『対日折衝記　一八一二年と一八一三年における日本沿岸航海と日本人との交渉』自費出版、二〇〇二年
レーン・ウィラースレフ著、奥野克巳・近藤祉秋・古川不可知訳『ソウル・ハンターズ　シベリア・ユカギールのアニミズムの人類学』亜紀書房、二〇一八年
早稲田大学探検部『幻の怪獣・ムベンベを追え』PHP研究所、一九八九年
渡辺仁「アイヌ文化の成立――民族・歴史・考古諸学の合流点」『考古学雑誌　五八巻一号』日本考古学会、一九七二年

新聞記事
『小樽新聞』「徳川義親候の第一回熊狩り同行記」一九一八年三月十二日から三月二十三日まで連載（河合裸石執筆）
『北海道新聞』「アムールに生きる――極東の少数民族ウリチ」一九九〇年四月三日から四月八日まで六回連載（竹田公昭、小坂洋右執筆）
――「〈堀奉行と箱館の侍たち〉」二〇〇八年三月二十四日から三月二十八日まで函館版夕刊で連載（山形道文執筆）
――「〈現代かわら版〉ユーカラ　浜益『黄金山』舞

台　アイヌ文化関連初の国指定名勝〈」二〇〇九年七月二日（小坂洋右執筆）
——「〈探る見る　さっぽろプラス〉旧土人保護法の教科書記述　土地『取り上げ』→『与えた』」二〇一六年四月十五日（小坂洋右執筆）
——「〈消えた外国人　戦時の抑留〉」（「アリュートの小樽抑留」など）二〇一六年八月十一日から八月十五日まで五回連載（小坂洋右執筆）
——「〈探る見る〉明治に消滅　アイヌ民族の集落」二〇一七年九月十四日（小坂洋右執筆）

英語文献

Bobrick, Benson. *East of the Sun: The Epic Conquest and Tragic History of Siberia*, New York:Poseidon Press, 1992.
Willerslev, Rane. *Soul Hunters: Hunting, Animism, and Personhood among the Siberian Yukaghirs.* Berkeley, Los Angeles, London: University of California Press, 2007.

ロシア語文献

Смоляк, А. В. Состав Происхождение и Расселение Ульчских Родов. Сибирский Зтнографический Сборник V. Москва: Издательство Академии Наук, 1963: 142-167.
Дело Путевой Канцелярии Генералъ-Губернатора Восточной Сибири. Фонд（Fund）701, Опись（Inventory）1, Дело（File）48, Листы（Sheets）1-14, Фонд1, Опись5, Дело258, Листы 33, Российский государственный исторический архив（РГИА ДВ）ロシア国立極東歴史文書館（RGIA DV゛ウラジオストック）

タ　行

ナ　行

ハ　行

マ　行

ヤ　行

ラ　行

ワ　行

人名索引

本文，謝辞，および注の中の主要な人名を採った。

著者紹介

小坂洋右（こさか・ようすけ）
1961 年札幌市生まれ。北海道大学卒。英国オックスフォード大学ロイター・ジャーナリスト・プログラム修了。アイヌ民族博物館学芸員などを経て北海道新聞記者（論説委員、編集委員）。現在は北星学園大学非常勤講師。
著書に『流亡——日露に追われた北千島アイヌ』（北海道新聞社）、『アイヌを生きる　文化を継ぐ——母キナフチと娘京子の物語』（大村書店）、『大地の哲学——アイヌ民族の精神文化に学ぶ』（未來社）、『アイヌ、日本人、その世界 *The Ainu and the Japanese: Different Ground Gives Life to Different Spirits.*』（日本語版・英語版合冊、藤田印刷エクセレントブックス）。このほか『日本人狩り——米ソ情報戦がスパイにした男たち』（新潮社）、『星野道夫　永遠のまなざし』（山と渓谷社）、『破壊者のトラウマ——原爆科学者とパイロットの数奇な運命』（未來社）、『人がヒトをデザインする——遺伝子改良は許されるか』（ナカニシヤ出版）、『〈ルポ〉原発はやめられる——日本とドイツ　その倫理と再生可能エネルギーへの道』（寿郎社）など。日本語訳に『アイヌ民族文献目録〈欧文編〉』（ノルベルト・R・アダミ編著、サッポロ堂書店）。分担執筆に *Indigenous Efflorescence: Beyond Revitalization in Sapmi and Ainu Mosir.* Canberra: Australian National University Press, 2018.
北海道新聞の北海道庁公費乱用取材班として新聞協会賞、日本ジャーナリスト会議（JCJ）奨励賞を受賞。『〈ルポ〉原発はやめられる』で第 27 回地方出版文化功労賞奨励賞を受賞。

アイヌの時空《じくう》を旅《たび》する——奪《うば》われぬ魂《たましい》

2023年1月30日　初版第1刷発行©

著　者　小　坂　洋　右

発行者　藤　原　良　雄

発行所　株式会社　藤　原　書　店

〒 162-0041　東京都新宿区早稲田鶴巻町 523
電　話　03（5272）0301
FAX　03（5272）0450
振　替　00160‐4‐17013
info@fujiwara-shoten.co.jp

印刷・製本　中央精版印刷

落丁本・乱丁本はお取替えいたします
定価はカバーに表示してあります

Printed in Japan
ISBN978-4-86578-377-3